Chronik

der

Evang.-Luth. Kirchengemeinde

Stadtkirche Kitzingen

Neu herausgegeben von der Evang.-Luth. Kirchengemeinde
Stadtkirche Kitzingen

2017

Chronik

der

Evang.-Luth. Kirchengemeinde

Stadtkirche Kitzingen

von

Dr. Richard Herz

Erstmals herausgegeben von der
Evang.-Luth. Kirchengemeinde Kitzingen

1963

Ergänzt für die Jahre 1964 – 2017 von
Pfarrer Uwe Bernd Ahrens

überarbeitet von Dekan Hanspeter Kern

Neu herausgegeben von der Evang.-Luth. Kirchengemeinde
Stadtkirche Kitzingen

2017

Umschlag:
Handschriften, Stadtwappen und Paul-Eber-Wappen der Paul-Eber-Bibel der
Evangelischen Gemeinde Kitzingen anno 1561 entnommen
Gestaltung: Hans Heidan, acad. Maler und Graphiker, Kitzingen/Main

Impressum

Texte: © Copyright by Evang.-Luth. Kirchengemeinde
            Stadtkirche Kitzingen

Umschlag: © Copyright by Evang.-Luth. Kirchengemeinde
            Stadtkirche Kitzingen

Verlag: Evang.-Luth. Kirchengemeinde Stadtkirche
            Gustav-Adolf-Platz 6
            97318 Kitzingen
            pfarramt.stadtkirche.kt@elkb.de

Herstellung und Verlag: BoD - Books on Demand, Norderstedt

ISBN 9783744889834

Printed in Germany
Bibliografische Information der Deutschen Nationalbibliothek
Die Deutsche Nationalbibliothek verzeichnet diese Publikation in der
Deutschen Nationalbibliografie; detaillierte bibliografische Daten sind im
Internet über http://dnb.d-nb.de abrufbar.

Vorwort zur 2. Auflage

Die "Chronik der Evangelischen Stadtkirche Kitzingen" von Dr. Herz gilt seit Jahrzehnten als Standardwerk zur Geschichte der Evangelischen Kirche in Kitzingen und später der Stadtkirchengemeinde.

Allerdings war das Werk jetzt seit Längerem vergriffen. Seit seiner Fertigstellung im Jahr 1964 ist mehr als ein halbes Jahrhundert vergangen. Eine Zeit, die viele Veränderungen und Entwicklungen mit sich gebracht hat. Zum 200. Jubiläum „Evang. Stadtkirche" im Jahr 2017 hat sich der Kirchenvorstand entschlossen, dieses Buch aktualisiert neu herauszugeben.

Pfarrer Uwe Bernd Ahrens hat einen großen Teil dieser über 50 Jahre als Pfarrer an der Stadtkirche in Kitzingen selbst miterlebt und durch seine seelsorgerliche und pastorale Arbeit, als entscheidende Person in der Gemeindeleitung, als Unterrichtender und Mitglied in vielen Gremien mitgeprägt.

Mit großer Sorgfalt hat er Daten und Informationen erkundet und zusammengestellt. Dafür danken wir ihm. Wer sich über die jüngere Geschichte unserer Gemeinde informieren will, findet mit der Chronik ein richtiges Nachschlagewerk und wird hier schnell fündig.

Die Friedenskirche wurde durch das Wachstum der Siedlung nach dem Zweiten Weltkrieg im Jahr 1964 eine selbständige Kirchengemeinde. Ihre Geschichte wird hier nicht umfassend beschrieben. Sie verdient eine eigene Darstellung.

Auf inhaltliche Änderungen wurde, abgesehen von der Verwendung der neuen Rechtschreibung, weitestgehend verzichtet.

Mein Wunsch ist es, dass dieses Werk auch in Zukunft hilft, die Verbundenheit der Gemeindeglieder untereinander und mit ihrer Kirche, der Stadtkirche, zu vertiefen. Vielleicht kann es auch manchmal Verständnis wecken für Gegebenheiten, die sich nur von ihrer Historie her erklären und nachvollziehen lassen.

Möge dieses Buch weiter viele interessierte Leser finden.

Hanspeter Kern, Dekan und 1. Pfarrer

Kitzingen, im August 2017

Vorwort zur 1. Auflage

Die Evangelische Kirchengemeinde Kitzingen schätzt sich glücklich, eine neu erarbeitete und ausführliche Darstellung ihres Werdens und ihres Weges ihren Gliedern und darüber hinaus allen an Kitzingen religiös und geschichtlich Interessierten zur Verfügung stellen zu können.

Geschichtliches Wissen und Bemühen wird ja heute vielfach gering gewertet — man beschränkt sich darauf, der Gegenwart und dem Augenblick zu leben oder man hat auch Sorge, die Verantwortung für die Zukunft nicht zu versäumen. Aber gerade dazu gehört doch auch, dass man weiß, woher man kommt und wohin man gehört, und dass man nicht einfach vergessen sein lässt, was frühere Generationen an das gewendet haben, was nun heute in unsere Verantwortung gegeben ist.

Dass sich nun aber gerade in Kitzingen durch vier Jahrhunderte hindurch ein reiches und bewegtes Glaubensleben evangelischer Prägung gestaltet hat und sich in immer neuer Treue und opferreicher Hingabe einer ganzen Gemeinde entfalten konnte, das zeigen uns diese Blätter auf das deutlichste.

Wir verdanken sie dem jahrzehntelangen Forschen und der überragenden Sachkenntnis unseres verehrten und langjährigen Mitbürgers, Gemeindegliedes und Kirchenvorstehers, des früheren Stadtarchivars und Oberlehrers, Herrn Dr. Richard Herz. Er hat, einer Bitte des Kirchenvorstands entsprechend, in mühevollster und hingehendster Arbeit uns diesen Bericht geschrieben, und wir können ihm nur zutiefst und von ganzem Herzen danken, dass er damit uns und auch denen, die nach uns kommen, die Möglichkeit gegeben hat, den Weg unserer Gemeinde durch die Jahrhunderte zu verfolgen und immer wieder neu zu beherzigen.

Für ihre Mitarbeit bei der äußeren Gestaltung und Herausgabe des Werkes haben wir auch zu danken den Herren Pfarrer Beckmann, Pfarrer Zahn, akad. Maler Heidan und nicht zuletzt dem Leiter des Stadtarchivs Herrn Oberstudienrat Dr. Kemmeter.

Möge diese Arbeit, erfüllt von tiefer Liebe zur angestammten Heimat und beseelt von aufrechtem Bekenntnis zum Glauben der Väter, nun auch dazu beitragen, bei vielen, Alten und Jungen, die innere Verbundenheit mit ihrer Gemeinde und die lebendige Anteilnahme an ihrer Gegenwart und Zukunft neu zu erwecken und zu vertiefen! Dass es nicht darum geht, alte Wunden neu aufzureißen oder neuen Unfrieden zu säen, sei eigens betont! Das ehrliche Miteinander und Füreinander der christlichen Konfessionen ist uns ja heute ganz neu aufgegeben, aber gerade eine solche Chronik, wenn sie recht verstanden und studiert wird, kann sicherlich, so hoffen und wünschen wir, dazu einen guten Dienst tun!

Kirchenrat Fr. J. Bauer, Dekan und 1. Pfarrer

Kitzingen, im April 1963.

Vorwort des Verfassers zur 1. Auflage

*E*s wird für den Leser nicht unwichtig sein, zu erfahren, wie es zur Abfassung vorliegender Arbeit kam. Dekan Bauer trug die Bitte der Herren Kirchenvorstände an mich heran, eine Geschichte der Evangelischen Kirchengemeinde Kitzingen zu schreiben. Ungeachtet meiner starken Beanspruchung durch vielfältige Berufsinteressen stimmte ich im Herbst 1958 zu. Bald nach Angriff der Arbeit wurde mir bewusst, zu welchem Wagnis ich mich bei der Oberfülle des kirchlichen Archivgutes und der nur noch kurzen Zeit meines Aufenthaltes in Kitzingen entschlossen hatte.

Vor die Notwendigkeit gestellt, Plan und Umfang meiner Arbeit abzugrenzen, stellte ich ihr die Aufgabe, der Evangelischen Gemeinde ein Lesebuch ihrer Geschichte zu überreichen. Wohl wenige evangelische Gemeinden können auf eine so reiche und bewegte kirchliche Vergangenheit zurückblicken wie die Kitzinger Gemeinde. Mein Bericht möchte dem Leser aufzeigen, wie der allmächtige Gott in der Vergangenheit an ihr gehandelt und sie trotz aller schweren Widrigkeiten in treuer Bewahrung durch die Jahrhunderte bis in die Gegenwart geführt hat.

Herrn Pfarrer Wilhelm Zahn in Kitzingen schulde ich für seine wertvollen sachlichen Hinweise und für die freundliche Überwachung der Drucklegung herzlichen Dank. Ferner habe ich zu danken dem Kirchenvorstand der Evangelischen Gemeinde, der die Kosten des Druckes übernahm, und der Druckerei Val. Hissiger, die die Drucklegung in der vorliegenden Form besorgte.

Es waren glückliche Stunden für mich, als ich an diesen Blättern arbeitete, weil ich mich mit der Vergangenheit der evangelischen Kirche meiner Heimatstadt verbunden fühlen durfte.

Dr. Richard Herz

Fischbach bei Nürnberg
Ostern 1963

Vorwort zur Ergänzung

Die Beschreibung der letzten 55 Jahre beginnt zunächst mit einer Differenzierung:

Mit dem Bau eines Pfarrhauses und einer Kirche in der Siedlung war vorgegeben, dass in der Siedlung 1964 eine eigenständige Kirchengemeinde entstand, die ihre eigene Chronik entwickelte.

Mit der Kommunalreform 1973 kamen zudem einige ehemals selbstständige Gemeinden als Ortsteile zur Stadt Kitzingen hinzu, die selbstständige Kirchengemeinden mitbrachten: die Kirchengemeinde Hohenfeld, die in die Pfarrei der Stadtkirche integriert wurde, sowie die Kirchengemeinden Sickershausen und Repperndorf mit eigenen Pfarrämtern und eigener Geschichte.

Die Fortschreibung dieser Chronik konzentriert sich auf Ereignisse im Bereich der Stadtkirche zu Kitzingen und ihrer Gemeinde.

Im Interesse eines inhaltlichen Gleichgewichtes des gesamten Buches füge ich die Beschreibung dieses Zeitraumes in einem 48. Kapitel hinzu, wobei die Gliederung dieses Abschnittes sich an die bei Dr. Herz vorliegende Form anlehnt und eine ähnliche Breite der Darstellung intendiert.

Die Weiterführung der Tabellen in den anschließenden Kapiteln geschieht für den Bereich der Stadtkirche.

Uwe Bernd Ahrens, Pfarrer

Kitzingen, im August 2017

TEIL I

Die Stadt Kitzingen in der vorreformatorischen Zeit

1. Kapitel
Die ältesten Spuren des Christentums in Kitzingen

Die Geschichte der Evangelischen Gemeinde Kitzingen ist unlösbar mit dem politischen Werdegang der Stadt verkettet. Dem Leser wird eine Fülle von Namen und Daten begegnen, welche das Verständnis für die Gründung unserer Kirchengemeinde vorbereiten. Erst mit dem Beginn des 16. Jahrhunderts treten die religiösen Verhältnisse in den Vordergrund. Der Leser wird die Gründer der Evangelischen Gemeinde Kitzingen kennen lernen, deren Nachfolger das reformatorische Glaubenserbe weitergaben. Mit Bewunderung wird er feststellen, dass sie unter schwersten persönlichen Opfern ihrem evangelischen Glauben standhaft die Treue hielten und so mit beitrugen, die Evangelische Gemeinde Kitzingen nach außen und innen zu formen.

Die Uranfänge der Stadt sind mangels historisch beglaubigter Nachrichten nur schwer zu erschließen. Aber lange vor jeder schriftlichen Überlieferung gab es auf dem Boden der Stadt eine menschliche Siedlungsstätte, wie die zahlreichen Funde von Steinwerkzeugen beweisen. Schon in vorhistorischer Zeit besiedelte ein Jäger- und Fischervolk die Mainufer. Seit dem 3. Jahrhundert können wir keltische und alemannische Ackerbauern an den Lößhängen des Ehrieder-, Repperndorfer und Buchbrunner Baches nachweisen. Im 6. Jahrhundert ließen sich dann die vom Rhein her vordringenden Franken in unserem Mainland nieder. Sie errichteten am westlichen Mainufer der späteren Stadt einen karolingischen Königshof, der den Mainübergang der uralten Verkehrsstraße vom Donau- ins Rheinland zu sichern hatte.

Erst im 7. Jahrhundert finden wir die ersten christlichen Spuren im Mainland. Zur Zeit des Frankenherzogs Gozbert, der im „Castellum Virteburch" auf dem Marienberg seinen Sitz hatte, kam der Benediktinermönch Kilian mit seinen zwei Gefährten Kolonat und Totnan im Jahr 686 aus seiner irischen Heimat nach Würzburg, um den Franken den christlichen Glauben zu verkünden. Den irischen Glaubensboten ist es zu danken, dass das fränkische Mainland die erste Berührung mit dem Christentum erhielt. Noch heute hält der heilige Kilian auf dem Marktbrunnen in Kitzingen die Erinnerung an den ersten Frankenmissionar aufrecht. Aber schon zwei Jahre später, am 8. Juli 688, sollte er mit seinen Gefährten den Märtyrertod erleiden, da die heidnische Herzogin Gailana in ihrem Hass gegen die christliche Lehre die drei Missionare durch gedungene Mörder töten ließ. Ein halbes Jahrhundert später kam als zweiter Missionar der Angelsachse Winfried ins Mainland. Er gründete im Jahr 741 das Bistum Würzburg, als dessen Oberhirten er den angelsächsischen Mönch Burkard einsetzte. Winfried, mit dem Beinamen Bonifatius, ist auf das engste mit der Gründung des Kitzinger Frauenklosters verbunden. Wir lassen die neuere Deutung der Entstehung des Frauenklosters außer acht, da die folgende romantisch verklärte Darstellung der sagenhaften Entstehung des Klosters zu einem festen Bestandteil der Kitzinger Stadtgeschichte geworden ist. Der Sage nach war Hadeloga, die Schwester des Frankenkönigs Pipin des Jüngeren, die oft auf der Karolingerburg auf dem Schwanberg weilte, die Gründerin des Klosters. Frommen Gemütes sehnte sie sich nach der Stille eines Klosters. Die Auswahl des Ortes für das Kloster sollte der Himmel selbst treffen. An einem stürmischen Tag überließ sie vom Burggärtlein aus ihren Schleier den Sturmwinden. Am westlichen Mainufer wurde er von einem Hirten Kitz, der daselbst seine Schafe hütete, an einem seltsamen Strauch mit goldenen und blauen Beeren hängend aufgefunden. Er brachte ihn auf die Karolingerburg, und die Prinzessin betrachtete den Fundort als die von Gott gewollte Gründungsstätte eines Frauenklosters. Auf ihre Bitten hin erbaute König Pipin am Südhang des Eselsberges das Kloster. Es wurde von Winfried Bonifatius nach der kirchlichen Tradition am 23. September 745 geweiht und nach dem Finder des Schleiers, des Hirten Kitz, „Chitzinga monasterium", d.h. Kloster Kitzingen genannt. Erste Äbtissin des nach der Regel des hl. Benedikt eingerichteten Benediktinerinnenklosters war Prinzessin Hadeloga. Mit königlichen Privilegien ausgestattet stand das karolingische Reichskloster im Dienst der christlichen Erziehung der weiblichen Jugend des fränkischen Adels und galt in der ganzen Umgebung als vornehmste Pflegestätte christlicher Kultur. Dieses „Monasterium Chitzinga" sollte die Urzelle der späteren Stadt Kitzingen werden. Die Klostergründung zog auch den Bau einer von König Pipin errichteten Holzbrücke über den Main nach sich. In der Folgezeit bildete sich vor den Toren des Klosters an dem wichtigen Flussübergang eine Siedlung von Handwerkern, Händlern und Fischern, deren ursprünglicher Name „Gottesfeld" bald von dem Namen des Klosters verdrängt wurde. Stadtchronist Bernbeck berichtet dazu: „Weil nun solcher Steg als die gangbarste Landstraße im Land Franken durch Kitzingen geht, sei das Städtlein mit der Zeit neben dem Kloster aufgekommen und von Jahr zu Jahr erwachsen und gestiegen".

Die mächtige Frauenabtei besaß nicht nur den Ort Kitzingen und den ausgedehnten Klosterforst, sie erhob nicht nur den Brückenzoll der ihrer Aufsicht unterstellten Pipinsbrücke, zog nicht nur den Wein- und Getreidezehnt aus ihrem reichen Landbesitz ein, sondern besaß auch das Asylrecht. Es besagte, dass der Klosterraum als „Freiung" galt, in welcher der flüchtige Verbrecher einen unantastbaren Zufluchtsort vor jeder weltlichen Gewalt fand. Zu besonderem Wohlstand kamen aber die Nonnen dadurch, dass sie die Weinrebe an den Sonnenhängen der Mainhöhen kultivierten, womit sie den Grund zum wirtschaftlichen Aufblühen der späteren Weinhandelsstadt legten. Noch heute zeugen vom Weinbau des Klosters die riesigen Weinkeller im Hof des ehemaligen Äbtissinnenbaues.

Nach der Jahrtausendwende kam es aber zu einem Niedergang des Klosters. Einmal wurden von den Kaisern Vögte über die Klosterfrauen gesetzt, weil sie in jenen kriegerischen Zeiten den wichtigen Brückenübergang nicht hinreichend zu sichern verstanden. Dann entzog Kaiser Heinrich II im Jahr 1007 der Frauenabtei das Privileg der Reichsunmittelbarkeit. Sie wurde dem vom Kaiser Heinrich II. neu errichteten Bistum Bamberg, das als Bollwerk gegen die von Osten her vordringende Slawenflut dienen sollte, lehnbar gemacht, wenngleich die Diözesangewalt dem Würzburger Bischof verblieb.

2. Kapitel
Kitzingen im Besitz der Herren von Hohenlohe

Im 12. Jahrhundert erhielten die im Taubergau reich begüterten Herren von Hohenlohe vom Kaiser Lothar die Schirmvogtei über das Frauenkloster verliehen und damit auch die Lehensherrschaft über den am westlichen Brückenkopf aufblühenden bürgerlichen Handelsplatz. Sie befestigten ihn mit einem viereckigen Mauerring und dem 45 m hohen Marktturm als Wachtturm. Im Jahre 1290 erhielt die neue Gründung die Stadtgerechtigkeit verliehen.

Als ältester kirchlicher Mittelpunkt der Stadt entstand zur Zeit der Kreuzzüge für die nach Palästina durchziehenden Pilger die Kapelle zum Heiligen Grab sowie die anschließende Krankenstation, in welcher die Pilger von den Laienschwestern des aus Belgien stammenden Beguinenordens gepflegt wurden. Bis zum Beginn der Reformation wurden diese freien Ordensschwestern wegen ihrer sozialen Liebesarbeit, besonders in den Jahren der Pestseuchen im 15. Jahrhundert, dringend benötigt. Stadtchronist Bernbeck berichtet über sie: „1489 hat der Rat zu Kitzingen ein Haus beim Hl. Grab dem Orden der Beguinen zugewiesen, welche Laienschwestern stets zur Kirche gehen, Kranke warten und Sterbende trösten". Nur noch der viereckige Grabkirchturm zeugt von dieser ehemaligen kirchlichen Stätte aus dem frühen Mittelalter.

Aus dem 13. Jahrhundert hat sich die Erinnerung an den Aufenthalt der ehemaligen Landgräfin von Thüringen, der hl. Elisabeth, in Kitzingen erhalten. Nach dem Tode ihres Gemahls, des Landgrafen Ludwig, wurde sie von ihren Verwandten von der Wartburg bei Eisenach vertrieben. Bei ihrer Tante, der Äbtissin Machthildis, fand sie im Jahre 1227 mit ihren unmündigen Kindern vorübergehend ein friedvolles Asyl und pflegte im Klosterspital die Kranken. Auf ihrer weiteren Flucht verzehrte sie sich im Dienst der Caritas und fand in Marburg einen frühzeitigen Tod. Die von Richard Rother gefertigte Steinfigur der Elisabeth über der Spitalpforte, das Rosenwunder darstellend, erinnert an den Aufenthalt der Fürstentochter im Kitzinger Kloster.

Der Besitz der drei Brüder von Hohenlohe an Burg, Stadt und Amt Kitzingen ging ihnen infolge ihrer Kinderlosigkeit im 14. Jahrhundert wieder verloren. Sie verkauften fünf Achtel ihres Kitzinger Besitzes an den Bischof von Würzburg und drei Achtel an den Burggrafen von Nürnberg. Gebietsmäßig unterstand nun die Stadt sowohl der Oberhoheit des Bischofs von Würzburg wie jener des Burggrafen von Nürnberg, der späteren Markgrafen von Ansbach. Diese Zerrissenheit sollte die evangelisch gewordene Stadt noch schwer belasten.

3. Kapitel
Kitzingen im Pfandbesitz der Markgrafen von Ansbach

Eine entscheidende Wendung für die Stadtherren brachte das Jahr 1443. Die Bischöfe von Würzburg waren durch ihre Verschwendungssucht in eine drückende Schuldenlast geraten und wandten sich an den Markgrafen Albrecht Achilles von Ansbach um Geldhilfe. Die früheren Burggrafen von Nürnberg hatten durch ihren haushälterischen Sinn in der Markgrafschaft Ansbach und seit dem Jahr 1415 auch als Markgrafen von Brandenburg eine machtvolle Stellung erworben. Nun forderte Markgraf Albrecht mit dem Beinamen eines „deutschen Achilles" im Jahr 1443 für die dem Bistum Würzburg geleistete Geldhilfe die Gesamtsumme von 39100 Goldgulden. In seiner Zahlungsunfähigkeit überließ das Stift zur Schuldentilgung dem Markgrafen seinen Anteil an Burg, Stadt und Amt Kitzingen als Pfand, jedoch unter dem ausdrücklich gemachten Vorbehalt der „ewigen Wiedereinlösung". Im März 1443 wurde in Kitzingen die notarielle Hauptverschreibung über die Pfandschaft Kitzingen ausgestellt, worin Markgraf Albrecht das ewige Wiedereinlösungsrecht des Hochstifts anerkannte.

Dieser Verpfändungsbrief sollte später wegen der strittigen Auslegung des Besitzstandes beider Fürsten an Stadt und Amt Kitzingen über die evangelisch gewordene Stadt schwerste Glaubensnöte und die Markgrafen von Ansbach in nicht enden wollende Streitigkeiten mit dem Hochstift Würzburg bringen. Der verhängnisvolle Text des Verpfändungsbriefes lautet: „Anno Domini 1443, Donnerstag nach Lätare, haben Herr Gottfried, Pfleger, und das gesamte Domkapitel zur Würzburg ihren Teil an der Stadt Kitzingen versetzt und verschrieben pfandschillingsweise dem Fürsten Albrecht, Markgrafen zu Brandenburg, für 39100 Gulden in Gold für seine Forderung der Darlehen und Unkosten, die er getan hat. Doch ist zu solcher Versetzung die Ablösung jedes Jahr dem Hochstift ausdrücklich vorbehalten, dazu auch, dass die Bürgerschaft zu Kitzingen einem jeden angehenden Bischof selbst persönlich Erbhuldigung wie früher zu tun schuldig ist, wenngleich dieser nichts zu gebieten und verbieten habe".

Mit dem Erwerb der Stadt Kitzingen besaßen die neuen Stadtherren im unteren Franken einen starken Brückenkopf am wichtigen Mainpass und dazu einen Mittelpunkt für den markgräflichen Besitz in diesem Gebiet. Denn zur Pfandschaft Kitzingen gehörte auch das Amt Kitzingen mit neun Dörfern — Albertshofen, Bibergau, Buchbrunn, Dettelbach, Hoheim, Mainstockheim, Neuses, Repperndorf, Schernau.

4. Kapitel
Das „Brandenburgische Zeitalter" Kitzingens

Die Periode der brandenburgisch-markgräflichen Stadtherrschaft ist für die Geschichte der Stadt wie für die spätere Evangelische Gemeinde die fruchtbarste. Im berechtigten Stolz auf die wichtige Brückenstadt fühlten sich die Markgrafen als die tatsächlichen Stadtherren und verbannten aus ihrem Gedächtnis allzu gern den Vorbehalt der „ewigen Wiedereinlösung" der Stadt, trotzdem sie jede Erbhuldigung der Bürgerschaft an einen neu gewählten Bischof von Würzburg an den unsicheren Besitz der Stadt erinnern musste. Unverwischbar prägte während des markgräflichen Zeitalters das Gesicht der Stadt: die Stadtbefestigung, die Wehrhaftmachung der Bürger, die bauliche Verschönerung der Stadt und die wirtschaftliche Hebung der Lebensverhältnisse der Bürgerschaft.

Die erste Sorge der Markgrafen galt dem bestmöglichen Ausbau der Stadtbefestigung, um allen drohenden Gefahren trotzen zu können. In einem Zeitraum von fünf Jahrzehnten (1454—1498) entstand eine zweite, in ihrer Gestalt dreieckige, durch 28 Türme, 5 Tortürme, eine hohe Mauer und einen tiefen Graben gesicherte Stadtumwallung. Bekrönt wurde sie in den Jahren 1469 bis 1496 durch den 52 m hohen Falterturm. Die aus dem böhmischen Raum nach Westen vordringenden Raubhorden der Hussiten bewirkten, dass der Bau des zweiten Mauerringes sehr beschleunigt wurde. Darum schloss der Markgraf auch den Klosterbereich und den östlichen Brückenkopf Etwashausen zu einer wohlbewehrten Stadt von 42 Hektar Fläche zusammen. Außerdem ließ Markgraf Friedrich um 1500 an Stelle der uralten Holzbrücke eine 350 m lange Steinbrücke erbauen, die als festes Bollwerk den Übergang über den Main schützen sollte.

Hand in Hand mit dem Ausbau der starken Befestigung ging die zweite Sorge der Markgrafen: die Wehrhaftmachung der Bürger. Sie wurden in Schützenbruderschaften mit dem Zweck der praktischen Waffenübung in Armbrust- und Büchsenschießen zusammengefasst. Die letzte Ausstrahlung der mittelalterlichen Bürgerwehr stellt die „Privilegierte Schützengesellschaft Kitzingen" dar. Wie bitter notwendig die Verteidigung der Stadt durch waffenkundige Bürger war, zeigte der Markgräflerkrieg des Jahres 1554. Nur die stark ausgebaute Stadtbefestigung bewirkte, dass Kitzingen im genannten Jahr vor dem »Stadtverderben" bewahrt blieb, wie es der verbrecherische Markgraf Albrecht Alcibiades von Brandenburg - Kulmbach der größeren Reichsstadt Schweinfurt bereitete. So konnte sich, gesichert durch eine feste Stadtwehr, in den behäbigen Fachwerkhäusern ein vielgestaltiges Erwerbsleben entwickeln.

Als dritte Sorge ließen sich die Markgrafen die Verschönerung „ihrer" Stadt sehr am Herzen liegen. An Stelle von veralteten Gebäuden entstanden in rascher Folge im 15. Jahrhundert stattliche Steinbauten, die in ihrem Fundament doppelgeschossige Weinkeller bargen. Der fromme Sinn der Bürger zeigte sich im Jahr 1474, als es galt, in der Vorstadt Etwashausen ein neues Gotteshaus an Stelle der drei uralten Kapellen, der Peterskapelle vor dem Schwarzacher Tor, der Nikolauskapelle beim Siechhaus und dem Kirchlein vom Heiligen Kreuz vor dem Mainbernheimer Tor zu errichten. Mit den reichen Spenden der Bürgerschaft konnten Bürgermeister und Rat die St. Marienkirche bauen, die vom Bischof Rudolf von Scherenberg im Jahre 1474 persönlich eingeweiht wurde. Im 17. und 18. Jahrhundert sollte sie für die evangelische Gemeinde der Stadt von großer Bedeutung werden. Zu gleicher Zeit entstand, unweit der Kapelle zum Heiligen Grab, als Filiale des Frauenklosters der spätgotische Hallenbau der St. Johanniskirche. Im Jahr 1487 wurde sie ebenfalls von Bischof Rudolf von Scherenberg eingeweiht. Auch die St. Johanniskirche spielt in der Geschichte der Evangelischen Gemeinde eine bedeutsame Rolle. Noch erinnern die steinernen Grabdenkmäler im Kirchenschiff an die evangelischen Amtmänner der Markgrafen, die in der Reformationszeit hier ihre Grablege fanden.

Zwei weitere Bauwerke aus der markgräflichen Zeit schließen den Marktplatz ein. An Stelle des baufälligen Kaufhauses des Frauenklosters, in dem die Bürger der Stadt mit Duldung der Äbtissin eine Ratsstube besaßen, ließ der Rat der Stadt in den Jahren 1561 bis 1563 von dem Steinmetzen Eckart von Schaffhausen, der damals an der Klosterkirche der Zisterzienser in Ebrach arbeitete, einen Rathausneubau im Stil der Frührenaissance als eigenes Beratungshaus errichten. Dass die Stadt in dieser Zeit sich der Reformation angeschlossen hatte, geht aus den Worten des Stadtchronisten Bernbeck hervor, der über die Grundsteinlegung des Rathauses folgendes berichtet: „Am 17. April des Jahres 1561 hat man den Eckstein am neuen Rathaus unter dem vorderen Eck gen den Markt feierlich gelegt. Herr Erasmus Kanzler, derzeit Bügermeister, hat in den hohlen Stein ein blechern Kästlein gelegt, darinnen gelegen ist ein pergamenten Büchlein einer Augsburger Konfession des christlichen Glaubens. Dann wurde solcher Stein in Eile durch die Werkleute vermauert. Dabei ist gestanden der ganze Rat, viele aus der Bürgerschaft und die samte Schuljugend, die den 127. Psalm ‚Wo der Herr nicht das Haus bauet, da arbeiten umsonst, die daran bauen' zweistimmig gesungen hat". Die Weihefeier des vollendeten Baues im Dezember 1563 schließt der Stadtchronist mit den Worten „Gebe Gott seine Gnad, dass darinnen nichts, denn was zu Gottes Ehre, gemeiner Zucht und Nutz dienlich, gehandelt werde. Amen." In den folgenden Jahrhunderten stand der behäbige Rathausbau mit dem Wahrzeichen des Häckers sehr oft im schmerzlichen Gedenken bei der Evangelischen Gemeinde der Stadt. Noch sei des städtischen Zeughauses gedacht, dessen Grundstein im Jahr 1545 gelegt wurde. In dem Pleiden- oder Geschützhof dieses gewaltigen Kastenhauses mit fünf Dachböden wurden im Juni 1525 die aufrührerischen Bürger, die ihren Markgrafen nicht mehr sehen wollten, grausam mit einem glühenden Eisenstab geblendet, weshalb der Hof vom Volksmund in „Leidenhof' umgenannt wurde, über die Grundsteinlegung des Zeughauses, von dem nur noch die Ostmauer in der Leidenhofgasse steht, berichtet Bernbeck: „Am 7. Juli des Jahres 1545 wurde der Eckstein durch Johann Beringer, Bürgermeister, gelegt. Darin hat man ein verzinnt Kästlein gelegt, darin die Augsburger Konfession samt anderer evangelischer Bekenntnisschriften verwahrt wurde."

Die vierte Sorge der Markgrafen hatte die Hebung des wirtschaftlichen Wohlstandes der Bürgerschaft zum Ziel. Es sei hier nur an die von den Markgrafen erwirkten drei kaiserlichen Privilegien erinnert: das des Baues der Mainmühle vom Jahr 1448, das der Bewilligung von drei Jahrmärkten vom Jahr 1487 und besonders das durch den kaiserlichen Kanzler Konrad Stürtzel erreichte Umschlags- und Stapelrecht auf dem Mainstrom vom Jahr 1498. Infolge der klugen Maßnahmen der Markgrafen, die in Kitzingen im Jahr 1482 die erste Weinkonferenz abhielten, wurden Weinbau- und Weinhandel die vorzüglichste Hauptquelle des bürgerlichen Wohlstandes der Stadt.

Man muss dem reichhaltigen Aufbauprogramm der Ansbacher Stadtherren Bewunderung zollen. Denn aus dem früheren unbedeutenden Städtlein hatte sich ein angesehener und wohlhabender Weinhandelsplatz entwickelt, der von Ansbach mit dem schmeichelhaften Titel „Fürstliche Reichsstadt" ausgezeichnet wurde. So ist es wohl zu verstehen, dass die Kitzinger Bürger sich die Pfandherrschaft ihrer Stadt als Dauerzustand wünschten und die Möglichkeit eines Herrschaftswechsels mit jedem weiteren Jahrzehnt gar nicht mehr in Betracht zogen. So sehr sie mit dem markgräflichen Pfandregiment, später auch in Glaubensdingen, im besten Einvernehmen standen, so sehr wurden sie aber auch ihrem geistlichen Herrn, dem Hochstift Würzburg, in politischen und bald auch in Glaubensdingen entfremdet.

TEIL II

Das „Evangelische Jahrhundert" in Kitzingen

Das wichtigste Ereignis unter der markgräflichen Stadtherrschaft war jedoch nicht die glückhafte Gestaltung der äußeren Lebensverhältnisse, sondern der Anschluß der Bürgerschaft und ihres Pfandherrn an die Reformation. Mit dem Thesenanschlag Dr. Martin Luthers über Buße und Ablass an die Schlosskirche in Wittenberg am 31. Oktober 1517 begann die Ausstrahlungskraft der neuen Lehre nach außen. Luthers reformatorische Gedanken fanden dank dem lebhaften Weinhandel der Stadt mit Nürnberger und norddeutschen Handelsleuten bald auch in Kitzingen frühzeitige Aufnahme. Es bildete sich unter der Bürgerschaft eine evangelische Partei, die nach einer Erneuerung der christlichen Lehre verlangte. Ungestört vom Hochstift Würzburg konnte sie unter markgräflichem Schutz die unevangelischen Auswüchse der römisch-katholischen Lehre und die Missstände im Lebenswandel der Kitzinger Geistlichen anprangern.

Das Verlangen der Bürgerschaft und des Rates der Stadt nach dem reinen Evangelium kam auch den Absichten des Markgrafen Casimir entgegen. Doch mag bei diesem nicht zu allererst die Neigung zum Evangelium entscheidend gewesen sein, sondern die Aussicht auf territoriale Vorteile und den damit verbundenen Machtzuwachs. Ehrenvoll war es für die Stadt, dass innerhalb der Ansbacher Markgrafschaft zuerst in ihr die Reformation Luthers als Herolds des Evangeliums so großen Widerhall fand, und der Rat der Stadt fünf Jahre nach dem Thesenanschlag Luthers geschlossen zum reformatorischen Glauben übertrat und mit ihm der größte Teil der Bürgerschaft. Bei dieser mutigen Glaubensentscheidung blieben die Bürger, trotzdem sie wussten, dass sie damit in einen unüberbrückbaren Gegensatz zum katholischen Glauben ihrer rechtmäßigen Würzburger Stadtherren traten. So sicher fühlten sie sich nach acht Jahrzehnten bürgerlichen Wohlstandes in der Hut ihres Markgrafen aufgehoben.

5. Kapitel
Der erste evangelische Prediger in Kitzingen

Die einzelnen Stationen des Anschlusses der Stadt an Luthers Lehre vom Zeitpunkt der ersten evangelischen Predigt in Kitzingen bis zur vollen Durchführung der „Brandenburgisch-Nürnbergischen Kirchenordnung" im evangelischen Gottesdienst umfassen einen Zeitraum von elf Jahren. Schon ein halbes Jahr nach dem weltgeschichtlichen Tag von Worms, im Oktober 1521, erbaten Bürgermeister und Rat der Stadt vom Markgrafen Casimir die evangelische Freiheit, sich selber „tugendhafte Kapläne" erwählen zu dürfen; der bisherige Pfarrer Hans von Wirsberg, Dechant und Domherr zu Eichstätt, lebe auswärts, lasse sich durch wechselnde Kapläne vertreten und versehe als „wahrer Hirte" die Pfarrei St. Johannis nicht wohl. Seinem Vertreter, Pfarrer Greulich, hatten die Kitzinger offen erklärt, dass sie ihn zu keinem Pfarrer haben wollten. Der Rat fand mit seiner Bitte in Ansbach Gehör und durfte nun selbständig seine Geistlichen wählen.

Im August des nächsten Jahres 1522 kam auf Anforderung des Rates ein Schüler Luthers aus Wittenberg nach Kitzingen. Er hieß Christoph Hofmann, war aus Ansbach gebürtig und hatte bei Dr. Martin Luther Theologie studiert, über ihn weiß Bernbeck zu berichten: „Gott der Allmächtige hat sich derer zu Kitzingen, die auch wie die anderen durch mancherlei verführerische Lehren von ihm abwichen und weit von seinem Wort irreten, erbarmet und ihnen durch sein göttlich Erbarmen einen frommen und gelehrten Mann in der Heiligen Schrift mit Namen Christopherus Hofmann von Ansbach zugeschicket, welcher das Evangelium mit großem Ernst und Eifer geprediget hat. Es war auch gedachter Prediger von dem gemeinen Mann nicht anders denn der ‚junge Luther' genannt worden, da er vom 20. bis ins 22. Jahr hat öffentlich zu

Wittenberg den Dr. Martin Luther predigen und vorlesen hören". Spricht nicht aus diesen Worten die Sehnsucht nach dem unverfälschten Evangelium?

Hofmann tat alles, um der Reformation in der Stadt den Weg zu bahnen. Den Anfang machte er mit der Beseitigung der kirchlichen Missbräuche. Auch wurde auf seinen Rat die Messpriesterstelle in eine Predigerstelle umgewandelt, „deren wir hier zur Mehrung des Gotteswortes wohl notwendig bedürfen". Hofmann wurde vom Rat als erster evangelischer Prediger in der Stadt eingesetzt. Diese einschneidenden Maßnahmen, die zugleich eine Schmälerung der Klosterhoheit über ihre Filialkirche St. Johannis darstellten, dürfen wir als die Einbruchsstelle der Reformation in das kirchliche Leben der Stadt betrachten.

Am 8. Trinitatissonntag, am 10. August 1522, hielt Prediger Hofmann in der St. Johanniskirche den ersten evangelischen Gottesdienst mit der deutschen Messe Luthers. Kitzingen war eine lutherische Stadt geworden und der evangelische Rat übte das Patronatsrecht über die Pfarrer aus. Mit vollem Recht betrachten wir diesen für die Kitzinger Protestanten so bedeutsamen Tag als den „Geburtstag der evangelischen Gemeinde Kitzingen". Seit über 440 Jahren wird in Kitzingen das Evangelium nach der Lehre Dr. Martin Luthers verkündigt.

Im November 1526 vermählte sich Hofmann nach Luthers Vorbild und „hielt seine Hochzeit nach christlicher Ordnung mit eines frommen Biedermannes Kind zu Kitzingen in aller Ehrbarkeit. Auf dessen Hochzeit dazumal waren viele vom Rat und auch andere ehrbare Bürger von Kitzingen". Aber nur fünf Jahre waren hier seines Bleibens. Als Markgraf Casimir die Fortschritte der Reformation in der Markgrafschaft aus politischem Eigennutz hemmen wollte, mussten die evangelischen Geistlichen die Stadt verlassen. Hofmann hielt am Osterfest des Jahres 1527 in der St. Johanniskirche seine Abschiedspredigt, kehrte wieder nach Wittenberg zurück und wurde vom Kurfürsten Friedrich dem Weisen zum Pfarrer in Jena ernannt. Als erstem Prediger des wahren Evangeliums in unserer Stadt gebührt Hofmann ein dankbares Gedenken.

6. Kapitel
Der erste evangelische Pfarrverweser in Kitzingen

Schon im Februar 1523 hatte Prediger Hofmann, da das Evangelium immer mehr Anhänger gewann, Unterstützung in der Wortverkündigung durch den zum lutherischen Glauben übergetretenen Franziskanermönch Schenk von Sinau als Pfarrverweser gefunden. Von ihm berichtet Bernbeck: „Derselbige verweste die Pfarrei St. Johannis allda mit Predigten bis zum Jahr 1529 und schaffte viele Zeremonien des römisch-katholischen Gottesdienstes ab. Um solcher Taten willen ward er mehr denn einmal nach Würzburg zitiert. Aber er erschien nie, da alle, die hineinkamen, verschwunden sind und niemand wusste, wohin sie gekommen sind".

Hofmann und Schenk von Sinau lagen Luthers Mahnworte über die Armen, alle Bettelei unter den Christen abzutun und fleißig der Armen zu gedenken, sehr am Herzen. Auf ihre Bitte hin stellte der Rat den „gemeinen Kasten", d.h. allgemeinen Kasten, in der St. Johanniskirche auf und erließ eine christliche Ordnung der Bettler wegen. In dieser hieß es: „Es werden Bürger, die alle Sonn- und Feiertage in der Kirche mit Säcklein das Almosen sammeln und in den Kasten einlegen sollen, verordnet und von der Kanzel herab verkündigt". Damit sollte das öffentliche Betteln auf den Gassen nicht mehr geduldet werden, sondern die armen Leute sollten sich mit dem Almosen, das ihnen wöchentlich von den geordneten Pflegern gegeben werde, genügen lassen. Der „gemeine Kasten" wurde in der St. Johanniskirche sichtbar aufgestellt, und die Gemeinde vom Prediger gebeten, von ihrem Überfluss mitzuteilen und zur Unterhaltung der Armen fleißig einzulegen. Charakteristisch für die Weinstadt Kitzingen ist folgender Satz aus der Kastenordnung: „Statt Gaben an Geld ist man bereit, auch Wein anzunehmen!" Mit dieser Kastenordnung wurde in wahrhaft sozialem Geist der Anfang einer christlichen Armenpflege gemacht wie sie die Urchristenheit schon kannte. Auch viele fromme Stiftungen reicher Bürgerfamilien flossen späterhin dem Armenkasten zu, mit dessen Erträgnissen die protestantische Armenpflege viele Not unter den evangelischen Glaubensbrüdern lindern konnte.

Im Sommer 1524 mussten Hofmann und Schenk von Sinau gegen falsche Propheten mit allem Ernst eifern, da diese die Reformation hier stören wollten. So wird von einem früheren Benediktinermönch aus Schwaben, dem Bauern Diepold Beringer, berichtet. Kitzinger Kaufleute, die ihn in Wöhrd vor Nürnberg hatten predigen hören, brachten ihn nach Kitzingen. Er hielt hier im Mai 1524 drei Predigten auf dem Kirchhof zu St. Johannis. Seine Predigten fanden einen so starken Zulauf, dass sogar „ein ehrbarer Rat dem Bauern einen neuen Predigtstuhl zimmern und auf dem St. Johannisfriedhof aufstellen ließ". Sie merkten nicht den ketzerischen Unterton seiner Reden, die ihn auf die Seite der unzufriedenen Bauern stellten. Als Markgraf Casimir davon hörte, befahl er dem Rat der Stadt, „ihn ohne Verzug wieder abzuschaffen". Beringer wanderte weiter nach Rothenburg und kam dortselbst im Strudel des Bauernaufstandes ums Leben.

Noch ein zweiter Schwarmgeist kam in demselben Jahr nach Kitzingen, Andreas Bodenstein aus Karlstadt am Main gebürtig, auch das „böse ABC" genannt. Früher Amtsgenosse Luthers auf der Wittenberger Hochschule, wurde er wegen seines Eiferns gegen Luthers Lehre aus dem Kurfürstentum Sachsen ausgewiesen und kam auf seiner unsteten Wanderfahrt auch nach Kitzingen. Er trachtete danach „viele Bürger mit seinen Predigten am Heiligen Sakrament irre zu machen" und lehrte ganz im Sinne der aufsässigen Bauern, dass alle Dinge auf Erden jedem gemein sein sollten, und alle Obrigkeit aufhören müsse". Er fand aber bei den Bürgern der Stadt kein Unterkommen, „denn es hatten etliche einen Schauer vor ihm". Auch er verzog sich nach Rothenburg.

Aus diesen beiden Vorkommnissen ersehen wir, dass Markgraf Casimir die neue Lehre Luthers vor dem Missbrauch einer falsch verstandenen Freiheit durch unruhige Schwärmer bewahren wollte. Fühlte er sich doch als „summus episcopus", als oberster Landesherr der im Entstehen begriffenen lutherischen Landeskirche! Dazu ließ der Fürst im Herbst 1524 alle Pfarrer und Kirchendiener, und damit auch Hofmann und Pfarrverweser Schenk von Sinau, zu einem Religionslandtag nach Ansbach laden. Dort wurden sie von seinen Räten unterrichtet, was sie über die Abschaffung der römischen Lehren und Missbräuche wie über die Einführung der rechten deutschen Messe Luthers und über die Abendmahlsfeier in beiderlei Gestalt zu lehren hätten. Die vom Bischof in Würzburg beanspruchte Diözesangewalt über das Kirchenwesen in Stadt und Land Kitzingen lehnte der Markgraf ab, so dass damit auch das kirchliche Band zwischen Würzburg und Kitzingen zerschnitten wurde.

7. Kapitel
Pfarrer Martinus Meglin, der eigentliche Reformator der Stadt

Mit der Predigttätigkeit der ersten Hirten der jungen evangelischen Gemeinde gewann die Reformationsbewegung so viele Anhänger, dass sich der Rat der Stadt im Jahr 1525 genötigt sah, nochmals von Luther einen Pfarrer zu erbitten. Es war Magister Meglin. Mit großer Begeisterung begrüßte Bernbeck den neuen Pfarrer: „Am 22. Februar 1525 kam ein fürtrefflich gelehrter Mann nach Kitzingen mit Namen Martinus Meglin, Magister Lipsiensis (Leipzig), aus Ebern gebürtig. Er wurde von einem ehrbaren Rat allda zu einem Pfarrer mit großer Freude berufen, predigte das heilige Evangelium mit Christophorus Hofmann lauter und rein und bezeugte dasselbe im christlichen Wandel. Den armen Leuten war er sehr günstig geneigt und vermahnte das Volk oft, dass sie dem „gemeinen Kasten" beisteuern sollten, so sehr lagen ihm die Armen am Herzen. Das gemeine Volk hörte ihn sehr gern, und viele Leute von den Dörfern liefen zu seinen Predigten herein. Er besuchte gern Kranke und Arme und versagte niemandem seine Dienste. Er wurde wegen seiner Predigt auch nach Würzburg zitiert, aber ihm wurde von der Obrigkeit widerraten, dort zu erscheinen".

Wie treffend wird hier dem Leser das Bild eines christlichen Pfarrers vor Augen geführt! Waren Hofmann und Schenk von Sinau die Begründer der reformatorischen Bewegung, so dürfen wir Pfarrer Meglin als den Vollender der glücklich begonnenen Kirchenerneuerung in Kitzingen betrachten. Er beseitigte die letzten Reste der römischen Lehre, führte nach Luthers Vorbild die deutsche Messe und den deutschen Choralgesang ein und hielt zum ersten Mal statt des alten Messgottesdienstes die Abendmahlsfeier in evangelischer Form, also in beiderlei Gestalt.

Dem Beispiel des Reformators folgend trat er ebenfalls in den Ehestand, wie Bernbeck berichtet: „Sonntag, den 10. Februar 1527, hatte Martinus Meglin, Pfarrer zu Kitzingen, seine Hochzeit mit einer Häfnerstochter, die da redlicher frommer Eltern war, ganz züchtig und fromm, nicht reich, da er nicht nach Gut, sondern nach Frömmigkeit freite. Vikar Georg Flurheim gab sie nach christlicher Ordnung als Diener des Evangelii zusammen. Waren darauf Matthes Tettelbach vom inneren Rat — der einzige, der sich der Bauernsache im Jahr 1525 nicht angeschlossen hatte — und viele ehrbare Leute".

8. Kapitel
Rückschläge im Aufbau der jungen evangelischen Gemeinde

Rückschläge im kirchlichen Aufbau konnten nicht ausbleiben. Eine politische Unterbrechung des Fortgangs der Reformation brachte der Kitzinger Bürgerschaft durch ihre eigene Schuld der Anschluß an den Bauernaufstand im Jahr 1525. Schon im Oktober 1523 war von Ansbach die Warnung gekommen, sich nicht mutwillig von Aufruhr und Rotten bewegen zu lassen, sondern sich „als die frommen, getreuen Untertanen zu halten". Ebenso ermahnte Pfarrer Meglin in seiner Antrittspredigt im Februar 1525 von der Kanzel aus die ganze Gemeinde: „Sie sollten sich bei Leib und Leben nicht wider ihre Obrigkeit erheben, denn es wäre wider Gott und das heilige Evangelium".

Aber die Bürger waren schon durch die Schwärmer Beringer und Karlstadt zu gut mit dem aufständischen Geist bekannt geworden. „Es wollte nichts helfen, so gar hatte der Teufel etliche seiner Kinder besessen", klagte Pfarrer Meglin. Denn wie die Bauern fühlten sich die Kitzinger Bürger durch die markgräflichen Steuerlasten so sehr bedrückt, dass sie alle Förderung durch ihren Stadtherrn vergaßen und in starkem Unmut schworen, sie wollten ihren Markgrafen Casimir nicht mehr sehen. Tatenlos musste Pfarrer Meglin zusehen, wie die aufrührerischen Elemente unter der Bürgerschaft die Stadt ins Unheil führten und sich den aufständischen Bauernhaufen der Umgebung unter der Führung Florian Geyers anschlössen.

So musste es zum Bruch zwischen der aufsässigen Bürgerschaft und ihrem Stadtherren kommen. Nach der blutigen Niederlage des Bauernheeres im Taubergrund bei Königshofen nahm Markgraf Casimir am 9. Juni 1525 furchtbare Rache an der abtrünnigen Stadt. Er ließ 58 Bürger, die ihn nicht mehr sehen wollten, im Leidenhof mit einem glühenden Eisenstab blenden. Nicht genug damit jagte er die Geblendeten aus der Heimat ins Elend, so dass sie, haufenweise bettelnd, im fremden Land umherziehen mussten. Neben einer Geldbuße von 13 000 Gulden zwang der erzürnte Fürst auch die Bürgerschaft, die von den fanatischen Hetzern niedergebrannte Klosterkirche der Benediktinerinnen wieder aufzubauen.

Im christlichen Mitgefühl mit den unglücklichen Geblendeten wandte sich Pfarrer Meglin mit seinen Amtsbrüdern an den markgräflichen Amtmann Ludwig von Hutten mit der Bitte, die Geblendeten doch nicht auch noch aus der Stadt auszuweisen. Als der Markgraf von diesem Schreiben erfuhr, geriet er in solchen Zorn, dass er Stadtpfarrer Meglin, Prediger Hofmann, Vikar Flurheim wie den katholischen Klosterpfarrer

Herwart auf einem Karren in sein Heerlager nach Rothenburg bringen ließ. Erst als er sich von der edlen Absicht ihrer Bittschrift überzeugt hatte, gestattete er ihnen die Rückkehr unter dem Versprechen, nicht mehr mit dem geistlichen Amt auf das weltliche Amt ihres Herrn überzugreifen. Mit seinem mannhaften Eintreten für die verhetzten Glieder seiner Gemeinde ungeachtet der ihm drohenden persönlichen Gefahr hatte Pfarrer Meglin seine christliche Gesinnung aufs schönste bewiesen.

Aber nicht nur die grausame Gesinnung des Fürsten Casimir hatte das Jahr 1525 offenbar gemacht, sondern auch, dass er sich nur zur Stärkung seiner Territorialgewalt der Reformation angeschlossen hatte. Die stürmischen Ereignisse des Bauernkrieges hatten ihn gegen die reformatorische Bewegung misstrauisch gemacht. Aus dynastischem Interesse schwenkte er nun zum katholischen Kaiserhaus der Habsburger über und wurde für diesen Gesinnungswechsel auf dem ersten Reichstag in Speyer im Jahr 1526 zum kaiserlichen Kommissar ernannt. Im folgenden Jahr 1527 erließ er für das Fürstentum Ansbach ein strenges Mandat. Darin befahl er bei Androhung schwerer Strafen, bis zu einem allgemeinen Nationalkonzil alle aufgehobenen kirchlichen Zeremonien wie früher wieder einzurichten und die neue Lehre im Gottesdienst rückgängig zu machen. Gleichzeitig mahnte er die Prediger seines Landes, seinem Mandat unverzüglich Folge zu leisten. Nun kam eine schwere Prüfungszeit über die Kitzinger Gemeinde und ihre Geistlichen. Der Kitzinger Rat fügte sich dem wankelmütigen Fürsten, lud die Pfarrer auf das Rathaus und verlangte von ihnen strikte Befolgung des markgräflichen Mandats. Einstimmig erklärten sie jedoch, dass die Wiederaufrichtung der römischen Zeremonien dem gemeinen Mann ein überaus großes Ärgernis und dem heiligen Evangelium die höchste Schmach und Lästerung sei. Sie seien aber von Gott und ihrem Gewissen berufen, das reine Evangelium zu predigen. Darum wollten sie wider solche gottlosen Gebräuche auch weiterhin reden. Als ihnen der Rat drohte, Prediger von auswärts zu holen, antworteten sie, „dass man in solchem Fall Gott mehr als dem Fürsten gehorchen müsse". Darauf baten sie um sofortigen Urlaub aus ihrem geistlichen Amt, der ihnen auch gewährt wurde.

Nach dem Abfall des Markgrafen vom lutherischen Glauben bedrohte eine ernste Krise das junge Glaubenspflänzlein der Kitzinger Gemeinde, als im April 1527 Pfarrer Meglin und Prediger Hofmann die Stadt verlassen mussten. Zur Schande des wankelmütigen Rates muss gesagt werden, dass kein Ratsherr das Bekenntnis „Wir handeln wider Gottes Wort und Gebot" mutig gewagt hatte. Nach dem Weggang der beiden Geistlichen wurden die römischen Zeremonien wieder eingeführt, aber „das Volk war ohne Predigt und bekümmerte sich sehr, dass die Prediger also verjagt und das heilige Abendmahl hinweg genommen sollte".

Der Graf von Wertheim berief sofort Pfarrer Meglin als Prediger und Schulmeister nach Wertheim, während Prediger Hofmann zu seinen Lehrern Dr. Martin Luther und Melanchthon nach Wittenberg zurückkehrte. Wenn auch der Abfall des Kitzinger Rates in der Angst begründet sein mochte, um Leben, Ehre und Gut zu kommen, falls er nicht das Gebot seines Markgrafen durchführte, so muss man um so mehr das treue Einstehen der Kitzinger Geistlichen für das Evangelium rühmen, das die wankelmütigen Ratsherren beschämen musste. Doch das Wölklein über dem hirtenlosen Kitzinger Volk sollte unerwartet rasch wieder vorüberziehen.

Im Mai desselben Jahres zog Markgraf Casimir mit seinem Heer im Gefolge Kaiser Karls V. gegen die türkischen Kriegshaufen, die in Ungarn eingedrungen waren. Ermutigt durch die längere Abwesenheit Kasimir und auch tief beeindruckt von der standhaft gebliebenen Bürgerschaft, die in ihrer großen Mehrheit die alten Gebräuche ablehnte, bat der markgräfliche Amtmann Ludwig von Hutten mit Zustimmung der markgräflichen Regierung durch einen Boten Pfarrer Meglin in Wertheim, wieder als Pfarrer zu seiner Kitzinger Gemeinde zu kommen. Schon am Trinitatisfest wurde Pfarrer Meglin vom Amtmann von Hutten feierlich in sein Pfarramt in Kitzingen eingesetzt. Unter großem Zustrom des Volkes predigte er von der Kanzel der St. Johanniskirche aus von Neuem das reine Wort Gottes.

Noch einmal musste Pfarrer Meglin seinen reformatorischen Glauben bekennen. Im September desgleichen Jahres 1527 starb Markgraf Casimir unerwartet fern seiner fränkischen Heimat im Ungarnland. Sein Leichnam wurde in der Hohenzollerngruft im Münster des Klosters Heilsbronn beigesetzt. Das Ansinnen des Rates, die Totenfeier in Kitzingen für den verstorbenen Fürsten nach dem fürstlichen Mandat mit der Feier der katholischen Messe zu begehen, lehnte Meglin als evangelischer Pfarrer ab. Vielmehr hielt er den Gedächtnisgottesdienst auf den toten Markgrafen als einen Bittgottesdienst für den neuen Landesherrn Markgraf Georg und seine fürstlichen Räte und Amtleute.

9. Kapitel
Der innere Ausbau der evangelischen Gemeinde Kitzingen

Unter dem neuen Markgrafen Georg gelangte die Kirchenerneuerung endlich zum Durchbruch. Markgraf Georg stand auch im Herzen zur Reformation Luthers und führte diese als erster unter den fürstlichen Reichsständen in seiner Markgrafschaft vollständig durch. Bei seinem Einzug in Kitzingen bald nach seinem Regierungsantritt war, wie der Chronist Beringer mitteilt, „ein großes Zulaufen und Frohlocken von dem gemeinen Volk, ihn zu sehen, da ihm jedermann günstig und hold war um des heiligen Evangeliums willen, das er allenthalben in seinem Fürstentum mit großem Fleiß predigen ließ".

Für das Frühjahr 1528 lud er alle Pfarrer und Prediger seines Fürstentums zu einer großen Kirchenvisitation nach Ansbach ein, „allda sich ihrer Lehre und ihres Lebens halber examinieren und visitieren zu lassen". Gemeinsam mit der Reichsstadt Nürnberg, die ein Hauptort der Reformation war, ließ er von seinen Räten bezüglich der rechten Wortverkündung Fragen ausarbeiten. Diese wurden bei der Visitation den Geistlichen vorgelegt, um sicher zu sein, dass sie den Ansprüchen eines Predigers des heiligen Evangeliums entsprächen. Auch die Kitzinger Geistlichen befanden sich unter den Vorgeladenen und bestanden die Prüfung in Ehren.

Hier soll der Verlauf einer solchen Kirchenvisitation, die im Jahr 1561 in Kitzingen stattfand, dargelegt werden. Zeigt sie doch das Bestreben Ansbachs, die reformatorischen Grundwahrheiten fest im Volk zu verankern. Die ganze Gemeinde, jung und alt, wurde in die Pfarrkirche befohlen, „die - nach dem Bericht Bernbecks - auch ganz stattlich erschien, und die Kirche war also voll gewesen wie früher kaum gesehen". Superintendent Karg von Ansbach hielt eine Christenlehre, verlas den Katechismus Dr. Martin Luthers und stellte Fragen über den Artikel der Rechtfertigung. Am anderen Tag wurden die Pfarrer und Schulmeister aus den Dörfern des Amtes Kitzingen in der Lehre Luthers verhört. Auch von einer Überwachung der Abendmahlsgäste hören wir. „Vornehmlich hat der Superintendent den Kirchendienern ernstlich befohlen, alles an Eheschließungen, Taufen und Sterbefällen aufzuschreiben, ebenso diejenigen, so zum Sakrament des Altars und wie oft sie gehen, auf dass man die, so es unterlassen, kenne, und, wenn sie nicht auf Vermahnungen gehen wollen, von der Kirche ausschließe". So wurden den Pfarrern und Kirchendienern schon frühzeitig eine strenge Kirchenzucht und die Führung von Kirchenbüchern zur Pflicht gemacht. Seit dem Jahr 1533 werden in Kitzingen die protestantischen Tauf- und Traumatrikeln und seit dem Jahr 1558 die Beerdigungsbücher geführt.

Trotz aller Förderung der Lehre Luthers schreckte aber Markgraf Georg nicht vor einer außergewöhnlichen Besteuerung des Kirchenvermögens in seinem Lande zurück. Sie sollte helfen, die unerträgliche Schuldenlast, in die sein Bruder Casimir das Land gestürzt hatte, zu tilgen. Für das Frühjahr 1529 ordnete er eine Bestandsaufnahme aller kirchlichen Kleinode aus Edelmetall in seinem Fürstentum an. Darunter fielen alle silbernen und goldenen Kelche, Messkannen, Altargeräte, Monstranzen und Leuchter, die früher dem katholischen Kultus gedient hatten. Trotz allen Sträubens des Rates der Stadt mussten aus Kitzingen alle Kirchenschätze nach Ansbach abgeliefert werden, die dann in der markgräflichen Münze in Schwabach eingeschmolzen wurden. Um die stattliche Summe von 133 Mark Gold und Silber oder um fast 1800 Gulden wurde damals die Pfarrei Kitzingen gebracht. Mit den Kirchenschätzen der St. Johanniskirche wurde damals so gründlich aufgeräumt, dass aus der Zeit vor jener Einziehung keine Wertgegenstände mehr vorhanden sind.

Wegen seines standhaften Glaubens und seiner großen Gelehrsamkeit stand Pfarrer Meglin bei seinem Markgrafen Georg in großer Gunst. So durfte er ihn auch im Frühjahr 1530 mit anderen Theologen auf den Reichstag nach Augsburg begleiten. Er hatte ein halbes Jahr vorher angesichts der unverhüllten Drohungen der römischen Kirche an den Markgrafen eine Trostschrift nach Ansbach geschickt, dass „sich Seine Fürstlichen Gnaden nicht erschrecken lassen solle". In Augsburg wurde Pfarrer Meglin Zeuge der Verlesung der von Philipp Melanchthon verfassten Augsburger Konfession vor dem Reichstag und Kaiser Karl V.

In dieser weltgeschichtlichen Stunde bekannte sich Markgraf Georg unerschrocken vor Kaiser und Reich zum evangelischen Glauben, wofür er schon zu seinen Lebzeiten den Beinamen „der Fromme" erhielt. Die Evangelische Gemeinde Kitzingen konnte stolz darauf sein, dass ihr Pfarrer jene weltbewegende Entscheidungsstunde in der Fuggerstadt miterleben durfte. Erst im Oktober desselben Jahres kehrte er von Augsburg wieder zu seiner Gemeinde heim.

In den folgenden Jahren war Markgraf Georg eifrig darauf bedacht, dem evangelischen Gottesdienst eine einheitliche Form zu geben und damit die reformatorische Bewegung zu stärken und zu festigen. Gemeinsam mit der Reichsstadt Nürnberg ließ er von einer Kommission von Theologen eine Kirchenordnung für seine markgräflichen Lande ausarbeiten, die den Wittenberger Reformatoren vorgelegt wurde und deren Billigung fand. Unter dem Namen „Brandenburgische - Nürnbergische Kirchenordnung" wurde sie im Herbst 1532 gedruckt, und am 9. März 1533 nahm sie die Kitzinger Pfarrgemeinde erstmals im Gottesdienst in Benützung.

Diese Kirchenordnung übernahm die uralte, aus der Urchristenheit stammende Zweiteilung in Wortverkündung und Sakramentsausteilung und formte damit für Jahrhunderte den Verlauf der gottesdienstlichen Handlungen. Wenn man die Aufeinanderfolge der liturgischen Akte betrachtet, die zu den Höhepunkten der Predigt und der Abendmahlsfeier führen, so findet man, dass bis in die jüngste Gegenwart hinein der Gottesdienst eng an die damals geschaffene Kirchenordnung anschließt. Hier wie dort finden wir: Confiteor (Sündenbekenntnis) — Introitus (Eingang) — Kyrie — Gloria (Lobgesang) — Salutation (Begrüßung) — Kollekte (Gebet) — Epistellesung mit Halleluja — Gradual (Lied oder Gebet) — Evangelienlesung — Credo (Glaubensbekenntnis) — Predigt und Abendmahlsfeier [Sanctus (Heilig) — Konsekration (Einsetzungsworte) — Vaterunser — Austeilung des Sakraments — Dankgebet — Segen.] Diese vom Geist Wittenbergs geprägten Formen des Gottesdienstes bahnten eine mehr als 400jährige Tradition im evangelischen Gottesdienst der Stadt und der bayerischen Landeskirche an. Es war Pfarrer Meglin noch vergönnt, kurz vor seinem Tode die neue Kirchenordnung von der Kanzel der St. Johanniskirche herab zu verkündigen. Nach acht Jahren treuer christlicher Fürsorge für seine Gemeinde im Pfarr- und Predigtamt beendete Pfarrer Meglin im Oktober des gleichen Jahres seine irdische Laufbahn. „Er war", wie der Chronist meldet, „ein aufrichtig frommer und gelehrter Mann in großer Geduld und standhaftem Glauben". Pfarrer Meglin war der eigentliche Reformator der Stadt.

10. Kapitel
Magister Georg Schmalzing, das Vorbild eines evangelischen Pfarrers

Nach Meglins Tod wandte sich der Rat der Stadt im Januar 1534 wiederum an Luther und Melanchthon und erbat sich Georg Schmalzing zum neuen Pfarrer: „Von Euer Hochwürden sind nun etliche Männer angezeigt worden, unter ihnen vornehmlich der Herr Georg Schmalzing, der als tugendhafter Pfarrer geachtet und für eine große Gemeinde geeignet ist. Darum haben unser gnädiger Herr und wir zu dem Herrn Georg Schmalzing auch Neigung. So ist es unsere Bitte, Euer Ehrwürden wollen uns Herrn Georg Schmalzing als unseren künftigen Pfarrherrn zuschicken. Euer Ehrwürden willige Bürgermeister und Rat der Stadt Kitzingen".

Auf die Bitte des Rates gab Luther folgende Antwort: „Dem Ehrsamen, Fürsichtigen Herrn Bürgermeister und Rat zu Kitzingen Gnade und Friede in Christo! Wie Eure Bitte gewest ist, also habt Ihr ihn, Euren Pfarrer Herrn Georg Schmalzing. Aber weil der Weg fern und die Zehrung ihm schwer wird, bitte ich, Ihr wollet Ihm behilflich sein, weil er doch in Euren Dienst zieht und niemand auf seine eigene Kosten dienen kann und soll, wie St. Paulus lehret. Hiermit Gott befohlen! Januar 1534. Martin Luther D". Magister Schmalzing stammte aus Hersbruck. Schon frühzeitig lernte er um des Evangeliums willen Trübsal und Verfolgung kennen. Als er in Bayreuth als Messpriester evangelisch zu predigen begann, wurde er im Jahr 1526 vom Bamberger Bischof von Redwitz gefangen gesetzt, bis Markgraf Georg nach drei Jahren seine Befreiung erwirkte. In der Gefängnishaft wuchs ihm der Psalter als Trost- und Gebetbuch so sehr ans Herz, dass er ein Büchlein darüber verfasste, das ihm zu einer rechten Glaubensschule wurde. Nach seiner Gefangenschaft weilte er zu neuem Studium in Wittenberg bei Martin Luther.

Auf die Bitte des Rates der Stadt übernahm Magister Schmalzing im Februar 1534 das Pfarr- und Predigtamt in Kitzingen in der evangelischen Gemeinde. Als entschiedener Lutheraner predigte er treu das Evangelium nach der neuen Kirchenordnung. Das Ansinnen der Äbtissin des Frauenklosters, Amalia Forstmeister, die ihn verpflichten wollte, nach altem Herkommen an den Festtagen im Kloster nach römischem Ritus Gottesdienst und zwar gegen ein Entgelt von vier Gulden zu halten, wies er zurück, da er Pfarrer der evangelischen Gemeinde und nicht des römischen Klosters Kitzingen sei.

Seinen Wahlspruch „Wer Christ will werden, der musst auf Erden viel Trübsal leiden" konnte er in seinem Pfarr- und Predigtamt dahier reichlich bewähren. Denn nach Luthers Tod brachte die von Kaiser Karl V. im Jahr 1548 erlassene Glaubensformel, das „Interim" genannt, allen Protestanten, somit auch Pfarrer Schmalzing, große Glaubensbeschwernisse. Bis zur endgültigen Ordnung der protestantischen Angelegenheiten auf einer allgemeinen Kirchenversammlung sollten einstweilen — das ist die deutsche Übersetzung von „Interim" — die katholischen Zeremonien und Gebräuche wieder gelten. Also eine Neuauflage des Mandats des Markgrafen Casimir vom Jahr 1527! Magister Schmalzing lehnte die Befolgung der interimistischen Kirchenordnung ab, weil er nicht gegen sein Gewissen handeln wollte. Daraufhin wurde er vom Markgrafen Georg Friedrich gezwungen, seine geistlichen Ämter niederzulegen, wie der Chronist meldet: „Am 30. November 1548 tat der ehrwürdige Herr Magister Schmalzing eine Predigt und musste hernach stille halten wegen des Interims".

Trotzdem er nun ohne Amt und Brot war, sorgte die opferwillige Gemeinde treu für ihn und seine Familie. Im Jahre 1548 wurde vom Rat der Stadt als neuer Prediger Magister Johann Feuerlein berufen. Er richtete gehorsam die römischen Zeremonien wieder auf. Aber gleichzeitig trennte man das Pfarramt vom Predigtamt und gab dieses auf Wunsch seiner ihm sehr ergebenen Gemeinde dem alten Pfarrer Schmalzing zurück. Unerschrocken predigte er auf derselben Kanzel der St. Johanniskirche, auf welcher Magister Feuerlein das Interim verteidigte, in seinen Predigten, die beim Volk großen Zulauf fanden, gegen das der katholischen Kirche zu Gefallen angeordnete Interim. Er hielt sich nur an die Brandenburgisch - Nürnbergische Kirchenordnung und predigte auch, um Gottes Ehre in seinem Haus zu wahren, an keinem Feiertag, der zuvor abgetan war und durch das Interim wieder eingeführt wurde.

Zwanzig Jahre lang diente Pfarrer Schmalzing im Pfarr- und Predigtamt seiner Gemeinde mit reiner Lehre und gutem Wandel. Durch das interimistische Gezänk mit seinem Amtsbruder M. Feuerlein wurde er in seinen letzten Lebensjahren schwer getroffen und starb im Jahr 1554, ein Jahr bevor der Reichstag zu Augsburg im Jahr 1555 das Augsburger Bekenntnis endgültig anerkannte. Bernbeck berichtet dazu, dass „der ehrwürdige Herr Magister Georg Schmalzing, ein getreuer Diener unseres Herrn Jesu Christi, weiland Pfarrer, aber letzlich Prediger in der St. Johanniskirche zu Kitzingen, verschieden sei. Sein Tod ist männiglich zu Kitzingen allen herzlich leid gewesen. Kitzingen hat einen Vater an ihm verloren und es ist zu besorgen, man werde seinesgleichen allda nimmer bekommen". Der dankbare Rat ließ seinen Leichnam in der St. Johanniskirche beisetzen und gewährte seiner Witwe und den unmündigen zwei Kindern für ein Jahrzehnt freie Herberge und Unterhalt, so sehr stand Pfarrer Schmalzing im guten Gedächtnis der Stadt.

11. Kapitel
Die Schicksale des uralten Benediktinerinnenklosters

Unbeeinflusst von der Einführung der Reformation in der Stadt blieb das frühmittelalterliche Kloster der Benediktinerinnen bei der römischen Lehre und damit dem Bischof von Würzburg untertänig. Es hatte zwar viele Besitzerrechte gegenüber der wirtschaftlich aufstrebenden Bürgerschaft verloren, blieb aber das ganze Mittelalter hindurch ein Hort christlicher Erziehungs- und Bildungsarbeit für die weibliche Jugend. Als die Klosterfrauen infolge einer großen Schuldenlast im baufälligen Klosterspital die Krankenpflege nicht mehr genügend ausüben konnten, fanden sie in dem Nürnberger Stadtschultheißen Konrad Groß, dem Stifter des dortigen Heiliggeistspitals, und den drei aus Kitzingen gebürtigen Brüdern Teufel unerwartete Hilfe. Sie erbauten im Jahr 1344 den Nonnen nicht nur ein neues Spital samt Kapelle, sondern statteten sie auch mit der von Konrad Groß errichteten Spitalstiftung mit reichen Gütern aus.

Durch christliche Wohltätigkeit zeichnete sich zu Beginn des 15. Jahrhunderts Äbtissin Hedwig von Hofwart aus. Sie gründete vor dem Mainbernheimer Tor ein Sondersiechenhaus, in welchem die mit ansteckenden Krankheiten behafteten durchziehenden Pilger Aufnahme und Pflege fanden. Zur finanziellen Erhaltung des Siechenkobels gründete das Kloster die Sondersiechenstiftung. Trotz dieses segensreichen Wirkens im Bildungs- und Krankenwesen geriet die Stadt in einen immer größeren Gegensatz zum Kloster. Die Bürger wollten sich von der Vormundschaft der Klosterfrauen ganz frei machen. Von deren Unbeliebtheit zeugt der große Klosterbrand im Jahr 1484, der in Folge unvorsichtigen Hantierens einer Nonne mit dem Kerzenlicht während der Prozession am 2. Pfingstfeiertag entstand. Dass dabei die Abtei, die Kirche und der Glockenturm samt den Glocken in Flammen aufging, konnte nach dem Urteil Bernbecks nur geschehen, „weil die Bürgerschaft dem Feuer zu wehren, nicht viel Lust gehabt hat". Als nach zwei Jahren durch die Tatkraft der Äbtissin Magdalena von Leonrod die neuerbaute Klosterkirche eingeweiht wurde, befand sich unter den vier neuen Glocken auch eine größere mit einem Gewicht von 26 Zentnern und 1,20 m Höhe, welche die Inschrift trug: „Magdalena von Leonrod hat diese Glocke Osanna gießen lassen, 1484", und eine kleinere im Gewicht von 15 Zentnern, auf deren Glockenmantel die ernsten Worte standen: „Anno Domini 1484. Defunctos plango, vivos voco, fulgura frango, d.h. Die Toten beklage ich, die Lebenden rufe ich, die Blitze breche ich". Seit über einem Jahrhundert dienen die beiden Glocken der ehemaligen Klosterkirche nunmehr dem evangelischen Gottesdienst!

Im anbrechenden 16. Jahrhundert ging es mit dem Kloster mehr und mehr abwärts. Es verlor an Einfluss und die Zahl der Nonnen ging zurück. So war es nicht verwunderlich, dass sich im Frühjahr 1525 mit dem Aufstand der fränkischen Bauern gegen Adel und Geistlichkeit die aufgehetzten Kitzinger Bürger mit größter Erbitterung vornehmlich gegen das angefeindete Kloster wandten, das wie eine römische Oase inmitten der protestantischen Stadt lag. Das geschah von einer Bürgerschaft, die erst drei Jahre vorher sich zum reinen Evangelium unter ihrem Prediger Hofmann bekannt hatte!

Ohnmächtig musste der Rat der Stadt zusehen, wie die Bürger am Sonntag nach Ostern die Klosterkirche stürmten, „indem sie Altäre und andere Kirchenzierden zerrissen, die Schatzkammern und Gräber zerbrachen, die Wertsachen raubten, die Gebeine der Hadeloga und des Hirten Kitz zerstreuten und die Bildnisse über den Markt in die St. Johanniskirche trugen — darunter die vier erhaltenen Passionstafeln aus der Schule Riemenschneiders die jetzt in der Spitalkapelle hängen —, als ob die Bilder lebendige Götzen wären und das Land räumen wollten". Mit beweglichen Worten schilderte die Äbtissin Katharina von Fronthofen in einem Schreiben dem Markgrafen Casimir die Greuel der Verwüstung: „Die Kirche ist bis auf die Gemäuer abgebrochen, die Gräber sind aufgerissen, die Altäre zerbrochen, die Bilder zerschlagen und das Heiligtum zerstreut".

Wenn auch Markgraf Casimir bisher angesichts der Volksstimmung die reformatorischen Neuerungen geduldet hatte, sicherte er jetzt der katholischen Äbtissin Ersatz für den Kirchenfrevel zu. Jeder Bürger wurde mit einer besonderen Steuer zum Wiederaufbau des Klosters herangezogen. Bernbeck berichtet über die Folgen dieser Untat: „Am 7. Dezember 1527 war die Kirche im Kloster wiederum geweiht, welche die Kitzinger anno 1525 zerbrochen hatten. Gott wolle es denjenigen, so Schuld daran haben, verzeihen".

Trotz des Kirchenneubaues konnte sich das Kloster nur noch wenige Jahre halten. Schon die vorletzte Äbtissin Amalia Forstmeister klagte, dass sie als „Weibbild schwere Händel ohne Hilf und Beistand eines treuen Schultheißen nicht bewältigen könne". Nach ihrem Tode war das Kloster bis auf eine Klosterfrau ausgestorben. Nun hielt es Markgraf Georg Friedrich für dringend geboten, nach dem Vorbild anderer protestantischer Fürsten den Klosterbesitz einzuziehen. Von allem Beistand verlassen, musste die letzte Äbtissin, Veronika Hundt von Saulheim, im November 1544 kurz vor ihrem Tod ihr Kloster dem markgräflichen Vogt und dem Rat der Stadt übergeben. Die Freude der Bürgerschaft, von der Vormundschaft der Klosterfrauen endlich befreit zu sein, war groß.

Mit dieser gewaltsamen Säkularisierung des Jahres 1544 war das ehemals hochberühmte Reichskloster der Karolingerkönige aufgehoben. Doch die großen Kirchenschätze des Klosters waren im Klosterbrand von 1484 und im Klostersturm von 1525 verschwunden. Mit dem Klostergut übernahm der Markgraf auch die Patronatsrechte des ehemaligen Klosters und besetzte es mit einem evangelischen Prediger, so dass jetzt in zwei großen Kirchen der Stadt das Evangelium nach der Lehre Dr. Martin Luthers gepredigt wurde. So endete nach fast achthundertjährigem Bestehen die ehemals geistliche Urzelle der Stadt Kitzingen.

12. Kapitel
Das Kirchen- und Schulwesen im „Evangelischen Jahrhundert"

Im 15. und zu Beginn des 16. Jahrhunderts entfaltete sich in Kitzingen ein reges kirchliches Leben. Darf es sich doch zu den „Urgemeinden" innerhalb der Markgrafschaft Ansbach zählen! Wittenberg als geistlicher, Ansbach als weltlicher Vorort: diese beiden Städte prägten für ein Jahrhundert den geistigen und weltlichen Charakter der Kitzinger Bürgerschaft. Die jahrzehntelange Verbindung mit dem kursächsischen Wittenberg, mit seiner Universität, wo der geistliche Stand der Stadt seine Ausbildung erhielt, und die persönlichen Beziehungen zu den »Vätern der Reformation« waren für das geistige Leben Kitzingens von großem Segen begleitet. Hofmann, Meglin und Schmalzing gründeten die Evangelische Gemeinde mit Bibel, Sakrament und Katechismus fest auf Luthers Lehre. Die Gemeinde wiederum freute sich, dass ihre Pfarrer Schüler Dr. Martin Luthers waren, und ein Kind der Stadt zu seinem Mitarbeiter wurde. Man unterschied den Stadtpfarrer an der St. Johanniskirche, den Spitalpfarrer am Spitalkirchlein und den Klosterpfarrer an der Klosterkirche, später auch einen Pfarrer an der St. Marienkirche in Etwashausen. Neben diesen unterwiesen Diakone und Kapläne das Volk in der lutherischen Lehre. Nach den ersten Predigern Hofmann und Schenk von Sinau zählen wir im brandenburgischen Zeitraum von 1525 bis 1629 eine Reihe von 13 Stadtpfarrern:

1) Magister Martin Meglin, aus Ebern, Studium Leipzig, Pfarrer dahier von 1525 bis 1533,
2) Magister Georg Schmalzing, aus Hersbruck, vorher in Bayreuth, Pfarrer dahier von 1534 bis 1548,
3) Magister Johann Feuerlein, aus Roth bei Nürnberg, vorher Pfarrer in Schwandorf (Oberpfalz), Pfarrer dahier von 1548 bis 1556,
4) Matthäus Schröder aus Sachsen (Magdeburg?), Studium in Jena, Pfarrer dahier von 1557 bis 1558,
5) Magister Johannes Eringius, aus Ölsnitz, Studium in Wittenberg, Pfarrer dahier von 1559 bis 1565,
6) Nikolaus Manlius, aus Ansbach, vorher Pfarrer und Dekan in Langenzenn, Pfarrer dahier von 1565 bis 1569,
7) Magister Johannes Schnabel, aus Kulmbach, vorher Pfarrer in Kulmbach, Pfarrer dahier von 1570 bis 1572,
8) Magister Johannes Schirmer, aus Frickenhausen, vorher Pfarrer in Feuchtwangen, Pfarrer dahier von 1572 bis 1576,
9) Matthias Tinktorius, aus Worms, vorher Pfarrer in Schweinfurt, Pfarrer dahier von 1576 bis 1588,
10) Johann Gerhard, aus Markt Berolzheim, vorher Pfarrer in Wassertrüdingen, Pfarrer dahier von 1588 bis 1592,
11) Oswald Conradus aus Gnodstadt, vorher Pfarrer in Mainbernheim, Pfarrer dahier von 1593 bis 1597,
12) Solomon Codomannus, aus Hof (Oberfranken), vorher Pfarrer in Amberg, Pfarrer dahier von 1598 bis 1621,
13) Magister Solomon Codomannus, Sohn des Solomon Codomannus, Studium in Gießen, 1612 Kaplan dahier und Pfarrer von 1621 bis 1629, dem Jahr der Vertreibung der Kitzinger protestantischen Familien.

Auf der Synode in Ansbach im Jahr 1556 wurde die Organisation der lutherischen Kirche in der Markgrafschaft Ansbach abgeschlossen. *Kitzingen wurde Dekanatssitz im unteren Franken*, der die Pfarreien der Stadt und des Amtes Kitzingen sowie der markgräflichen Ämter Castell, Mainbernheim und Prichsenstadt umschloss. Das Kirchenregiment übte der jeweilige Markgraf als „summus episcopus" durch das Landeskonsistorium in Ansbach aus. Er setzte evangelische Pfarrer in allen Dörfern des Amtes Kitzingen ein, die - bis auf Hoheim, Bibergau und Dettelbach - ihren protestantischen Charakter bis in die Gegenwart behaupten. Der Rat der Stadt vertrat wiederum die Kirchengemeinde in ihren kirchlichen Rechten und Pflichten. Er verwaltete das Kirchen- und Stiftungsvermögen, präsentierte den Stadtpfarrer und besetzte die Schul- und niederen Kirchenstellen.

Auch das *Schulwesen* wurde mit reformatorischem Geist erfüllt. Die erste Sorge des Rates galt dem Ausbau der alten *Lateinschule* (Pfarrschule) vom Jahr 1426. Denn mit dem Anschluss an die Reformation bekam der Rat auch das Verfügungsrecht über die Pfarrschule. Er erneuerte sie im Jahr 1527 zu einer Ausbildungsstätte der männlichen Jugend. Bernbeck berichtet von ihr: „Im März 1527 kam der neue lateinische Schulmeister gen Kitzingen, mit Namen Georgius Seyfried, von Sulzfeld gebürtig, von Wittenberg heraus, von Professor Kilian Goldstein, von Kitzingen gebürtig, und Philipp Melanchthon geschickt, welche der Rat gebeten hatte, ihnen einen zu schicken". Für den inneren Ausbau der Lateinschule war bei den engen Beziehungen der Stadt zu den Reformatoren die sächsische Schulordnung Melanchthons, des „Lehrers Deutschlands", Vorbild gewesen. Immer wieder wirkten sich die Einflüsse Wittenbergs auf das geistige Leben der Stadt segensreich aus. Im Jahr 1559 wird an Stelle der bisherigen katholischen Schule in der Schrannenstraße die neue Lateinschule bezeugt, also im engsten Anschluss an die St. Johanniskirche. Unterhalten wurde sie durch die große Opferwilligkeit und die reichen Stiftungen der Bürgerschaft.

Betrug die Zahl der Lateinschüler im Jahr 1545 90, so stieg sie bis zum Jahr 1626 auf 200 an! In dem gleichen Jahr schreibt Dekan Solomon Codomann in seiner „Topographie Kitzingae" mit Stolz: „Hinsichtlich des Schulwesens ist es durch die herzliche Barmherzigkeit Gottes so bewendet, dass in der lateinischen Schule die liebe Jugend auf das treulichste in Gottesfurcht und freien Künsten, in den Fremdsprachen Latein und Griechisch, in Religion und Musik unterrichtet wird, daneben in der Stadt und in Etwashausen für Knaben und Mädchen noch fünf deutsche Schulen in guter Ordnung und Zucht bestellet sind".

Mit den deutschen Schulen ist die *Volksschule* gemeint. Den Anstoß zur Errichtung von deutschen Schulen gab der Reformator mit seinem Sendbrief vom Jahr 1524 „An die Ratsherren aller Städte deutschen Landes, dass sie christliche Schulen aufrichten und halten sollen". Der Aufruf Luthers fand bei der Kitzinger Obrigkeit Gehör, und schon im Jahr 1526 finden wir hier deutsche Schulen. An ihnen wurde das Lesen des Katechismus, Schreiben, Rechnen und Choralgesang gelehrt. Die gute Meinung Luthers „Ein fleißiger, frommer Schulmeister, der Kinder treulich erzieht und lehrt, den kann man nimmermehr genug loben" fand auch in Kitzingen Widerhall. Die ersten Lehrer waren meistens Handwerker, die den Elementarunterricht im Nebenberuf ausübten und zwar im Waaggässchen und in der neuen Gasse in Etwashausen. Als großes Verdienst muss dem Rat angerechnet werden, dass er auch begabte Kinder armer Eltern unterrichten ließ und ihnen damit durch bessere Bildung den beruflichen Aufstieg öffnete.

Kitzingen
1628
aus der
Topographia
Kitzingensis
von
M. Sal. Codomann

Für die protestantische weibliche Jugend sorgte das im ehemaligen Frauenkloster errichtete weibliche *protestantische Damenstift*. Eine Anzahl von Frauen, an deren Spitze eine weltliche Äbtissin von Adel stand, unterhielt seit 1568 ein Pensionat für die weibliche Jugend der Stadt und ihrer Umgebung und setzte damit die Tradition der früheren Klosterabtei, christliche Bildung und Erziehung zu vermitteln, nun im evangelischen Geist fort. Allerdings brachte es das Damenstift in den 85 Jahren seines Bestehens wegen des Endes des „Evangelischen Jahrhunderts" nur auf fünf Äbtissinnen. Unter markgräflicher Leitung errichtete im Jahr 1582 Äbtissin Barbara Wambach zwischen der Spitalkapelle und dem Klostergebäude als ihren Sitz einen zweistöckigen stattlichen Neubau, der als Baudokument jenes protestantischen Zeitabschnittes heute noch vorhanden ist und jetzt als Landratsamt dient.

Für die Besoldung der Kirchen- und Schuldiener wurden die Erträgnisse der Stiftungsgottesdienste und das Einkommen der kirchlichen Ämter verwendet. Da der weitaus größte Teil der Bürgerschaft zum evangelischen Glauben übergetreten war, handelte der Rat im Sinne der übergroßen Mehrheit der Bürger, wenn er nicht bloß in den Besitz der katholischen Kirchen, sondern auch in den Besitz der bisherigen katholischen Stiftungen trat. Durch markgräfliche Verordnung vom Jahr 1527 war der Rat ausdrücklich befugt, sämtliche katholischen Stiftungen und Pfründen zum Unterhalt der Kirchen- und Schuldiener zu verwenden. So kamen aus der vorreformatorischen Zeit die im Jahr 1344 von Konrad Groß von Nürnberg errichtete Spitalstiftung samt der Sondersiechenstiftung, die ihren Ursprung ebenfalls dem ehemaligen Frauenkloster verdankte, in den Besitz der Protestanten. Beide Stiftungen wurden in dem folgenden Jahrhundert durch zahlreiche Stiftungen reicher evangelischer Familien ganz beträchtlich vermehrt.

13. Kapitel
Die Stipendienpflege im „Evangelischen Jahrhundert"

Sehr besorgt zeigte sich der Rat der Stadt um die wissenschaftliche Ausbildung seiner Bürgersöhne. Das junge Kirchenwesen musste stets auf einen tüchtigen Nachwuchs in Kirche, Schule und in den Stadtämtern bedacht sein. Da ein Großteil der Kitzinger Studenten aus eigenen Mitteln die Kosten eines mehrjährigen Universitätsstudiums in Wittenberg und Leipzig nicht hätte bestreiten können, unterstützte der Rat der Stadt arme, aber talentvolle Studenten als „stipendiarii". Er gab ihnen namhafte Geldspenden in getreuer Befolgung der Mahnung Dr. Martin Luthers: „Es wache die Obrigkeit, wo sie einen tüchtigen Knaben sieht, dass sie den zur Schule halten solle. Ist der Vater arm, so helfe man mit Kirchengütern. Hierzu sollen die Reichen ihre Testamente geben, wie die getan haben, die etliche Stipendien gestiftet haben". Es zeugt von dem christlichen Sinn wohlhabender Kitzinger Familien, wenn sie zahlreiche Stipendien stifteten oder in ihre Testamente die Bestimmung aufnahmen, dass die Erträgnisse ihrer Kapitalien nach ihrem Tod für die Unterstützung fleißiger, aber armer Bürgerssöhne während ihres Universitätsstudiums verwendet werden sollten.

So entstand die segensreiche Kitzinger Stipendienpflege. Von größeren Stiftungen seien genannt das Vermächtnis des Kitzinger Bürgers Hieronymus Kumpf und seiner Ehefrau Magdalena in Höhe von 5000 Gulden für arme und begabte Knaben vom Jahr 1533 und das des Bürgers Philipp Bernbeck und seiner Ehefrau vom Jahr 1569 mit der Summe von 2000 Gulden zur „Unterhaltung von zwei Studenten, die fleißig und fromm und ein gutes Zeugnis ihres Wandels haben". Auch der Ratsschreiber und Stadtchronist Friedrich Bernbeck — 1511 bis 1570 — überwies der Stipendienpflege 100 Gulden.

Die bedeutendste Stipendienstiftung jedoch ist die von dem früheren Würzburger Bürger Georg Reumann und seiner Ehefrau Barbara, geb. Weyer, im Jahr 1598 errichtete Reumann-Weyersche Stiftung. Sie verfügte über ein Kapital von 7200 Gulden. Das Originaltestament der Stiftung befindet sich im Archiv des Dekanats Kitzingen. Die hohen Zinserträge waren ebenfalls für studierende Jünglinge und Lateinschüler bestimmt, sofern sie arm waren und zu wahrem christlichem Glauben erzogen wurden; außerdem waren viele Geldbeträge für den Unterhalt der Pfarrer, Schullehrer, Organisten und Waisenkinder bestimmt wie auch für die bauliche Unterhaltung der von ihm erbauten Reumannschen Friedhofskapelle vorgesehen.

Mit der Erwähnung des Reumann-Weyerschen Ehepaares nähern wir uns dem Ende des „Evangelischen Jahrhunderts". Reumann war Ratsherr und Münzmeister im fürstbischöflichen Dienst in Würzburg gewesen. Wegen seiner Treue zum evangelischen Glauben wurde er im Zeitalter der anbrechenden Gegenreformation mit vielen anderen Bürgersfamilien aus dem Fürstbistum Würzburg von dem fanatischen Fürstbischof Julius Echter von Mespelbrunn aus der Stadt ausgewiesen. Das Ehepaar fand im protestantischen Kitzingen eine neue Heimat. In großer Dankbarkeit vermachte das kinderlose Ehepaar sein Vermögen dem Rat der Stadt. Außerdem sorgte Reumann schon bei seinen Lebzeiten für das Wohlergehen der gastfreien Stadt. Er ließ auf eigene Kosten den früher nur 22 m hohen Turm der St. Johanniskirche um 10 m auf 32 m erhöhen, mit einer Zwiebelkuppel versehen, und außerdem von der Repperndorfer Quelle eine Wasserleitung zum Marktbrunnen legen, damit die Bürger allzeit frisches Wasser hätten. Dazu ließ er im Friedhof eine Kapelle bauen. Frühzeitig hatte Reumann in Würzburg die sich ankündigenden Schrecken der katholischen Aktion zur Vernichtung des protestantischen Bevölkerungsteiles kennengelernt. Darum sollte sein Testament nur für „Augsburgische Religionsverwandte" Geltung haben. In der Stiftungsurkunde vom 7. Februar 1598 bestimmte er ausdrücklich: „So Gott die Stadt Kitzingen so hart strafen wollte, dass sie unter das Hochstift Würzburg käme, so sollen die protestantischen Stadträte Schweinfurt und Mainbernheim für ewige Zeiten das Recht haben, die gedachte Summe anzunehmen und zu dem Ihrigen zu legen". Wohl mag diese Bestimmung den Rat der Stadt an den unsicheren Grund der brandenburgischen Stadtherrschaft erinnert haben. Aber noch sollte ein Vierteljahrhundert vergehen, bis die von Reumann vorausgeahnten Religionsschrecken die Kitzinger Bürgerschaft trafen.

In dem Zeitraum von 1533 bis 1628 gab die städtische Stipendienpflege nach den Aufzeichnungen des Stadtschreibers Paulus Rücklein für das Universitätsstudium ihrer Stadtsöhne insgesamt 16 000 Gulden aus. So sorgten in wahrhaft sozialem Geist die Stipendienpflege, die Reumann-Weyersche Stiftung und die zahlreichen privaten Vermächtnisse für die akademische Ausbildung ihrer zukünftigen Diener in Kirche, Schule und Gemeinde wie für die Befestigung des reformatorischen Geistes in der Stadt. Dieses blühende Kirchen- und Schulwesen, geschaffen durch glaubenseifrige und opferwillige Bürgersfamilien, musste den späteren Glaubensgenossen wie ein verlorenes Paradies erscheinen.

Der Rat der Stadt fühlte sich aber auch für die rechte Verwendung seiner Spenden verantwortlich. Darum trieb er seine Stipendiaten zum fleißigen Studium an und stellte sie unter die Aufsicht und Führung eines bewährten Präzeptors in Wittenberg oder Leipzig. Im Jahr 1568 beschloss er sogar, „dass diejenigen, welche die Stipendien nicht mit Fleiß angewandt, sondern ihr Stipendium unnütz verzehrt hätten, so dass sie sich zu Kirchen-, Schul- und Gemeindedienst nicht fähig zeigten, das erhaltene Stipendium wieder zurückerstatten sollten".

Von dem hohen Ernst, mit dem der Rat der Stadt das Studium seiner Bürgersöhne im fernen Wittenberg zu überwachen wünschte, zeugen auch seine Bitten an das Kitzinger Stadtkind, den Universitätsprofessor Paul Eber in Wittenberg, er möge dort auf die Kitzinger Stipendiaten sein besonderes Augenmerk richten, dass sie ihre Studien nicht versäumten. Hatte aber ein Kitzinger Student den Grad eines Magisters erlangt, so wurde er vom Rat mit einem ansehnlichen Geldgeschenk geehrt. Eine große Anzahl solcher zu Amt und Würden gekommener Bürgersöhne finden wir im Pfarr- und Schulamt oder als Juristen im Rat der Stadt. Die Bürgerschaft bot ein Bild lebendigen christlichen Sinnes, so dass wir diesen Zeitabschnitt mit Recht das „Evangelische Jahrhundert Kitzingens" nennen können.

14. Kapitel
Das Lebensbild unseres Stadtkindes Paul Eber

Mit berechtigtem Stolz gedenkt die evangelische Gemeinde Kitzingen unter diesen Stipendiaten seines berühmten Stadtkindes und Freundes der Reformatoren, Paul Eber. Als Sohn eines Schneidermeisters wurde er am 8. November 1511 in der Falterstraße geboren. Nach Besuch der deutschen Schule schickte ihn sein Vater im Jahr 1523 wegen seiner unverkennbar großen Geistesgaben - die Lateinschule in Kitzingen lag wegen des religiösen Umbruchs noch darnieder - auf die Lateinschule nach Ansbach. Dort zeichnete er sich bald durch unermüdlichen Fleiß aus. Doch musste er nach einem Jahr wegen schwerer Erkrankung nach Kitzingen zurückkehren. Dazu wurde er auf dem Heimweg von einem scheuenden Pferd, das er wegen großer Übermüdung bestiegen hatte, abgeworfen und gefährlich geschleift. Als Folge dieses Unfalles sollte Paul Eber zeitlebens missgestaltet und gebrechlich bleiben.

Im Jahr 1525 nahm er sein Studium auf dem berühmten Gymnasium Aegydianum in Nürnberg wieder auf. In den sieben Jahren seines Nürnberger Studienaufenthaltes entwickelte er sich in den alten Sprachen zu einem so ausgezeichneten Schüler, dass der Rat zu Nürnberg und Markgraf Georg Paul Eber ein Stipendium zum Besuch der Wittenberger Hochschule bewilligten. Auch der Nürnberger Stipendienpfleger Christoph Koler gab Paul Eber eine ansehnliche Beihilfe zu seinem Studium. Eber bedankte sich bei ihm in einem rührenden Brief: „Du hast mir ein reicheres Geschenk ausgewirkt, als ich nur hoffen, geschweige zu bitten gewagt hätte. Ich bat um zwanzig Goldgulden und das nur für ein Jahr. Du hast mir eine weit größere Summe bewilligt für drei Jahre. Wenn ich zu den Füßen so vieler hochgelehrter Männer sein darf, wenn ich sehen darf, dass meine Arbeit gelingt, will ich dir, dem Abwesenden, danken und für dich beten".

Im Jahr 1532 wird er an der Universität Wittenberg Student der Philosophie. Er dachte nicht daran, einmal Prediger des Wortes Gottes zu sein; vielmehr schwebte ihm als Lebensziel vor Augen, ein rechter Schulmeister an der Lateinschule seiner Vaterstadt zu werden. Das konnte er bei keinem besser lernen als bei Melanchthon, dem praeceptor Germaniae, dem Hauptmitarbeiter Luthers. Bald entwickelte sich zwischen dem jungen Eber und dem doppelt so alten Melanchthon eine so innige Freundschaft, dass Melanchthon nichts unternahm und tat, ohne es vorher Eber mitgeteilt zu haben, so dass dieser Philipps „Repertorium", d.h. Nachschlagewerk genannt wurde. Gerne bestätigte sich Eber auch als „Studentenvater", indem er die Aufsicht über die Studien der ihm anvertrauten Söhne übernahm. Er versäumte auch nicht, an das Elternhaus zu berichten, ob seine Pflegebefohlenen fleißig wären und sich christlich beträgen. Er lebte ganz seiner hohen erzieherischen Aufgabe an der ihm anvertrauten Jugend und erzog sie durch das eigene Vorbild zum Fleiß, zur Zucht und Frömmigkeit.

Im Frühjahr 1536 wurde er Magister der Philosophie, so dass er nun Vorlesungen halten durfte. Aus der geplanten Rückkehr in die fränkische Heimat und dem Wirken als lateinischer Schulmeister dortselbst wurde nichts mehr. Auch sollte ihn seine Heirat mit einer züchtigen Leipzigerin, Helene Küffner, im September 1541 zeitlebens an Wittenberg fesseln. Seine hohen Geistesgaben führten ihn noch höher auf die Stufen der Ehren. Im Jahr 1544 wird er zum Professor der Philosophie ernannt und trug im Jahr 1552 sogar den Purpurmantel des Rektors der Universität Wittenberg.

Nachdem Paul Eber Im Jahr 1557 Professor der theologischen Fakultat geworden war, wurde er auf Melanchthons Vorschlag vom Rat der Universität zum Prediger an der Schlosskirche zu Wittenberg ausersehen. Seine Wahl wurde vom Kurfürsten von Sachsen gebilligt, denn „der ehrwürdige Magister Paul Eber ist ein gottesfürchtiger und christlicher Mann, hat rechten Verstand christlich reiner Lehre, und seine

Sitten und sein Leben sind unsträflich". Im nächsten Jahr hielt er auf der Lutherkanzel seine erste Predigt. Die mahnenden Worte, die ihm einst Luther bei seiner letzten Geburtstagsfeier im November 1545 ans Herz gelegt hatte, standen ihm verpflichtend vor Augen: „Du heißest Paulus. So ermahne ich dich, dass du nach des Paulus Exempel mit allem Eifer der Beständigkeit bei der Lehre haltest, die Paulus überliefert hat". Nunmehr hatte der Schneiderbub aus Kitzingen sein Lebensziel erreicht: Von der Kanzel aus das Wort Gottes zu verkünden!

Im protestantischen Deutschland wird nun sein Name als Nachfolger des Reformators im Predigtamt mit Ehrfurcht genannt. Im Herbst 1558 wird er auch noch zum Stadtpfarrer an der Stadtkirche in Wittenberg ernannt. So erzog Gott diesen körperlich unscheinbaren Mann mit seinem demütigen Herzen zu einem Mitarbeiter der Reformation.

Im nächsten Jahr 1559 wird Eber mit der höchsten Würde der theologischen Fakultät, der Würde eines Doktors der Theologie, ausgezeichnet. Der Rat von Kitzingen sandte Eber zu seinem Ehrentag eine „kleine Verehrung" in Gestalt einer trefflichen Weinspende und zwar in dankbarer Erinnerung, „mit wie vielen Guttaten und Förderung Euer Hochwürden uns und gemeiner Bürgerschaft Jugend sich nunmehr viele Jahre erzeigt hat und täglich noch erweist".

Nach Melanchthons Tod erhielt Eber im Jahr 1560 noch das hohe Amt eines Generalsuperintendenten, d.h. des Landesbischofs von Kursachsen übertragen. Damit wurde er zum Visitator der Pfarrer des Kurfürstentums Sachsen ernannt und hatte die Aufgabe, an nahezu tausend Pfarrern die Ordination zu vollziehen. So waren dem schwachen Körper Paul Ebers die hohen Würden eines Universitätsprofessors, eines Stadtpfarrers und eines protestantischen Landesbischofs auferlegt!

Im Jahr 1568 rief ihn Markgraf Georg Friedrich nach Ansbach, um dort vermöge seines hohen Ansehens kirchliche Streitigkeiten beizulegen, was ihm auch gelang. Auf der Rückreise nach Wittenberg besuchte er auch seine Vaterstadt. Hochbefriedigt von dem ganz lutherischen Geist, der in der Stadt herrschte, und hoch geehrt von Rat und Bürgerschaft, kehrte er nach Wittenberg heim. Dort starb er am 10. Dezember 1569. Von dem ganzen evangelischen Deutschland betrauert, fand Dr. Paul Eber in der Stadtpfarrkirche in Wittenberg seine letzte Ruhestätte. An sein stetes Gedächtnis erinnert vor der Kitzinger Stadtkirche das Paul-Eber-Denkmal mit der ehrenden Inschrift „Gottbegnadet an Geist wie an Tugend, Glaube und Rede, unter den Großen noch groß, bleibt Paul Eber gerühmt".

Aber noch inniger als dieser Stein und die „Paul-Eber-Straße" erinnert uns an ihn das wertvolle Geschenk, das Eber dem Rat seiner Vaterstadt zum Bau des neuen Rathauses im Jahr 1562 gewidmet hatte. Es ist eine doppelbändige Bibel, in Wittenberg im Jahr 1561 gedruckt, eigenhändig von Eber mit Bibelworten versehen, geschmückt mit Bildern Ebers und Melanchthons, wie von Wittenberger Theologen und evangelischen Fürsten, und von der Hand Lukas Cranachs gemalt. Darüber berichtet Bernbeck: „Am 20. August 1562 hat der ehrwürdige und wohlgelehrte Herr Paulus Eber, der Heiligen Schrift Doktor, Pfarrer zu Wittenberg und des ganzen kurfürstlichen Kreises zu Sachsen Obersuperintendent, die ganze Bibel ganz herrlich und saubereingebunden, und aufs neue Rathaus geschenkt, die allda schön und wert zum Gedächtnis des ruhmreichen Mannes und Stadtkindes Doktor Paul Eber gehalten und behalten werden soll".

Sehr schmeichelhaft für die Kitzinger Bürger lautet die von Eber der Bibel handschriftliche beigegebene und hier im Auszug wiedergegebene symbolhafte Auslegung des Kitzinger Stadtwappens: „Es ist eine himmelblaue Brücke im weißen Feld und deutet an, dass die Inwohner der Stadt von altersher gastfrei, freundlich und wohltätig gegen fremde Leute und Nachbarn gewesen sind, dieselben mit Diensten an sich gezogen, gerne geherbergt und freundlich und fröhlich von sich ziehen lassen. Die himmelblaue Farbe bedeutet Gottesfurcht, Liebe gegen Gott, Vertrauen auf Gott. Die weiße Farbe des Wappens bedeutet Redlichkeit, Ehrbarkeit, Wahrheit und Reinigkeit. Die Brücke aber bedeute, dass man sich befleißige, unverdrossen zu sein, andern zu dienen und in Nöten auszuhelfen, barmherzig zu sein, anderer Leute Schwachheit und Undankbarkeit zu tragen. Gleichwie eine Brücke jedermann dastehet, Würdigen und Unwürdigen, und jedermann über sich gehen, reiten und fahren lässt". Die weltliche Brücke ist für Eber ein Gleichnis mit der himmlischen Brücke, des Gottessohnes. Wie die weltliche Brücke über die schmutzigen Fluten des Maines führt, so führt uns Jesus Christus den Weg über die Flut der Sünde ins Himmelreich. Die Widmung trägt die eigenhändige Unterschrift: „Paulus Eberus, Kittingensis, pastor ecclesiae Wittenbergensis, Julio 1562".

In seinem Dankschreiben verehrte der Rat der Stadt Paul Eber einen goldenen Becher im Werte von 25 Talern. Die Sakristei der Stadtkirche besitzt nicht nur in der „Paul-Eber-Bibliothek" die prächtige Bibel, sondern auch Ebers Wappenschild mit den Buchstaben P.E. Auf dem Schild sieht man einen Wächter mit zwei brennenden Fackeln auf den Zinnen einer Brücke stehen. Darunter ist in lateinischer Sprache der Gedanke ausgedrückt, dass kein Mensch aus eigener Kraft den Weg durch das Dunkel des Lebens finden kann, wenn er nicht das Leuchterpaar des Gesetzes und des Evangeliums als das rettende Heil ergreift. Die Umschrift des Wappens trägt aus dem 119. Psalm den Vers: „Dein Wort ist meines Fußes Leuchte und ein Licht auf meinem Wege".

Paulus Eberus Kitthingensis,
pastor Ecclesiæ vuitebergensis,
manu propria scripsit mense
Julio Anno M D LXII.

Bild Paul Ebers aus seinem Epitaph in der Stadtkirche von Wittenberg

Eigenhändige Unterschrift aus der Paul-Eber-Bibel 1562,
seit 2007 als Dauerleihgabe im städt. Museum Kitzingen

Geburtshaus Paul Ebers in der Falterstraße (heute Bäckerei Will)

Aber nicht nur als geistlicher Würdenträger und Verfasser reformatorischer Schriften wie der lateinisch-deutschen Bibel, sondern auch als geistlicher Liederdichter bewährte sich Paul Eber. Zu den schönsten Liedern, die er zum Hausgebrauch für seine Familie bestimmt hat, zählt sein köstlicher Trostpsalm „Wenn wir in höchsten Nöten sein und wissen weder aus noch ein, und finden weder Hilf noch Rat, ob wir gleich sorgen früh und spat" (Gesangbuchlied 366). In den furchtbaren Nöten des 30-jährigen Krieges brachte gerade dieses Lied bedrängten Menschen reichen Tost. Für seine Familie dichtete er das schlichte Neujahrslied: „Helft mir Gottes Güte preisen, ihr Christen insgemein", dessen Anfangsbuchstaben der sechs Verse den Vornamen seiner Gattin Helena ergeben. Unzähligen Christen gereichte schon das Gebet des Dichters um eine selige Sterbestunde „Herr Jesu Christ, wahr Mensch und Gott" zu großem Frieden. In diesem wahrhaft christlichen Rahmen vollzog sich das Leben unseres Kitzinger Stadtkindes Paul Eber, des letzten großen Repräsentanten des Reformationszeitalters.

15. Kapitel
Die evangelische Gemeinde unter dem Schatten
der Gegenreformation

Mit der Wende zum 17. Jahrhundert wurden die glücklichen Lebensverhältnisse der Stadt von der drohenden Auseinandersetzung zwischen den Anhängern der alten und der neuen Lehre mehr und mehr überschattet. Nachdem die Reichstage von Worms (1517) bis Augsburg (1555) keine endgültige Entscheidung über Luthers Lehre getroffen hatten, ging das Ziel des katholischen Kaiserhauses der Habsburger unverhüllt immer mehr auf die Zurückdrängung des Protestantismus. So wurden lange vor dem Ausbruch des unheilvollen Glaubenskrieges zwischen den beiden Religionsparteien die Kitzinger Protestanten durch das scharfe Vorgehen des Würzburger Fürstbischofs Julius Echter von Mespelbrunn gegen ihre Glaubensgenossen im benachbarten Bistum Würzburg in größte Unruhe gestürzt. Es klingt für unser heutiges Geschlecht wie ein Märchen, dass das katholische Unterfranken im 16. Jahrhundert von Luthers Lehre erfüllt war. Die fränkischen Bauern, Bürger und Adelsfamilien vom Spessart bis zum Steigerwald und den Hassbergen nahmen die Lehre Dr. Martin Luthers mit größter Begier auf. Sogar im Rat der Bischofsstadt Würzburg saßen auch, wie der schon erwähnte Ratsherr Georg Reumann, viele Evangelische. Zwei katholische Domprediger in Würzburg schlossen sich ebenfalls der Reformation an und sind uns durch ihre vom evangelischen Geist erfüllten Lieder wohl bekannt. Paul Speratus aus Württemberg dichtete das Lied „Es ist das Heil uns kommen her" (Lied 242) und Johann Gramann aus Neustadt an der Aisch verfasste das herrliche Lob- und Danklied „Nun lob mein Seel den Herren" (Lied 188). Unter dem Fürstbischof Konrad von Thüngen (1519 bis 1540) hatte die Reformation das fränkische Land fast vollständig erfasst. Unter dessen Nachfolgern wuchs jedoch in der katholischen Kirche die innere Kraft der Abwehr in der Bewegung der Gegenreformation. Ihr glühendster Vertreter war Fürstbischof Julius Echter von Mespelbrunn.

Unstreitig ist er als Schöpfer vieler Werke auf dem Gebiet der Baukunst eine kraftvolle Persönlichkeit gewesen. In seiner langen Regierungszeit von 1573 bis 1617 schuf er sich mit dem Bau der vielen Kirchen, Rathäuser und Spitäler im Fürstbistum sowie mit dem Bau des Juliusspitals und der Juliusuniversität in Würzburg einen unvergänglichen Namen.

Aber auf dem Gebiete des Glaubens zeigte er sich den Lutheranern in seinem Herrschaftsbereich als erbarmungsloser Herrscher. Mit großer Gewalttätigkeit rottete er die lutherischen „Ketzer" aus, um den Abfall seiner Untertanen von der „allein seligmachenden Kirche" rückgängig zu machen. Das gelang ihm vornehmlich mit Hilfe der Ordensleute: der Jesuiten, Franziskaner und Kapuziner. Jeder evangelische Gottesdienst erlosch im Würzburger Bistum. Wer den befohlenen Religionswechsel nicht vollzog, musste unter Verlust seines Eigentums auswandern. Unter diesem unbarmherzigen Vorgehen des geistlichen Fürsten zogen es damals über hundert evangelische Pfarrer, Lehrer und wohlhabende Familien vor, lieber „ins Elend" zu gehen, als ihren evangelischen Glauben zu opfern. Sie flüchteten in den Schutz benachbarter evangelischer Gebiete, in die Markgrafenschaft Ansbach, in die Reichsstädte Schweinfurt und Windsheim oder in die Grafschaften Wertheim und Castell, welche die Flüchtlinge glaubensbrüderlich aufnahmen.

Auch die Stadt Kitzingen wurde durch ihre Nähe der Zufluchtsort für viele evangelische Flüchtlinge. Berichtet doch der Chronist Bernbeck: „Und zogen viele stattliche Bürger der Religion halber aus dem Stift Würzburg gen Kitzingen und nach anderen protestantischen Orten". So kam es auch, dass im Jahr 1587 das Reumann-Weyersche Ehepaar hier freundliche Aufnahme fand. In wenigen Jahren hatte denn auch die Gegenreformation im Bistum Würzburg gesiegt.

Mit innerem Bangen dachten angesichts des Flüchtlingszuges die Kitzinger Bürger an die Möglichkeit der Wiedereinlösung ihrer Stadt durch das erstarkte Hochstift und an die dann unfehlbar eintretenden Folgen: Glaubenswechsel oder Auswanderung, wie sie ihnen ja von den zahlreichen Flüchtlingen vorpraktiziert wurde. Das schien jedoch dem Rat der Stadt ganz unmöglich, da die Stadt während der fast zweihundertjährigen brandenburgischen Herrschaft in politischer und konfessioneller Hinsicht völlig dem Würzburger Hochstift entfremdet worden war.

Wohl mag auch Fürstbischof Julius in seinen letzten Lebensjahren daran gedacht haben, das begehrenswerte Kitzingen heimzuholen. Denn aus dem eingezogenen Vermögen der außer Land vertriebenen Evangelischen hätte er den Pfandschilling von 39100 Goldgulden leicht aufbringen können. Aber nochmals sollte das der Stadt auf Grund des Pfandvertrags vom Jahr 1443 drohende Verderben für ein Jahrzehnt aufgehalten werden.

St. Johanniskirche, 1487 erbaut, 1522-1629 evang. Pfarrkirche, jetzt röm.-kath.

TEIL III

Von der Wiedereinlösung der Stadt im Jahr 1629
bis zum „Gnadenvertrag" vom Jahr 1650

16. Kapitel
Die Evangelische Gemeinde unter der drohenden Einlösung durch
das Hochstift Würzburg

Mitten in den Heimsuchungen des Dreißigjährigen Krieges kündigte in einem für die katholischen Waffen siegreichen Zeitpunkt im April 1626 Fürstbischof Philipp Adolf von Ehrenberg durch einen kaiserlichen Notar in Ansbach an, dass er den Pfandvertrag vom Jahr 1443 einlösen und den Pfandschilling von 39 100 Goldgulden zurückzahlen werde. Zustatten kam ihm dabei, dass von einer Vormundschaftsregierung, die kurz nach dem Tod des Markgrafen Joachim Ernst für dessen drei minderjährige Kinder aufgestellt war, keine widersetzliche Wahrung der Besitzrechte des brandenburgischen Hauses zu erwarten war.

Als die Kunde von dem Vorhaben des Fürstbischofs nach Kitzingen kam, bemächtigten sich fassungsloser Jammer und größte Niedergeschlagenheit der gesamten Bürgerschaft. Sahen sie sich doch nicht mehr nur als Zuschauer, sondern wähnten sich schon selbst in die schwersten Glaubensproben verstrickt!

Die vormundschaftliche Regierung widersprach dem fürstbischöflichen Begehren auf das schärfste. Die Markgräfinwitwe schickte das Aufkündigungsschreiben nach Würzburg zurück und begründete ihre Weigerung damit, dass die Verpfändungssumme in keinem gerechten Verhältnis zu dem jetzigen Wert der dreimal größeren und reicher gewordenen Stadt stehe. Auch sei die Stadt niemals vollständiger Besitz des Hochstifts gewesen, sondern teils eigener, teils pfandweiser Besitz der Fürstbischöfe, da ja die Markgrafen schon vor der Verpfändung drei Achtel der Stadt als ihr hohenlohisches Erbteil besaßen. Dann seien die drei Achtel nicht mehr von den fünf Achteln des ehemals Würzburgischen Erbteils zu trennen. Vielmehr bezwecke das fürstbischöfliche Begehren nur die Ausrottung der evangelischen Lehre in Kitzingen, zu derer besonderem Schutz sich aber die Markgrafen als Religionsverwandte verpflichtet fühlten. Das war die klare Antwort des brandenburgischen Hauses an den Fürstbischof.

Auf die Weigerung Ansbachs hin, den Pfandschilling anzunehmen, brachte der Fürstbischof seine Klage wegen der Einlösung der Pfandschaft Kitzingen beim kaiserlichen Reichshofgericht in Prag vor. Es erkannte die Klage des Hochstifts als berechtigt an und forderte die Ansbacher Vormundschaft auf, ihre Klage im Juli 1627 beim kaiserlichen Landgericht in Würzburg zum Austrag zu bringen. Da nun Ansbach bei

46

seiner Weigerung blieb, erließ im Mai 1628 der Reichshofrat das kaiserliche Urteil, das die brandenburgische Regierung zur Annahme der 39100 Goldgulden Pfandschilling und zur Abtretung von Stadt und Amt Kitzingen verurteilte. Alle juristischen Einsprüche Ansbachs halfen nichts, und die Vormundschaft musste sich, wollte sie nicht befürchten, dass das kaiserliche Urteil vom Reichshofgericht gewaltsam durchgeführt werde, nach zweijährigem, erbittertem Rechtsstreit mit der Auslösung von Stadt und Amt Kitzingen und deren Rückkehr unter die fürstbischöfliche Herrschaft einverstanden erklären.

Am 4. Dezember 1628 erschienen im Rathaussaal zu Kitzingen die kaiserlichen Kommissare, der katholische Hochmeister des Deutschherrnordens, Graf Stadion von Mergentheim, und der katholische Kurfürst Maximilian von Bayern sowie Ansbacher und Würzburger Räte zur Schlußverhandlung. „Dass der Kaiser den Bayernfürsten und den Deutschmeister als Kommissare bestellt hatte — also zwei katholische Fürsten —", urteilt der Chronist Bartholomäus Dietwar, ein Kitzinger Bürger und Pfarrer von Hoheim, treffend, „damit habe er den Wolf zum Richter zwischen dem Fuchs und der Henne gesetzt".

Nochmals widersprachen die Ansbacher Räte dem ungerechten kaiserlichen Entscheid. Doch konnten weder die von Ansbach vorgelegten Urkunden, welche bewiesen, dass das Hochstift niemals Eigentumsherr von ganz Kitzingen war, noch die unermüdlichen Hinweise auf den unvergleichlich wertvolleren Besitz der Stadt seit dem Jahr 1443 und die von der ganzen Kitzinger Bürgerschaft gewünschte Einführung der Reformation das kaiserliche Urteil entkräften. Bezeichnend für die Rechtslage war, was Dietwar aus einer Kommissionssitzung berichtete: der Würzburger Rat Dr. Seipold habe zu einem Kitzinger Ratsherrn geäußert: „Kitzingen ist unser, und wenn Brandenburg die Beweise mit Wägen herbeiführt!"

Nach sechs Wochen erfolgloser Verhandlungen wurde am 15. Januar 1629 der endgültige Schlußbescheid verkündigt: Die vormundschaftliche Regierung habe dem kaiserlichen Urteil zu folgen und den Pfandschilling anzunehmen. Nun mussten trotz feierlichen Protestes die Ansbacher Abgeordneten von dem Würzburger Zahlmeister die 39100 Gulden annehmen, die nicht einmal vollwertiges Geld waren. Für den Tag der endgültigen Übergabe der Stadt an das Hochstift Würzburg wurde der 20. Januar 1629 bestimmt. Er ist als der schwärzeste Tag in die Geschichte der evangelischen Gemeinde Kitzingen eingegangen. Denn an ihm wurden alle Bande zwischen Ansbach und Kitzingen für alle Zeiten zerschnitten, und mit ihm sollte eine nahezu zwei Jahrhunderte währende Zeit des Unheils und der Unterdrückung der protestantischen Bürgerschaft beginnen.

17. Kapitel
Die Wiedereinlösung der evangelischen Stadt Kitzingen 1629

Am 20. Januar 1629 erschien Fürstbischof Philipp Adolf von Ehrenberg, der gefürchtete Hexenbrenner, persönlich mit großem Gefolge auf dem Rathaus zu Kitzingen, wo er von der kaiserlichen Kommission und den Ansbacher Abgeordneten erwartet wurde. Diese Abgeordneten mussten nun alle Bürger von ihren Eiden und Pflichten gegenüber dem Markgrafen freisprechen und sie an ihren rechtmäßigen Herrn, den Fürstbischof von Würzburg, weisen. Unter nochmaligem Protest erklärten sie, dass sie sich dem kaiserlichen Bescheid nur unter Vorbehalt aller Erbschaftsansprüche ihrer Herren auf Kitzingen fügten. Sie wollten unter diesen Umständen ihre Sache dem lieben Gott befehlen und allen Bürgern ihre Pflichten und Eide erlassen und sie an den Fürstbischof so lange gewiesen haben, bis hoffentlich dem Haus Brandenburg ein besserer Bescheid zuerkannt würde. Darauf verließen die Ansbacher Abgeordneten das Rathaus.

Bürgermeister und Rat der Stadt mussten nun ihrem neuen geistlichen Herrn den Huldigungseid schwören und Kitzingen mit allem Zubehör dem Hochstift ausliefern. Zu dem Ansbacher Zubehör rechnete auch das im Jahr 1544 säkularisierte Frauenkloster der Benediktinerinnen, das 85 Jahre lang als protestantisches Damenstift gedient hatte. Noch am gleichen Tag besetzte die kaiserliche Kommission das Kloster und verbot dem Kloster- und Spitalpfarrer Johann Egenthaler jede Amtshandlung und den weiteren Aufenthalt im Kloster.

Mit dem 20. Januar 1629 war die markgräfliche Herrschaft über Kitzingen jäh beendet; mit dem 20. Januar 1629 fand auch das für Kitzingen so segensreiche „Evangelische Jahrhundert" einen traurigen Abschluss. Es liegt für die Kitzinger Protestanten eine tiefe Tragik darin, dass die Markgrafen trotz eines unzulänglich dokumentierten Pfandvertrages Kitzingen mit materiellen und konfessionellen Banden so an sich gefesselt hatten, als wäre es ihr rechtes Eigentum, obwohl die zehn Erbhuldigungen der Bürger vor jedem neugewählten Bischof in Würzburg während der Pfandzeit Herrschaft und Untertanen hätten bedenklich stimmen sollen. Mehr noch als durch die veränderte politische Herrschaft sah sich Kitzingen jetzt durch den verschiedenen Glauben vom Hochstift getrennt. Das bedeutete im Zeitalter der Gegenreformation, dass die Stadt nicht nur einen neuen Gebieter eintauschte, sondern auch, weil der Landesherr den Glauben seiner Untertanen bestimmte, dass nun auch sie vor der erschreckenden Wahl standen, entweder einen völligen Glaubenswechsel vorzunehmen oder unter Verlust des heimatlichen Besitzes die Auswanderung in die Fremde zu wählen.

18. Kapitel
Das Treuebekenntnis der Kitzinger Bürgerschaft zu Ansbach

Es ist nun bewundernswert zu sehen, wie in dieser drohenden Zeit die gesamte Bürgerschaft treu zu ihrer alten Herrschaft stand. Als die Wiedereinlösungsfrage einen schlimmen Ausgang vermuten ließ, schufen vier treue Anhänger Ansbachs das Schriftwerk der „Topographia Codomanni Kitzingae", in dem sie die Ansprüche Ansbachs auf Kitzingen aller Welt gegenüber zu verteidigen suchten.

Der Leiter dieses Werkes war Dekan Magister Solomon Codomann, der als Stadtpfarrer und Dekan der evangelischen Gemeinde vorstand. In ernster Besorgnis, was seinen Glaubensgenossen drohte, wenn Kitzingen wieder an Würzburg fiel, wies er nach, dass das Hochstift zu seiner Zeit gar nichts für den Wohlstand der Stadt getan hatte, jetzt aber sei es eine wohlbewehrte und ausgebaute Stadt geworden. Unterstützt wurde er von dem Ratsschreiber Paulus Rücklein. Dieser sammelte alle Urkunden, welche die Ansprüche der Markgrafen auf die Stadt unterstützten, und veröffentlichte sie unter dem Titel „Akten in Sachen Würzburg gegen Brandenburg, die Fürstlich Onoldsbachische Vormundschaft und Ablösung der Pfandschaft Kitzingen betreffend".

Ergänzt wird das Werk durch Magister Johann Georg Hochstater, der gleich Dekan Codomann als Stipendiat des Rates die Universität Wittenberg besucht hatte und seit dem Jahr 1608 als Rektor der Lateinschule mit fünf akademischen Lehrern in Kitzingen wirkte. Ihm oblag es, den baulichen Aufschwung der Stadt und die kirchlichen Denkmale der St. Johanniskirche mit ihren Grabsteinen der markgräflichen Amtmänner herauszustellen. Dazu schuf der Maler Georg Martin aus Hohenfeld ein farbenprächtiges Gemälde der „Brandenburgischen Hauptstadt am Main" und versah es mit Sprüchen aus dem 121. und 137. Psalm. Das Stadtarchiv Kitzingen schätzt sich glücklich, sowohl das Gemälde wie den stattlichen Band der „Topographia Kitzingae" in einer Abschrift des Originals, das als Hilfe für die bedrohte Stadt geschaffen wurde, in seinem Besitz zu haben.

Wenn diese Verteidigungsschrift, so gut sie gemeint war, die Wiedereinlösung der Stadt auch nicht verhindern konnte, so behält sie doch als Dokument der Verbundenheit der protestantischen Stadt mit Ansbach ihre bleibende Bedeutung.

Zwar gehörte die markgräfliche Herrschaft über unsere Stadt der Vergangenheit an, doch eines konnte das Jahr 1629 nicht mehr ungeschehen machen: den protestantischen Charakter der Bürgerschaft. Ohne den Pfandvertrag mit Ansbach wäre unsere Stadt ein katholischer Ort geblieben, wie es auch ohne die Wiedereinlösung ein protestantischer Ort geblieben wäre. Nun aber wurzelte der lutherische Glaube durch die lange Verbindung mit Wittenberg und den Reformatoren zu tiefst in den Herzen der Kitzinger Bürger, als dass er in den folgenden Unterdrückungszeiten hätte vollständig ausgerottet werden können. So stehen wir vor der historischen Tatsache, dass sich als Folge der Einlösung des Pfandvertrages im Jahre 1629 in Kitzingen die Zweikonfessionalität herausbildete.

19. Kapitel
Die Folgen der Wiedereinlösung für die evangelische Gemeinde

Mit dem 20. Januar 1629 begann für die Bürgerschaft eine Zeit schwerster Glaubenserprobung. Die fürstbischöfliche Regierung ging auf Grund der Bestimmungen des Augsburger Religionsfriedens vom Jahr 1555 mit scharfen Maßnahmen gegen die lutherischen „Ketzer" vor und suchte sie mit allen Mitteln zur katholischen Kirche zurückzuführen. Im Februar erließ der Fürstbischof das berüchtigte Würzburger Religionsmandat. Es verlangte von allen Protestanten im Würzburger Fürstbistum Rückkehr zur katholischen Religion innerhalb von vier Wochen oder drohte andernfalls den Zwangsverkauf ihrer Güter und Landesverweisung an. In der Hoffnung, das Bekehrungswerk mit milderen Mitteln vollziehen zu können, wurde aber mit der Durchführung des Mandats zunächst noch zugewartet.

Seinen Beamten in Kitzingen machte der Fürstbischof das strengste Vorgehen gegen die Protestanten zur Pflicht; besonders mussten sie darauf achten, dass Alte und Junge sich an den Kinderlehren beteiligten und den katholischen Pfarrern Gehorsam leisteten. Die evangelischen Pfarrer in den Dörfern des Amtes Kitzingen wurden verjagt und durch katholische Priester ersetzt. Schon am Tage der Huldigung hatte der Fürstbischof vom Dekan Solomon die Schlüssel zu sämtlichen Gotteshäusern gefordert und allen protestantischen Geistlichen gekündigt. Am Tage der Huldigung selbst hielt der Fürstbischof die erste römische Messe in der St. Johanniskirche und am nächsten Tag die erste römische Predigt.

Dekan Codomann hatte schon zwei Tage vor dem 20. Januar unter großer Bewegung der ganzen Gemeinde in der St. Johanniskirche seine Abschiedspredigt gehalten. Auf Anordnung des Ansbacher Konsistoriums begab er sich nach dem markgräflichen Mainbernheim und nahm auch die Paul-Eber-Bibel vom Jahre 1562 mit. Der Kloster- und Spitalpfarrer Johann Egenthaler und der Diakon Johann Herold zogen nach Uffenheim, Kaplan Johann Ott erhielt die Pfarrei Neuhof bei Kloster Heilsbronn und Pfarrer Fuchs von Etwashausen übernahm eine Pfarrstelle im Aischgrund. Unser Chronist Dietwar vertauschte seine Pfarrstelle Hoheim mit der Pfarrstelle Stierhöfstetten im Steigerwald. Nach der Geistlichkeit wurden auch die Lehrer der Lateinschule und alle deutschen Schulmeister aus der Stadt verwiesen und wanderten in die benachbarten markgräflichen Orte.

Neben den katholischen Geistlichen suchten besonders die Angehörigen des Kapuzinerordens die Evangelischen dem katholischen Glauben gefügig zu machen.

Bis zur Vollendung eines Kapuzinerklosters im Jahr 1631 erhielt der Orden die Kapelle zum heiligen Grab samt anstoßender Wohnung zugewiesen. Da keine Vertretung der evangelischen Gemeinde mehr bestand, bemächtigten sich die Katholiken der reichen Stiftungen und des gesamten Kirchenvermögens. Mit dem Verlust von Kirche, Schule und Stiftungen, von Akten und Urkunden sowie mit der Verbannung der geistlichen Führer fand das evangelische Kirchen- und Schulwesen seinen völligen Untergang. Zurück blieb eine verwaiste und verängstigte Gemeinde.

20. Kapitel
Die Unterdrückungsmaßnahmen gegen die evangelische Gemeinde

Den ersten katholischen Gottesdienst werden nur wenige Kitzinger besucht haben. Erst allmählich fand sich eine kleine katholische Gemeinde zusammen aus zugezogenen Katholiken oder auch aus Einheimischen, die aus Gleichgültigkeit oder um zeitlicher Vorteile willen das Bekenntnis wechselten. Doch bei der überwiegenden Mehrheit der Bürger saß der evangelische Glauben fest in den Herzen verankert. Da musste der Fürstbischof schon gewaltsamere Bekehrungsmittel anwenden, um das hirtenlose Volk zur Verleugnung seines evangelischen Glaubens zu bringen. Kapuzinermönche durchsuchten die Häuser der evangelischen Familien, nahmen ihnen die gefundenen Bibeln, Gesangbücher und Gebetbücher weg und verbrannten alle lutherischen Bücher auf dem Markt vor dem Kiliansbrunnen.

Weiter verbot man den Buchhändlern, lutherische Bücher und Schriften zu verkaufen, und allen Evangelischen das Fleischessen an den katholischen Fasttagen. An solchen Tagen durchsuchten die Mönche in verdächtigen Häusern die Kochtöpfe auf dem Feuer, und wenn man Fleisch vorfand, wurden die Übertreter schwer bestraft. Auch das Singen lutherischer Lieder war streng verboten.

So wurde ein katholisch gewordenes Ratsmitglied um zehn Reichstaler gestraft, weil es geduldet hatte, dass auf einer Hochzeit der Choral „Nun lob mein Seel den Herren" von Gramann und Luthers Kirchenlied „Gott der Vater wohn bei uns und lass uns nicht verderben" von den Hochzeitsgästen gesungen wurden.

Wenn ein Bürger während der Feier der römischen Messe auf der Straße angetroffen wurde, trieb man ihn mit Peitschen in die Kirche. Von Würzburg schickte man fünfzig bischöfliche Soldaten nach Kitzingen. Vor jede Kirchentür wurde ein Soldat gestellt, der niemand herauslassen durfte, bis er die Messe vollständig angehört hatte. Die evangelischen Eltern wurden streng ermahnt, ihre Kinder in die katholische deutsche Schule zu schicken, anstatt sie auf den Gassen herumstreunen zu lassen. Andere Soldaten mussten unter den Tortürmen, am Falter-, Spatzer- und Brückentorturm Wache halten und auf die Händler achtgeben, die mit protestantischen Büchern hausierten, wie auch auf die vielen Ein- und Ausläufer aus der Bürgerschaft.

Viele Bürger liefen nämlich zur Umgehung des katholischen Gottesdienstes an den Sonntagen ungescheut in die benachbarten protestantischen Orte Sickershausen, Hohenfeld und Mainbernheim, um sich hier durch das Anhören einer evangelischen Predigt neuen Trost und Bekennermut zu holen. Die fürstbischöfliche Regierung klagte deshalb den Rat der Stadt an, weil durch die vielen Ausläufer der katholische Gottesdienst sehr wenig besucht wurde.

Daraufhin mussten die Ausläufer, um die Stadt verlassen zu dürfen, einen Reichstaler zahlen. „Aber", berichtet der Chronist Dietwar, „es haben viele Bürger ihren Taler dem Stadtvogt gebracht und sind hinaus in die Kirche gegangen, dessen sich der Stadtvogt sehr verwunderte". Ja, wenn ein evangelischer Pfarrer von auswärts nach Kitzingen kam, so musste ihm ein Soldat an der Seite gehen und ihm überallhin folgen, bis er die Stadt noch vor dem Abend verlassen hatte.

Auch vor dem Versagen der Heiratserlaubnis und des ehrlichen Begräbnisses, ja sogar vor der Wegnahme des Säuglings, bis die Eltern die Taufeinwilligung nach katholischem Ritus gegeben haben, schreckte man nicht zurück. Trübsale über Trübsale brachen über die evangelische Gemeinde herein, so dass viele schwache Glieder ihren Glauben fahren ließen. Herzbewegend klagt unser Chronist Dietwar: «Es ist damals gar sehr verräterisch hier zugegangen und es hat kein Mensch dem andern mehr trauen dürfen. Die Abgefallenen haben gar wohl scheinen wollen und den Beständigen viel Leid und Drangsal angetan. So ist Christoph Veit zuerst abgefallen und gleich darauf Unterküfer geworden und der evangelische Verräter und Aufseher bei den Kapuzinern gewesen. Hans Knecht, des äußeren Rates Unterbürgermeister, hat, nachdem er abgefallen ist, das Oberbürgermeisteramt bekommen. Unter den Abgefallenen sind gewesen 561 Personen. Von diesen haben sich im Jahr 1632, als die Schweden Würzburg eingenommen hatten, gar viele wieder bekehrt und sind hernach mit ihren Nachkommen bei der wahren evangelischen Religion geblieben".

21. Kapitel
Die gewaltsame Auswanderung der glaubenstreuen Familien

Trotz aller gewaltsamen Bekehrungsmaßnahmen des Fürstbischofs ging die gewünschte Sinnesänderung in der Bürgerschaft nur sehr langsam vor sich. Da gab das Religionsedikt Kaiser Ferdinands vom 6. März 1629 dem Fürstbischof volle Freiheit zu schärfstem Vorgehen gegen Andersgläubige. Die im Dreißigjährigen Krieg siegreichen katholischen Landesherren betrachteten sich nicht mehr schuldig, ihren protestantischen Untertanen freie Religionsausübung zu gewähren. Wenn diese Protestanten nicht zum katholischen Glauben übertreten wollten, mussten sie eben ihre katholisch gewordene Heimat verlassen.

Gemäß dem kaiserlichen, von kalter Herrschsucht diktierten Edikt gebot nun auch Fürstbischof Philipp Adolf von Ehrenberg im Herbst 1629 allen Untertanen seines Landes, dass jedermann bis zum Advent 1629 zur katholischen Lehre zurückgekehrt sein müsse, wenn er sich nicht der Gefahr aussetzen wolle, aus seiner Heimat vertrieben zu werden, denn nach dem damals gültigen Grundsatz „Cuius regio, eius religio" bestimmte der Landesherr die Konfessionszugehörigkeit seiner Untertanen.

Nun kehrte in der Bürgerschaft größter Jammer ein. Jeder Bürger wurde einzeln aufs Rathaus bestellt und von den Würzburger Räten gefragt, ob er und seine Familie der Lehre Dr. Martin Luthers widersage. Wer sich dazu überreden ließ, musste sich von den Kapuzinern bekehren lassen und durfte in der Stadt bleiben. Der Kapuzinerpater Hieronymus erklärte hochmütig auf der Kanzel: „Brandenburg hat nicht einen Ziegel zu Kitzingen. Über zehn Jahre werde man keinen Lutheraner mehr hier finden". Denen aber, die vielleicht durch leere Versprechungen ihre Austreibung hintanzuhalten gedächten, drohten die katholischen Räte schwerste Strafen ihres Fürstbischofs an.

Trotzdem gab es viele, die zwar nicht den Mut besaßen, um des Evangeliums willen das Los der Verbannung auf sich zu nehmen, die aber doch im Herzen evangelisch blieben und in strengster Verschwiegenheit ihre Bibel und ihre evangelischen Gebet- und Predigtbücher lasen. So gingen die evangelischen Familien in Kitzingen mit ihrem Glauben in den „Untergrund"! Vom Rat der Stadt willigten nur zwei von 24 Ratspersonen ein, einer aus der Stadt und einer aus Etwashausen. Der Rat der Stadt wie alle Ämter wurden mit Katholiken besetzt.

Aber es gab auch eine große Anzahl von glaubensstarken Seelen, die sich in ihrem Gewissen nicht der Gewalt beugten und widerriefen, sondern es lieber vorzogen, um ihrer religiösen Überzeugung willen alle bürgerlichen Sicherungen aufzugeben und um den Preis ihrer Glaubenstreue das Los der Auswanderung auf sich zu nehmen. Über tausend evangelische Kitzinger, 206 Familien mit 1069 Angehörigen, hoch und nieder, zogen die Landesverweisung einem nur geheuchelten Bekenntnis einem tyrannischen Landesherrn gegenüber vor und ließen Hab und Gut um ihres väterlichen Glaubens willen zurück. In der uns überlieferten Liste der treuen Bekenner des Evangeliums finden wir fast sämtliche Mitglieder des Rates, Beamte, Ärzte, Rechtsgelehrte, Handelsleute, Handwerker und nicht weniger als fünfzig Witwen!

Nur mit innerer Rührung liest man die Zusätze bei den einzelnen Namen in der Liste, die ein unbekannter Glaubenszeuge für die Nachwelt aufgezeichnet hat. So: „Christoph Conrad, ein lahmer Mann", oder „Hans Melber, Kannegießer, ist zwar zu Kitzingen geblieben, aber nicht abgefallen und ein beständiger Bekenner Christi geblieben", oder „Leonhard Keller, Marktzöllner, weil er nicht abfallen wollte, ist er vor dem Gottesacker unter der Linde begraben worden, liegt wohl!"

Noch drei weitere Einträge bezeugen den starken Glaubensmut ihrer Bekenner: „Joachim Albrechts Wittib hat auch heraus gewollt. Aber die Krankheit hat sie übereilt und ist beständig geblieben. Weil sie nicht umsatteln wollte, ist sie „ohne lux et crux", d.h. ohne Licht und Kreuz unter der Linden begraben worden, liegt wohl!" Welche Tragik verrät folgender Eintrag: „Friedrich Kurtzendörfer, weil er sein Weib ermahnte, nicht abzufallen, ist vierzehn Tage mit dem Turm bestraft und hernach aus der Stadt ausgewiesen worden". Versöhnlich klingt folgender Eintrag: „Antonius Hübner begehret auch heraus. Dieweil er aber gnädige Vertröstung hat, noch eine Zeitlang sich in Kitzingen aufzuhalten, ist er verblieben, hat die Sach Gott befohlen und ist auch beständig geblieben". Aufhorchen lässt uns der Satz des Aufschreibers, dass manche von den Abgefallenen infolge der Gewissensbisse, die sie über ihren Glaubenswechsel nachträglich empfanden, in Irrsinn und Verzweiflung gerieten.

Mit Recht können wir die Kitzinger Exulanten als die Vorläufer der späteren protestantischen Glaubensflüchtlinge aus Frankreich und Österreich betrachten. Wie sie wurden im Jahr 1685 die französischen Hugenotten unter König Ludwig XIV. wegen ihres evangelischen Glaubens aus ihrer Heimat vertrieben. In der Markgrafschaft Ansbach—Bayreuth, besonders in Ansbach, Erlangen, Schwabach und Neustadt/Aisch fanden sie eine neue Heimat und förderten sie durch ihren Gewerbefleiß. Wenig später wurden im Jahr 1730 die Salzburger Emigranten vom Fürstbischof Firmian von Salzburg ebenfalls um ihres evangelischen Glaubens willen aus ihrer Alpenheimat unbarmherzig ausgewiesen und fanden vor allem in Ostpreußen eine neue Heimat.

In dem tragischen Konflikt zwischen Glauben und Heimat wählten auch die Kitzinger Emigranten das Bekenntnis zum reinen Evangelium nach der Lehre Dr. Martin Luthers und trösteten sich, so wie es später das herzandringende Lied anderer um ihres Glaubens vertriebener Flüchtlinge aussprach:

> *„Ein Pilgrim bin ich halt nunmehr, muss reisen fremde Straßen,*
> *das bitt ich dich, mein Gott und Herr, du wollst mich nicht verlassen.*
> *Den Glauben hab ich frei bekennt, des darf ich mich nicht schämen,*
> *wenn man mich gleich ein' Ketzer nennt und tut mir's Leben nehmen.*
> *Ach steh mir bei, du treuer Gott, dir tu ich mich ergeben.*
> *Verlass mich nicht in dieser Not, und kostet's gleich mein Leben."*

Dieses Exulantenlied gilt auch für die vertriebenen glaubenstreuen Kitzinger Familien und war ihre getröstete Zuversicht. Ihre neue Heimat fanden die Kitzinger Flüchtlinge im Winter 1629/30 in den benachbarten evangelischen Ortschaften sowie in der Markgrafschaft Ansbach, wo sie ebenso herzlich aufgenommen wurden, wie sie selbst diese Liebestat früher auch den Würzburger Glaubensbrüdern erwiesen hatten. Sie fanden ihre neue Heimat in Mainbernheim, Marktsteft, Uffenheim, Windsheim, Neustadt an der Aisch, Prichsenstadt, Wertheim, Schweinfurt und an vielen anderen Orten. Hervorzuheben ist, dass Rat und Bürgerschaft Schweinfurt gleich 265 Kitzinger Vertriebene aufnahmen zum Dank für die unvergessene fürsorgende Liebe, welche die Schweinfurter Flüchtlinge nach dem grausigen „Stadtverderben" durch den Markgrafen Albrecht Alkibiades von Brandenburg-Kulmbach im Sommer 1554 erfahren hatten.

Auch unser Chronist Dietwar musste aus Hoheim nach Stierhöfstetten flüchten. Die gewaltsame Austreibung der Kitzinger Protestanten, welche erbarmungslos der Rekatholisierung der Stadt geopfert wurden, ist ein trauriges Beispiel dafür, wie die Gewissensfreiheit durch eine „geistliche" Regierung unterdrückt wurde. Es mussten noch drei Jahrzehnte, angefüllt mit Blut und Tränen, vergehen, bis den katholischen Machthabern im Habsburger Kaiserreich die Erkenntnis aufging, dass die mittelalterliche Glaubenseinheit für immer zerbrochen war.

In der Bürgerschaft der Stadt sah es nach dem furchtbaren Aderlass sehr trübe aus. Wohl war dem Fürstbischof die „Reinigung" der Stadt von den Protestanten gelungen; sie war aber auch sehr teuer erkauft. Häuser und Werkstätten standen leer, Handel und Wandel stockte; der frühere wirtschaftliche Wohlstand der Weinstadt Kitzingen in der Markgrafenzeit war verschwunden. Misstrauen beherrschte das Zusammensein aller daheim gebliebenen Bürger.

Das änderte sich auch nicht, als nach Fürstbischof Ehrenbergs Tode der Domherr Franz von Hatzfeld Nachfolger auf dem Stuhl Burkards wurde. Im September 1631 begann er in Kitzingen mit der Huldigungsreise durch sein Fürstbistum. Als erste Huldigung der Stadt seit ihrer Wiedereinlösung wurde sie durch den Rat der Stadt und die katholische Geistlichkeit besonders festlich begangen. Nach dem feierlichen Empfang vor dem Faltertor ließ sich der Fürstbischof in der unteren Halle des Rathauses vom versammelten Rat und der fast ganz katholischen Bürgerschaft den Huldigungseid schwören. Dann weihte er die St. Johanniskirche und den Friedhof vor dem Faltertor zum alleinigen Gebrauch der katholischen Gemeinde. Im Begriff, seine Huldigungsreise durch sein Hochstift fortzusetzen, traf ihn plötzlich die Kunde von dem schnellen siegreichen Vormarsch des schwedischen Heeres unter seinem König Gustav Adolf über den Thüringer Wald nach Franken und von der Eroberung der Würzburger Grenzfestung Königshofen durch die Schweden. Schleunigst kehrte er nach Würzburg zurück, verließ fluchtartig sein Fürstentum und floh ins katholische Rheinland. Ein neuer, allerdings nur kurzer Abschnitt sollte nun in der Geschichte der evangelischen Gemeinde Kitzingen geschrieben werden.

22. Kapitel
Die evangelische Gemeinde unter dem Schutz des Schwedenkönigs Gustav-Adolf

In der höchsten Not, als der Protestantismus endgültig von der katholischen Vormacht zerbrochen schien, waren schon die schwedischen Schiffe südwärts gezogen und brachten über die Fluten der Ostsee den „Löwen aus Mitternacht" als Retter des bedrängten evangelischen Volks in Deutschland. Wenngleich ein Fremder, wollte Gustav-Adolf doch als Glaubensgenosse dem evangelischen Deutschland die Glaubensfreiheit erstreiten. Im Juni 1630, hundert Jahre nach dem Bekenntnis von Augsburg, landete er in Pommern und schon im September 1631 schlug er das kaiserliche Heer unter dessen General Tilly auf der Leipziger Ebene. Nachdem sich die evangelischen Fürsten Norddeutschlands dem Sieger angeschlossen hatten, führte König Gustav-Adolf sein Heer in einem ununterbrochenen Siegeszug durch Thüringen ins Frankenland, wo er zunächst in der Reichsstadt Schweinfurt sein Hauptquartier nahm.

Am 5. Oktober 1631 stand Gustav-Adolf mitten im katholischen Herzen Frankens, in Würzburg. Nur die Festung Marienberg leistete noch erbitterten Widerstand. Als sie nach wenigen Tagen von den Schweden erobert wurde, nahmen diese im Gedenken an das unmenschliche Blutbad Tillys in Magdeburg blutige Rache an den Verteidigern der Festung und den dorthin geflüchteten katholischen Geistlichen. Innerhalb von zehn Tagen war das ganze Fürstbistum Franken in schwedischem Besitz. Das Domkapitel musste dem Schwedenkönig huldigen und sich der schwedischen Landesregierung des nunmehrigen Herzogtums Franken untertänig erklären. Frankens fruchtbare Gaue dienten den Schweden als Winterquartier.

Der unerwartete Herrschaftswechsel schnitt tief in das kirchliche Leben der Kitzinger Bürgerschaft ein. Die Gegenreformation war unterbrochen. In Würzburg bildete sich ein evangelisches Kirchenministerium, das die Ausübung des Augsburger Bekenntnisses in seinen Schutz nahm, überall verstummte die katholische Messe und aller katholische Gottesdienst, und die Protestanten konnten wieder offen ihren Glauben bekennen. Der Schwedenkönig hatte von Schweinfurt aus einen Kommissär nach Kitzingen gesandt. Vor dem Rathaus überreichte ihm eine Deputation der Protestanten die Schlüssel zur Stadt. Sie drückte der schwedischen Majestät ihre Ergebenheit aus und bat um einen Schutzbrief. Unterm 16. Oktober stellte der König eine sog. „Salve Guardia", mit seiner eigenhändigen Unterschrift versehen, aus. Darin versicherte er die evangelische Bürgerschaft seiner Gnade und seines Schutzes sowie der ungestörten öffentlichen Ausübung ihrer lutherischen Religion. Das historische Dokument befindet sich im Stadtarchiv Kitzingen.

23. Kapitel
Die Wiederherstellung des evangelischen Glaubensstandes
in der Stadt

Auf dem politischen Hintergrund der schwedischen Besatzung erfolgte nun eine rückläufige Bewegung aller Glaubensverhältnisse in der Stadt. Schon am 17. Oktober erließ der Schwedenkönig ein Mandat, nach welchem die vertriebenen protestantischen Geistlichen und Lehrer wieder in ihre früheren Ämter eingesetzt werden sollten. Nun flohen die Kapuziner, die katholischen Beamten und Geistlichen aus der Stadt, um von den Schweden nicht wegen ungerechter Behandlung der evangelischen Bürger misshandelt zu werden.

Noch im Oktober wandten sich Kitzinger Bürger mit einer Bitte an des Königs Feldprediger, Dr. Friedrich Fabritius, in Schweinfurt, und baten ihn um einen evangelischen Pfarrer. Denn die vielen Schwerkranken und ungetauften Kinder bräuchten dringend einen Geistlichen. Sofort schickte er ihnen Magister Nikolaus Polich aus Schweinfurt, welcher als 14. Pfarrer der Kitzinger Evangelischen Gemeinde am letzten Oktobersonntag in der Klosterkirche nach fast drei Jahren die erste evangelische Predigt hielt. Außerdem wurde den Evangelischen die St. Johanniskirche wieder übergeben, und die deutschen Schulen für die evangelische Jugend wieder geöffnet.

Nach diesem unerwarteten Umschwung aller politischen Verhältnisse kehrten viele Bürger, welche vor zwei Jahren zum Verkauf ihrer Güter und zur Auswanderung gezwungen worden waren, nach Kitzingen zurück und bemächtigten sich, ohne den erhaltenen Kaufpreis zu erstatten, ihrer Häuser und Felder. Auch gebietet es die Wahrheit zu sagen, dass die evangelischen Glaubensgenossen unter schwedischem Schutz in ebenso unchristlicher Weise nun ihre Macht an den ohnmächtigen katholischen Mitbürgern ausließen. So überließen sie ihnen nicht einen einzigen kirchlichen Raum und verdrängten sie ebenfalls aus allen Ratsstellen und öffentlichen Ämtern. Sie zwangen sie auch, ihre Kinder in die protestantische Schule zu schicken und gingen so weit, den Toten katholischen Bekenntnisses das christliche Begräbnis auf dem Friedhof zu versagen. So vergalten sie in wenig christlicher Gesinnung Gleiches mit Gleichem, anstatt in der anbrechenden Notzeit eines unbarmherzigen Krieges mit ihren katholischen Mitbürgern zusammenzustehen.

Im Dezember 1631 kamen die königlichen Räte und als Beauftragter der schwedischen Regierung Kanzler Dr. Friedrich Schmidt von Würzburg nach Kitzingen, um die feierliche Erbhuldigung von Stadt und Amt Kitzingen im Namen des schwedischen Königs vorzunehmen. Unter dem Zustrom der vielen Menschen vom Land befanden sich auch Deputationen von protestantischen Geistlichen und Gemeinden, um ihre Wünsche vorzubringen. Die Bittsteller schilderten ihre Erlebnisse mit den katholischen Beamten und baten, nach soviel erduldetem Leid, um Wiedereinsetzung in ihre früheren Ämter.

Diakon Ott klagte, dass er im Jahr 1629 mit seiner Familie ins trübselige Elend gejagt worden sei und sein väterliches Erbe verloren habe. Jetzt bat er um Versetzung in seine Vaterstadt Kitzingen. Auch unser Chronist Dietwar überreichte dem Kanzler eine Bittschrift. Zwölf Jahre habe er in Hoheim das Pfarramt ausgeübt und von Ansbach nach seiner Vertreibung aus dem Amt im Jahr 1629 die markgräfliche Pfarrstelle Stierhöfstetten verliehen bekommen. Jetzt erbäten ihn seine Pfarrkinder in Hoheim wieder als Seelsorger. Da jedoch die Besoldung sehr schmal sei, bäte er, ihn gleichzeitig zum Seelsorger von Etwashausen zu ernennen. Nach seinem Wunsch erhielt er seine Bestallung für beide Orte. Es bestand nämlich seit der Jahrhundertwende (1600) dank der tätigen Mithilfe Reumanns und der Opferwilligkeit der Etwashäuser Bürger in Etwashausen eine eigene Pfarrstelle.

Als er am Christfest 1631 in der St. Marienkirche seinen ersten Gottesdienst halten wollte, fand sich auch der frühere Pfarrer Alexander Fuchs von Etwashausen ein. Auch er war von seinen Pfarrkindern gebeten worden, wieder das Pfarramt bei ihnen zu übernehmen, hatte jedoch deren Bitten abgeschlagen, weil er die Herrschaft der Schweden im Frankenland nur für vorübergehend hielt. Aber beeindruckt von dem allgemeinen „Männlein laufen nach der schwedischen Krippe", bat er nachträglich doch den schwedischen Kanzler um seine Bestallung zum Pfarrer in Etwashausen. Darauf verzichtete Dietwar freiwillig zu Gunsten seines Freundes Fuchs auf die Vorstadtpfarrei und gab sich mit seiner Pfarrstelle Hoheim zufrieden. Soweit das Charakterbild des ebenso glaubensstarken wie edelmütigen Pfarrers Bartholomäus Dietwar!

Wie die Pfarrer so kamen auch die Schul- und Kirchendiener an die Reihe und baten die Erbhuldigungskommission ebenfalls um Einsetzung in ihre vorigen Ämter. Auch deren Wünsche wurden erfüllt, und alle bisher katholischen Schul- und Kirchendienerstellen mit protestantischen Lehrern und Kirchendienern besetzt. So kehrte auch Johann Georg Hochstater, der frühere Rektor der Lateinschule, mit seinen Lehrern aus der Verbannung zurück. Kaum hatte er die Lateinschule in Kitzingen eröffnet, bat ihn die Landesregierung, das neu errichtete evangelische Gymnasium in Würzburg als Rektor zu übernehmen. Doch hinderte ihn sein frühzeitiger Tod, diese ehrenvolle Berufung anzunehmen.

Im Frühjahr 1632 berief König Gustav Adolf Dr. Christian Schleupner zum Landesbischof des Herzogtums Franken nach Würzburg und betraute ihn mit der Leitung des evangelischen Schulwesens im Herzogtum Franken. Im Sommer desselben Jahres konnte sogar im Würzburger Dom evangelischer Gottesdienst gehalten werden.

In Kitzingen setzte Dr. Schleupner, da Pfarrer Polichius auf seinen Wunsch nach Schweinfurt zurückkehrte, den früheren Dekan Magister Solomon Codomann wieder in sein Kitzinger Amt ein. Er hatte während seiner Verbannung vorübergehend in Mainbernheim und dann in Ansbach als Stiftprediger gewirkt. Somit konnte Kitzingen wieder als protestantische Stadt gelten. Denn auch der Rat setzte sich nur aus protestantischen Ratsherren zusammen. Die brandenburgische Zeit schien zurückzukehren. Doch an Stelle des früheren brandenburgischen Stadtherrn übte eine fremde Besatzungsmacht die Herrschaft aus.

Es war sicherlich ein Höhepunkt der neu entstandenen Evangelischen Gemeinde, als ihr Schutzherr, der Schwedenkönig Gustav Adolf, zweimal in Kitzingen weilte und hier übernachtete. Das erste Mal war es in den Tagen vom 11. bis 14. März 1632, als er mit seinem Heer von Arnstein hierher kam, „samt dem Pfalzgrafen August, welche hohen Persönlichkeiten ich im Kloster zu Kitzingen gesehen habe", berichtet Dietwar. Nochmals, und zwar nach dem erfolglos gebliebenen Sturm der Schweden auf die von Wallenstein besetzte „Alte Veste" bei Fürth und Zirndorf, kam der König auf seinem Rückzug nach Norddeutschland durch Kitzingen. Dietwar bezeugt: „Am 19. Oktober 1632 kam der König samt seiner Gemahlin nach Kitzingen und blieben im Kloster über Nacht. Ich habe sie da beide gesehen".

Nur die kurze Spanne Zeit eines Jahres sollte die schwedische Schutzherrschaft über das neu erstandene evangelische Leben in Franken dauern. Von Kitzingen aus brach der Schwedenkönig über Schweinfurt und Königshofen nach Sachsen auf, um sich dort nochmals mit seinem katholischen Gegner Wallenstein im Kampf zu messen. Das geschah auf dem Schlachtfeld von Leipzig, und dort fand der Schwedenkönig bei dem Dorfe Lützen am nebeligen Morgen des 6. November 1632 einen frühzeitigen Tod. Mit Wehklagen vernahmen die Protestanten, die den Schutzherrn des Evangeliums als Werkzeug Gottes für die evangelische Sache ansahen, mit Frohlocken die Katholiken, die seinen Tod als Fürsorge des Himmels für ihre allein seligmachende Kirche deuteten, die Kunde von seinem Tode. Als historische Tatsache bleibt bestehen, dass die evangelischen Glaubensgenossen unter seinem allerdings nur kurzen Schutz in Freiheit ihrem Glauben leben durften und darum seinem Namen ein dankbares Gedenken bewahren. Des Königs Tod hatte zur Folge, dass ein neuerlicher politischer Wechsel den kirchlichen Wiederaufbau der Evangelischen Gemeinde in Mitleidenschaft ziehen sollte.

24. Kapitel
Die evangelische Gemeinde unter Brandenburgischer und kaiserlicher Herrschaft

Im Jahr 1633 hielt die markgräfliche Vormundschaft in Ansbach, die den zu Unrecht erlittenen Verlust der Stadt Kitzingen nicht verschmerzen konnte, die Zeit zu deren Rückgabe für gekommen. Auf ihre inständigen Bitten bei der schwedischen Regierung erhielt sie durch einen Schenkungsbrief der Königin Christine von Schweden, die sich die Kriegshilfe des brandenburgischen Hauses nicht verscherzen wollte, Kitzingen wieder zurück. Dietwar berichtet über diesen neuerlichen politischen Umschwung: „Am 20. September 1633 übergab die Krone Schweden die Stadt Kitzingen dem Hause Brandenburg wiederum, ohne Zahlung der 39 100 Goldgulden zu verlangen. Dieser Handlung haben wir vom geistlichen Amt auf dem Rathaus beigewohnt. Darauf huldigte die Bürgerschaft der fürstlich brandenburgischen Herrschaft. Noch selbigen Tages wurden die schwedischen Beamten abgeschafft und brandenburgische an ihre Stelle gesetzt". An diesem Tage herrschte nach so vielen wechselvollen Kriegsereignissen größte Freude unter den evangelischen Bürgern. Das katholische Zwischenspiel lag hinter ihnen und es schien, als ob sie unter ihrer früheren Stadtherrschaft ihrem evangelischen Glauben in Frieden weiter leben könnten.

Doch die markgräfliche Herrschaft sollte nur ein kurzes Jahr dauern. Denn ein neuer politischer Wechsel stieß die kirchlichen Verhältnisse in der Stadt nochmals um. Herzog Bernhard von Weimar, der das schwedische Heer befehligte, wurde im September 1634 von den kaiserlichen Truppen des Königs Ferdinand von Ungarn, dem Sohn Kaiser Ferdinands II., in der Schlacht bei Nördlingen, in der auch der junge Markgraf Friedrich von Ansbach sein Leben verlor, besiegt. Nun flüchtete die Markgräfin, die mit ihrem Gefolge in Kitzingen Zuflucht vor dem Krieg gesucht hatte, nach Frankfurt weiter. Schon am 11. September 1634 besetzte der kaiserliche General Pikkolomini während der Verfolgung der flüchtenden Schweden nach Norden den wichtigen Mainpass Kitzingen.

Sein Name sollte für die evangelische Bürgerschaft bedeutsam werden. Da der Landesherr, Fürstbischof Franz von Hatzfeld, noch außer Landes weilte, versprach General Pikkolomini der Bürgerschaft die ungehinderte Ausübung der evangelischen Religion in der St. Johanniskirche und die der katholischen Religion in der Klosterkirche. Auch die Stellen im Kirchen- und Schulwesen sollten mit Anhängern des Augsburgischen Bekenntnisses besetzt bleiben. Ausdrücklich versicherte der General, sein Versprechen sei im Namen der Kaiserlichen Majestät Ferdinands II. geschehen. Daraufhin leisteten die Kitzinger Beamten dem kaiserlichen Landhofmeister den Treueschwur für Kaiser Ferdinand II. Wenn die Stadt auch der katholischen Herrschaft des Kaiserhauses unterstand, so sollte doch ihr lutherisches Bekenntnis unangetastet bleiben.

25. Kapitel
Die Wiederaufrichtung der katholischen Herrschaft
über die evangelische Gemeinde

Zunächst hatte es den Anschein, als ob der evangelische Religionsstand – neben einer kleinen Gruppe katholischer Mitbürger - auch weiterhin gesichert wäre, und als ob im Gefühle der gemeinsam zu tragenden Kriegslasten und der vielen Drangsalnöte Katholiken und Lutheraner nach der Abmachung des kaiserlichen Feldherrn Pikkolomini friedlich nebeneinander leben würden. Am 18. Oktober 1634 fand in der Klosterkirche die erste römische Messe statt. „Dazu ließ der Messpriester den Herrn Dekan gar freundlich und demütig ansprechen und um einen Kelch und ein Messgewand bitten. Auch bat er, dass ihm der Kantor mit den Schülern überlassen werden möchte, wenn er Katholiken zur Erde bestattete. Derselbe sollte eben singen, was er selber wollte", berichtet Dietwar.

Doch schon nach einem halben Jahr sollte die evangelische Gemeinde von Neuem in ihrem Glauben unterdrückt werden. In demselben Maße, wie die Sicherheit der Person und des Eigentums in dem immer grausamer werdenden Krieg abnahm, wuchs wieder die Feindseligkeit der Katholiken in Glaubensdingen der evangelischen Bevölkerung gegenüber. Dietwar schreibt dazu: „Anfangs hatten sich die Würzburger Beamten wie Lämmer gegen uns evangelische Prediger gestellt. Sie wollten treuer mit uns handeln, so dass wir friedlich nebeneinander leben könnten. Sobald sie aber meinten, sie säßen wieder fest genug, fingen sie an, uns zu bedrohen." So musste der Tag der schwedischen Kapitulation der Festung Marienberg in Würzburg im Januar 1635 mit allen Glocken der St. Johanniskirche gefeiert werden, und zwar auf Anordnung der katholischen Priester und Beamten. Dann belegte man die evangelischen Mitbürger und Geistlichen mit einer starken Einquartierung. Der Klosterpfarrer Ott musste seine Wohnung im Kloster räumen, und die erledigten Ratsstellen und Gemeindeämter wurden nur noch mit Katholiken besetzt und diese überhaupt begünstigt. Natürlich wusste die fürstbischöfliche Regierung im Voraus schon, dass der katholische Kaiser Ferdinand II. entgegen seinem durch General Pikkolomini gemachten Versprechen ihre Unterdrückungsmaßnahmen gegen die evangelischen Bürger billigen werde.

Am 18. März 1635 kam Fürstbischof Franz von Hatzfeld zur zweiten Huldigung nach Kitzingen. Dekan Codomann fand sich mit seinen Geistlichen im Klosterhof ein, um dem Landesherrn seine untertänige Aufwartung zu machen. „Aber", berichtet Dietwart, „wir erhielten den Befehl, wieder hinweg zu gehen, da unsere Gegenwart Ihre fürstlichen Gnaden beleidigen würde. Wir traten ab, konnten aber nun leicht erraten, was unser wartete".

Am 19. März nahm der Fürstbischof die Huldigung der gesamten Bürgerschaft entgegen. Danach begaben sich die protestantischen Geistlichen abermals ins Kloster, um ihrem Landesherrn eine Bittschrift zu überreichen. Darin baten sie, dass hinsichtlich der Religion gemäß der kaiserlichen Zusage vom September 1634 nichts geändert werden möge. Während sie auf den Fürstbischof warteten, mussten sie sich von den bischöflichen Hofleuten vielerlei Spott gefallen lassen. Indessen war der Fürstbischof in die Klosterkirche zur Messe gegangen. Lassen wir den Chronisten sprechen: „Als wir dies erfuhren, stellten wir uns vor das Türlein, durch das er heraus gehen musste. Als er erschien, rückte er ein wenig seinen Hut und sagte: „Ich will sehen, was der Herren Begehr ist und dann meine Entschließungen treffen". Mit diesem Bescheid gingen Dekan Codomann und seine Geistlichen nach Hause, voll böser Ahnungen über die ihren Gemeinden drohenden Vergeltungsmaßnahmen.

Nach einer Stunde wurden die evangelischen Pfarrer nochmals ins Kloster befohlen. Der fürstbischöfliche Rat Dr. Leupold hielt ihnen auf Befehl seines Fürsten vor, dass sie sich wohl noch erinnerten, wie sie im Jahr 1629 ausgewiesen worden wären, sich aber trotzdem wieder hier eingefunden hätten. Das hätte bei seinem Fürsten großes Missfallen erregt. Darum wollte er ihnen ernstlich befehlen, dass sie sich fernerhin aller kirchlichen Amtshandlungen enthielten und ihnen vierzehn Tage Zeit geben, die Stadt zu räumen.

In seiner Antwort berief sich Dekan Codomann auf die Vereinbarung, in welcher des Kaisers Bruder Ferdinand, die Majestät von Ungarn, durch das Wort seines Generals Pikkolomini der Kitzinger Bürgerschaft im Namen des Kaisers Ferdinand II. versprochen habe, sie bei ihrer Religion verbleiben zu lassen. Aber der Großhofmeister des Fürsten gab zur Antwort: „Es wird Ihre Fürstliche Gnaden schon mit der Majestät" — und damit brach er seine Rede ab. Unser Kronzeuge Dietwar wusste dessen Schweigen wohl zu deuten: „Seine Meinung war aber, es wären der König und der Bischof hierinnen gute Freunde und einer gesinnt wie der andere".

Dekan Codomann bat dann die fürstbischöflichen Räte, wenigstens die Karwoche bei ihrer Gemeinde bleiben zu dürfen, damit sie ihr die tröstliche Passionspredigt vortragen könne. Darauf erwiderte der Großhofmeister: „Es werden schon Leute da sein, welche die Passion gut predigen werden". Dies war der Bescheid des Fürstbischofs. Im Beisein der Geistlichen wurde nach dem Kirchendiener geschickt, der die Schlüssel der St. Johanniskirche ausliefern musste. „Denn", meinte Dietwar, „sie besorgten, wenn wir hinausgehen würden, möchten wir etwas bei Seite schaffen. Das war die große Freundlichkeit und Demut, die sie vor einem halben Jahr im Herbst 1634 bei ihrer Ankunft hatten blicken lassen, nämlich die Wolfsklauen unter dem Schafspelz."

Am nächsten Tag wurde die Pfarrkirche St. Johannis und der Gottesacker den Katholiken übergeben. Kirche und Gottesacker weihte der Fürstbischof von neuem und firmte alle, die ihren evangelischen Glauben abschworen und übertraten. Auf die Bitte der evangelischen Bürgerschaft, der Fürstbischof möge ihnen doch wenigstens die St. Marienkirche zum gottesdienstlichen Gebrauch überlassen, ließ er ihr antworten, dass sie einer anderen Religion angehörten, die der katholischen allein selig machenden Religion zuwider sei. Er wolle niemand zu seiner Religion zwingen, aber sie sollten sich unärgerlich verhalten, damit er nicht zu schärferen Maßregeln gezwungen wäre.

26. Kapitel
Die Folgen der endgültigen Wiedereinlösung
für die evangelische Gemeinde

Nun begann die endgültige Wiederaufrichtung des katholischen Glaubens in der Stadt. Die Protestanten bekamen die gleiche unduldsame Härte zu fühlen, welche sie in den Jahren der Schwedenherrschaft ihren katholischen Mitbürgern gezeigt hatten. Franz von Hatzfeld erklärte den Vertrag, in dem General Pikkolomini dem Rat der Stadt Religionsfreiheit versprochen hatte, für null und nichtig, weil er nicht mit dem Landesherren, dem Fürstbischof, abgeschlossen worden war.

Die evangelischen Geistlichen mit ihrem Dekan Codomann wurden zum zweiten Mal aus der Stadt verbannt. Ebenso mussten auch die protestantischen Schulmeister ihre Schüler entlassen. Codomann ging nach Mainbernheim und starb dort am 13. Juli 1637. Alle Kirchen-, Schul-, Rats- und Gemeindeämter wurden mit Katholiken besetzt, alle protestantischen Einrichtungen aufgelöst. Ohne Kirche, Recht und Besitz, ohne Pfarrer und Gottesdienst war die Evangelische Gemeinde am Erlöschen. Die Stadt war wieder ganz katholisch geworden. Die wenigen Protestanten mussten sich in allen Dingen fügen, auch bei der Prozession, die zum Abschluss des Prager Friedens im Jahr 1635 gefeiert wurde, mitgehen und Kerzen tragen. Dazu wurden allen evangelischen Bürgern durch öffentlichen Anschlag verboten, Predigten in auswärtigen evangelischen Orten der Umgebung zu hören. Muss es nicht als ein großes Wunder erscheinen, dass in dieser menschlich gesehen aussichtslosen Lage eine Restgemeinde von wenigen treuen evangelischen Familien mit großer Zähigkeit ausgehalten hat und einen späteren Aufstieg ermöglichte!

Trotz aller Rechtlosigkeit der evangelischen Bürger ist doch gegenüber der Rekatholisierung des Jahres 1629 ein Unterschied festzustellen. Auch für den Steuersäckel eines Fürstbischofs war ein weiterer Menschenverlust infolge Austreibung Andersgläubiger in einer ohnehin durch Hunger, Krieg und Pestilenz stark entvölkerten Stadt nicht mehr tragbar. Darum durfte das kleine Häuflein von ungefähr 30 evangelischen Familien in der Stadt wohnen bleiben. Mit ihrer Standhaftigkeit und ihrem Bekennermut haben sie im „Untergrund" das Lichtlein des lutherischen Glaubens ihrer Vorfahren vor dem vollständigen Erlöschen bewahrt.

So rollte in den sechs Jahren von 1629 bis 1635 der bewegteste und zugleich trübseligste Zeitabschnitt in der Geschichte der Evangelischen Gemeinde Kitzingen in vier Akten ab:

1) Im Jahr 1629: Unterdrückung des lutherischen Glaubens, Verlust des Kirchen- und Schulwesens und der reichen Stiftungen, gewaltsame Austreibung von über 1000 Glaubensgenossen.

2) Im Jahr 1631: Sturz der katholischen Herrschaft durch den Schwedenkönig Gustav Adolf und Neuaufbau der evangelischen Gemeinde.

3) Im Jahr 1633/34: Wiederkehr der brandenburgischen Stadtherrschaft und Duldung des evangelischen Bekenntnisses unter der kaiserlichen Herrschaft.

4) Im Jahr 1635: Wiederaufrichtung der fürstbischöflichen Herrschaft über die Stadt und Verurteilung der kleinen, rechtlosen und unansehnlichen Schar der Evangelischen zu einem Winkeldasein.

In der hereinbrechenden Flut eines erbarmungslosen Krieges mit seinen apokalyptischen Würgeengeln des Hungers, der Pestilenz, der Teuerung und des Schwertes, wie sie Albrecht Dürer in seinen Holzschnitten zeichnete, schienen diese wenigen Glaubenstreuen zum baldigen Absterben verurteilt zu sein.

Doch in der größten Glaubensnot stand schon die rettende Hilfe vor der Tür. Nicht das baldige Ende der evangelischen Restgemeinde, sondern einen bescheidenen Neuanfang und einen unaufhaltsamen Wiederaufstieg sollten die nächsten Jahrzehnte dieser kleinen Schar Evangelischer bringen. Das Werkzeug für die Verbesserung ihrer Lage war Hatzfelds Nachfolger, Fürstbischof Johann Philipp von Schönborn, der durch seine Menschlichkeit seine Untertanen beglückte. Davon zeugt auch, dass er nach seinem Regierungsantritt im Jahr 1642 in seinem Fürstentum sofort die Hexenprozesse verbot und sie als Irrwahn brandmarkte. Zu dieser Haltung brachte ihn sein Lehrer Friedrich von Spee, der bekannte, dass er noch keine Hexe zum Scheiterhaufen begleitet habe, von der er sagen könnte, dass sie der Zauberei schuldig gewesen wäre.

27. Kapitel
Gewährung freier Religionsausübung außerhalb der Stadt

Als im April 1647 der schwedische General Wrangel in Kitzingen sein Hauptquartier aufschlug und hier die Nöte seiner Glaubensverwandten sah, brachte er bei seinen Verhandlungen mit dem Fürstbischof von Schönborn auch die traurigen Religionsverhältnisse der Kitzinger Protestanten zur Sprache. Der Fürstbischof sagte dem General zu, seinen evangelischen Untertanen die St. Marienkirche in Etwashausen zum Gottesdienst einzuräumen. „Deswegen hat am Sonntag Judika Wrangels Feldprediger bei großer Versammlung der evangelischen Bürgerschaft in Wrangels Gegenwart darin gepredigt und solche Übergabe der Kirche feierlich verkündigt", weiß Dietwar zu berichten.

Schon nach wenigen Wochen, am 5. Mai, wurden die Protestanten durch ein fürstbischöfliches Dekret an den Rat und Amtmann in Kitzingen freudig überrascht. Es versprach ihnen freie Religionsausübung, zwar nicht in der Vorstadt Etwashausen, sondern außerhalb der Stadt in den markgräflichen Orten Sickershausen, Hohenfeld oder Mainbernheim, wohin sie schon früher gegangen waren. Das wichtige Dekret lautet also: „Demnach wir unsere der Augsburger Konfession verwandten Bürger zu Kitzingen nicht gesinnt sind, zu unserer katholischen Religion zu zwingen, sondern ihnen ihre Gewissenfreiheit zu lassen, auch ihre Ausübung außerhalb der Stadt, zu Sickershausen oder an anderen Orten zu gestatten bedacht sind, befehlen wir Euch ernstlich, sie, d.h. die Evangelischen, bei den Pforten im Aus- und Heimgehen keineswegs zu sperren oder aufzuhalten, sondern jedesmal unbelästigt zu ihrem Gottesdienst aus- und eingehen zu lassen, jedoch, dass diejenigen, so den Gottesdienst besuchen, sich bescheiden und gehorsam erzeigen. Desgleichen, wenn einer in Schwachheitszustand sich zu Hause in der Stadt, jedoch ohne Anstoß unserer katholischen Bürger, mit dem heiligen Abendmahl sich versehen lassen wollte, solches ihnen nicht zu wehren". Dieses bescheidene Zugeständnis des „freien Auslaufens" dürfen wir nach dem tiefen Fall vom Jahr 1635 als Neuanfang und erste Stufe zum Wiederaufstieg der Kitzinger Evangelischen Gemeinde betrachten.

Eine große Enttäuschung brachte der Evangelischen Gemeinde der Abschluss des Westfälischen Friedens zu Münster und Osnabrück im nächsten Jahr 1648. Denn die Bestimmungen über die Regelung der konfessionellen Verhältnisse erfüllten nicht die Hoffnungen, welche sie für sich erwartete. Wohl sicherte der Friedensvertrag beiden Bekenntnissen gleiche bürgerliche und kirchliche Rechte zu. Auch besagte § 31 im Artikel V, dass die evangelischen Untertanen unter katholischer Herrschaft dieselben Rechts- und Besitzverhältnisse genießen sollten wie am 1. Januar 1624. Da nun in diesem Normaljahr im markgräflichen Kitzingen das ganze Kirchenwesen samt allen Kirchen und Stiftungen im Besitz der Evangelischen Gemeinde war, hofften die Protestanten mit vollem Recht auf Rückgabe ihrer Kirchen und Stiftungen wie auf Gleichstellung in den bürgerlichen Verhältnissen. Wie groß war aber ihre Enttäuschung, als Fürstbischof von Schönborn ihre Rechtsansprüche verneinte, weil Kitzingen in dem Normaljahr 1624 verpfändet war. Denn im Widerspruch zu § 31 bestimmte § 27 im gleichen Artikel, dass in den eingelösten Pfandschaften dort, wo evangelische Untertanen im Normaljahr ihre Religionsausübung gehabt hatten, der katholische Landesherr das Recht habe, die Religionsausübung zu bestimmen. Also nicht die tatsächlichen evangelischen Besitz- und Rechtsverhältnisse im Jahr 1624 waren entscheidend, sondern das, was im Jahr 1624 der eigentliche Herr des Landes erlaubt hätte oder geduldet hätte! Mit dieser Bestimmung war der feierlich beschworene Westfälische Friede für die Kitzinger Protestanten beiseite geschoben.

Auch die von den Markgrafen von Ansbach auf dem Friedenskongress neuerdings vorgebrachten Ansprüche auf die Stadt Kitzingen erfüllten sich nicht. Wohl bestimmte der Friedensvertrag, dass der zwischen dem Fürstbischof von Würzburg und dem Markgrafen von Brandenburg - Ansbach die Stadt Kitzingen betreffende Rechtsstreit durch gütliche Vereinbarung beendet werden sollte. Da aber beide Herrscher bei ihren gegensätzlichen Behauptungen blieben — Würzburg beanspruchte als Pfandschaft die ganze Stadt vom Jahr 1443, Ansbach dagegen ein Eigentumsrecht von drei Achteln der Stadt —, fällte das von beiden Seiten angerufene kaiserliche Reichsgericht in Regensburg abermals das Urteil gegen die Markgrafen von Ansbach: dass ihnen nämlich im Jahr 1629 die Stadt Kitzingen zu Recht abgesprochen worden war.

Doch unbeirrt von diesem Entscheid des Obersten Gerichtes hielt Brandenburg - Ansbach 150 Jahre lang in zahllosen Prozessen seinen Anspruch auf die Stadt Kitzingen vor dem Reichskammergericht aufrecht. Erst der Zusammenbruch des mittelalterlichen Kaiserreiches im Jahr 1803 und das damit verbundene Ende des Fürstbistums Würzburg beendete den langwierigen Pfandschaftsstreit um Stadt und Amt Kitzingen.

So blieb die evangelische Bürgerschaft Kitzingen trotz des Westfälischen Friedensvertrages der katholischen Herrschaft Untertan. Aber ein gewisses Maß von religiöser Duldung brachte der Friede vom Jahr 1648 den Kitzinger Protestanten doch. Sie behielten ihr Heimatrecht, durften ungestört Hausandachten halten und ihren lutherischen Glauben ungehindert außerhalb der Mauern der katholischen Stadt bekennen.

Neben dem so praktizierten Gedanken der Toleranz verfolgte der weitblickende Fürstbischof auch volkswirtschaftliche Ziele. Er wollte den wirtschaftlichen Wiederaufbau seines von den Stürmen des langen Krieges verwüsteten und menschenleeren Landes in die Wege leiten. Dieses Ziel konnte er aber ohne die Zusammenarbeit mit den evangelischen Bürgern nicht erreichen. Aus diesem Gedanken heraus forderte er alle im Jahr 1629 von Haus und Hof in Kitzingen abgewanderten protestantischen Untertanen bei Verlust ihrer Güter und Weinberge zur Rückkehr auf zum Anbau ihrer brachliegenden Felder und Weinberge und zur Ausübung ihres Handwerkes. Darüber hinaus fasste er einen für den Aufbau einer neuen Evangelischen Gemeinde in Kitzingen segensreichen Entschluss, wenn ihn auch dabei in erster Linie wirtschaftliche Absichten leiteten. Er ließ Flugblätter in den Nachbarländern verteilen und lud in ihnen zur Einwanderung fremder Familien — katholischer wie auch evangelischer — in sein entvölkertes Fürstbistum ein.

28. Kapitel
Gewährung freier Religionsausübung in der Vorstadt Etwashausen

Mit dem Jahr 1650 trat für die Kitzinger Protestanten eine weitere Verbesserung ihrer kirchlichen Lage ein, die geradezu einem Neubeginn der Evangelischen Gemeinde gleichkam. Das kleine, aber glaubensstarke Häuflein, das trotz seiner kirchlichen Rechtlosigkeit auf 54 Familien angewachsen war, sehnte sich nach einem eigenen Gotteshaus in der Stadt selbst. Den alten und kranken Gemeindegliedern machte es große Beschwerden, in der winterlichen Kälte nach auswärts zum Gottesdienst zu gehen und dort auch noch Taufen, Trauungen und Beerdigungen auf fremden Gottesackern vollziehen zu lassen. Darum schickten sie im August des Jahres 1650 einen Viererausschuß nach Würzburg, der dem Fürstbischof ihre Bitte vortrug, ihren Gottesdienst in der Stadt selbst halten zu dürfen, wie es ihnen drei Jahre vorher schon General Wrangel zugesagt hatte, und einen eigenen Pfarrer zu halten. Auf ihr vielfältiges Bitten räumte ihnen Fürstbischof Johann Philipp von Schönborn die versprochene St. Marienkirche in Etwashausen zur Abhaltung ihrer Gottesdienste ein.

Am 17. Dezember des gleichen Jahres 1650 unterzeichnete Johann Philipp den für die Evangelische Gemeinde denkwürdigen Gnadenvertrag, dessen Original sich im Archiv des Dekanats Kitzingen befindet. Darin gestand er aus fürstbischöflicher Gnade den Protestanten Augsburger Konfession freie Religionsausübung, also Gottesdienst, samt den dazugehörigen kirchlichen Akten, wie Abendmahl, Taufe, Trauung in der katholischen St. Marienkirche zu, jedoch in Mitbenützung mit ihren katholischen Mitbürgern. Diesen sollten sie, wenn sie daselbst Gottesdienst, Wallfahrten und Prozessionen halten, unverhinderlich sein.

Weiter erhielten die Protestanten das Recht, neben einem Kantor und Organisten einen Pfarrer der Augsburgischen Konfession zu halten. Doch durfte der Pfarrer nicht aus den benachbarten markgräflichen Landen kommen. Die Kirchendiener mussten sie aus eigenen Mitteln bezahlen. Aber alles, was den Protestanten bewilligt wurde, sollten sie als „reine Gnade", nicht als Schuldigkeit ihres geistlichen Fürsten ansehen und sich als gehorsame und treue Untertanen erzeigen.

Wenn auch durch dieses Toleranzedikt eine Gleichstellung der beiden Religionsparteien in städtischen und kirchlichen Angelegenheiten in keiner Weise erfolgte, weil sämtliche Ratsstellen nach wie vor nur den katholischen Mitbürgern vorbehalten blieben, so trug es doch zu einer gewissen Befriedung in der Stadt bei. Ja man kann die beiden Dekrete vom Jahr 1647 und 1650 als die erste und zweite Stufe ansehen, auf denen die Evangelische Gemeinde wieder in die Höhe stieg. Das landesherrliche Recht über die Evangelische Gemeinde übte zwar der Fürstbischof aus, aber ihre inneren kirchlichen Angelegenheiten richtete die Gemeinde selbst aus und sorgte auch für Pfarrer, Lehrer und Schule. Sicherlich darf man bei diesem Entgegenkommen Würzburgs annehmen, dass sich der Fürstbischof auch deswegen zum Abschluss des Gnadenvertrags bereit erklärte, weil er glaubte, so am besten zur Erfüllung des Friedensvertrages von Münster und Osnabrück und damit auch zur Entkräftung der dauernden Anklagen des erbitterten Markgrafen beitragen zu können. Die historische Bedeutung des Gnadenvertrags vom Jahr 1650 liegt darin, dass er für die nächsten 150 Jahre die Rechtsgrundlage der Evangelischen Gemeinde wurde und damit die Zweikonfessionalität der Stadt sanktionierte.

St. Marienkirche in Etwashausen

(Ecke Balth.-Neumann-Str.–Schwarzacher Str.)

1650–1740 der Evang. Gemeinde zur Mitbenutzung überlassen

1741 wegen Baufälligkeit geschlossen

Es muss ein ernster, aber freudiger Augenblick für die evangelischen Glaubensbrüder gewesen sein, als sie am Neujahrstag des Jahres 1651 über die alte Pipinsbrücke in die Vorstadt pilgerten und dort in der St. Marienkirche nach über zwanzig-
jähriger Unterbrechung wieder ihre Gottesdienste feiern konnten. Ihr erster Pfarrer
hieß Johann Clajus. Als 15. Pfarrer eröffnet er die neue Reihe der evangelischen
Pfarrer in der fürstbischöflichen Zeit. Clajus stammte aus Sachsen und war ein in der
deutschen Literatur sehr gelehrter Mann. Vor seiner Berufung nach Kitzingen war er
Rektor der Lateinschule zu St. Ägydien in Nürnberg, an der einst Paul Eber studiert
hatte. Dort hatte er mit Philipp Harsdörfer eine Dichtergesellschaft begründet, die den
Namen „Pegnesischer Blumenorden" trug und der sich die Pflege des evangelischen

geistlichen Liedes sehr angelegen sein ließ. Clajus hielt an diesem Neujahrsmorgen eine feierliche Lob- und Dankpredigt für all das, was Gott an den im lutherischen Glauben standhaft gebliebenen Kitzingern getan hatte. Mit dieser Predigt wurde die bis auf den heutigen Tag nicht mehr unterbrochene Kette des evangelischen Gottesdienstes in der Stadt eröffnet.

Als Geschenk erhielt die Evangelische Gemeinde von der Witwe des verstorbenen Dekans Codomann die „Paul-Eber-Bibel". Wie aus dem handschriftlichen Vermerk in der Bibel hervorgeht, „gehörte diese Bibel weiland dem Ehrwürdigen Herrn Magister Salomon Codomann, gewesener Dekan und Vorsteher der Evangelischen Gemeinde zu Kitzingen, hernach Stiftsprediger und Konsistorialrat zu Onoldsbach, und ist von Anna, seiner hinterlassenen Witwe und den beiden Söhnen, Johann Codomann und Georg Friedrich Codomann, allhero nach Kitzingen in die Evangelische Kirche, Gott zur Ehr, verehrt worden. Kitzingen, den 26. Dezembris 1650". So wanderte die vierhundert Jahre alte Bibel von Wittenberg nach Kitzingen und von da über Mainbernheim und Ansbach zurück nach Etwashausen, bis sie ihre endgültige Heimat seit dem Jahr 1817 in der Sakristei der Stadtkirche fand.

TEIL IV

Erbitterte Religionsstreitigkeiten zwischen der Evangelischen Gemeinde und der fürstbischöflichen Regierung in Würzburg

Mit dem denkwürdigen Jahr 1651, der Errichtung einer neuen evangelischen Pfarrei in Kitzingen, wurde der Evangelischen Gemeinde eine bescheidene rechtliche Grundlage ihrer Glaubensausübung gegeben. Die Freude der evangelischen Bürger über das Erreichte war groß, wenn sie auch schmerzlich empfand, dass sie durch die Nichtbeachtung des § 31 des Westfälischen Friedens ihrer früheren Kirchengüter und der Stiftungen des Reformationszeitalters verlustig gingen. Weniger erfreulich waren die misslichen konfessionellen Spannungen, unter denen sie zu leiden hatte. Die katholischen Bürger verweigerten ihnen jede Art von Gleichberechtigung und jedes Zugeständnis in kirchlichen Dingen und scheuten nicht vor einer diffamierenden Behandlung ihrer evangelischen Mitbürger zurück. Die folgenden Jahrzehnte des 17. und 18. Jahrhundert sind gekennzeichnet durch andauernde Streitigkeiten zwischen den beiden Parteien. In beständiger Kampfhaltung mussten die Protestanten gegen die feindselige Gesinnung und die vielen Versuche ihrer katholischen Mitbürger sowie der katholischen Stadtobrigkeit, ihre Rechte zu unterdrücken, kämpfen. Es würde in der Geschichte der Evangelischen Gemeinde ein wesentliches Stück fehlen, würde man diesen wenig erhebenden Zeitabschnitt des kirchlichen Zusammenlebens übergehen.

29. Kapitel
Das Geschlecht der Sander als Vorkämpfer
der Evangelischen Gemeinde Kitzingen

Infolge des Aufrufes des Fürstbischofs von Schönborn vom Jahr 1649, der den Augsburger Religionsverwandten freie Religionsausübung zusicherte, erfolgte eine zahlreiche Einwanderung protestantischer Kaufmannsfamilien nach Kitzingen. Wenn sie sich gerade diese Stadt als neuen Wohnsitz wählten, so erklärt sich das daraus, dass Kitzingen eben der einzige fürstbischöfliche Ort war, an dem schon eine Evangelische Gemeinde bestand, die ihre Anziehungskraft auf die fremden Glaubensbrüder natürlich nicht verfehlte.

Die Einwanderer waren wagemutige und vermögende Kaufleute aus dem Rheinland, Westfalen und Niedersachsen. Nach zwei Richtungen gereichte diese Einwanderung der Stadt Kitzingen zum Vorteil. Einmal wurde der Bevölkerungsverlust durch die gewaltsame Auswanderung evangelischer Bürger im Jahr 1629 wieder eingeholt, und zwar so sehr, dass in den späteren Jahrzehnten die evangelische Bevölkerung der katholischen gleichkam, ja sie am Ausgang des 18. Jahrhunderts sogar überflügelte. Dann gründeten die Einwanderer hier besonders Weinhandlungen und machten die Stadt — dank ihrer guten Geschäftsverbindungen mit den niederdeutschen Landen — bald zur Weinmetropole Frankens. Mit ihrer Vormachtstellung im wirtschaftlichen Leben der Stadt stärkten sie zugleich den Vermögensstand der evangelischen Bürgerschaft ganz beträchtlich. Im Gegensatz zu ihnen wirkten die katholischen Mitbürger mehr in den einflussreichen Beamten- und Ratsstellen der Stadt, die den Protestanten widerrechtlich nahezu völlig verschlossen blieben.

Es konnte nicht ausbleiben, dass der wachsende Wohlstand des evangelischen Volksteils die zwei fürstbischöflichen Hofkammern in Würzburg, die geistliche und die wirtschaftliche, wiederholt in scharfen Gegensatz zueinander brachte. Wollte die weltliche Regierung des Fürstbischofs in Wertschätzung des begüterten protestantischen Kaufmannsstandes als des Hauptmehrers der fürstlichen Einnahmen den Evangelischen konfessionelle Zugeständnisse machen, so tat die geistliche Hofkammer, unterstützt von engherzigen Religionseiferern in den Amtsstellen der Stadt alles, um den protestantischen Volksteil in ungerechter Weise zu drücken und den konfessionellen Hader zu schüren.

Von größter Bedeutung wurde unter den Einwanderern für die Evangelische Gemeinde das Handelsgeschlecht der Sander. Schon in ihrer alten Heimatstadt Göttingen an der Leine hatten sich die zahlreichen Glieder dieser Ratsfamilie der Reformation angeschlossen. Sie waren angesehene Kaufleute der Tuchmacherzunft und Ratsherren von Göttingen. Die erste Familie Sander kam im Jahr 1667 in die Mainstadt, und zwar auf Anraten ihres Vetters Jobst Oppermann, der schon früher nach hier übergesiedelt war. Durch vier Generationen waren die Sander hier Ratsherren,

Kirchenpfleger und unerschrockene Führer ihrer evangelischen Glaubensgenossen. Unbeirrt durch die für sie erwachsenen Nachteile kämpften sie für die Rechte ihrer von der Regierung und vom Rat der Stadt unterdrückten „Augsburger Religionsverwandten". Dank ihrer Beharrlichkeit verstanden sie es in vielen Fällen, die Lage der Evangelischen Gemeinde zu lindern, ja ihnen zu Rechten auf kirchlichem Gebiet zu verhelfen.

Die Sander bewohnten am oberen Rosenberg das sog. Thüngen'sche Schlösschen. Es liegt, wenige Schritte vom Falterturm entfernt, hinter der westlichen Stadtmauer. Erbaut wurde es im Jahr 1573 von dem wegen seines evangelischen Glaubens ebenfalls aus Würzburg ausgewiesenen Ratsherrn Konrad Müller. Nach seinem Tod kam das Haus im Jahr 1587 in den Besitz einer Juliane von Thüngen, von welcher es wieder Johann Christoph Sander, der erste Vertreter der Familie, erwarb. Unberührt von allen Veränderungen im Innern steht noch die geräumige Eingangshalle. Wer sie betritt, kann eine künstlerisch gestaltete Säule bewundern. An ihr finden sich zwei Sprüche, die vom christlichen Sinn seiner früheren Bewohner zeugen: „An Gottes Segen ist alles gelegen" und „Gott behüt dies Haus so lang, bis eine Schneck die Welt umgang, und ein Ameis dürst so sehr, dass er austrink das ganze Meer".

Dieses Haus sollte über ein Jahrhundert für die Geschicke der evangelischen Gemeinde der Stadt von größter Bedeutung werden. Hier hielt die protestantische Gemeindevertretung ihre Beratungen ab, wenn es galt, gehässige Angriffe der katholischen Bürgerpartei abzuwehren, hier wurde auch insgeheim das Evangelium gepredigt und das heilige Abendmahl gefeiert.

30. Kapitel
Die fürstbischöflichen Vereinbarungen mit Ansbach und Kitzingen vom Jahr 1672 und 1684

Die protestantische Bürgerschaft war durch eine aus ihren Reihen gebildete „Gemeindedeputation" dem Fürstbischof als ihrem „summus episcopus" gegenüber vertreten. Sie stritt für die Rechte ihrer Glaubensgenossen und ordnete alle kirchlichen und schulischen Angelegenheiten in Bezug auf Gottesdienst, Pfarrer und Lehrer. Der von ihr gewählte Pfarrer erhielt nach seiner Präsentation in Würzburg die fürstbischöfliche Bestätigung. Zunächst gestalteten sich die kirchlichen Verhältnisse nach den Grundsätzen des Gnadenvertrages. Dass er den Protestanten in steter Erinnerung blieb, dafür sorgte der katholische Rat der Stadt. Denn bei jeder Bürgerannahme eines Anhängers der „Augsburger Konfession" wurde er im Rathaus vorgelesen und jeder neue evangelische Bürger musste im Bürgereid anerkennen, dass er nur aus fürstbischöflicher Gnade zu einem Bürger in Kitzingen angenommen würde.

Bei dem steigenden Wohlstand nahm das Selbstbewusstsein der Evangelischen Gemeinde an dieser unwürdigen Bestimmung des Gnadenvertrages immer mehr Anstoß. Auch erinnerte man sich, wie unklar die rechtliche Begründung der Einlösung der Stadt seitens des Hochstifts im Jahr 1629 gewesen war. Darum brachte die Gemeindedeputation unter Johann Christoph Sander ihrem Fürstbischof Johann Philipp von Schönborn gegenüber die Überzeugung zum Ausdruck, dass der Gnadenvertrag keineswegs dauernde Grundlage ihrer Religionsverhältnisse bleiben könnte. Vielmehr müsste jede rechtliche Abmachung den Stand des Normaljahres 1624 den Evangelischen gegenüber berücksichtigen, wie er im Westfälischen Friedensvertrag verankert worden war. Unterstützt wurde der Standpunkt der Gemeindedeputation durch das Herrscherhaus Brandenburg-Ansbach, das ja die damalige Einlösung der Stadt ebenfalls als unrechtmäßig anfocht und darum bereitwillig die Klagen der Kitzinger Protestanten zu seiner eigenen Sache machte.

Um Ruhe vor den hartnäckigen Ansbacher Markgrafen zu bekommen, fand sich die fürstbischöfliche Regierung zu zwei Vergleichen bereit. Einmal zu einem Vergleich im Jahr 1672 bezüglich der Pfandsumme und zu einem weiteren Vergleich im Jahr 1684 bezüglich der Rechte der evangelischen Bürgerschaft in Kitzingen.

Im ersten Vergleich erhielt Markgraf Johann Friedrich zu der schon im Jahr 1629 erfolgten Rückzahlung von 39100 Goldgulden noch 40 000 Reichstaler und außerdem noch 3000 Dukaten „Diskretion für die Frau Gemahlin" mit der Bedingung, dass damit alle Ansprüche des Hauses Brandenburg-Ansbach auf Stadt und Amt Kitzingen abgegolten sein sollten. Dieser Vergleich wurde aber von der markgräflichen Regierung nur mit der ausdrücklichen Bedingung abgeschlossen, dass die Protestanten den Katholiken der Stadt gleichgestellt werden müssten.

Im März 1684 schloss Fürstbischof Konrad Wilhelm von Wernau mit dem Markgrafen Johann Friedrich einen zweiten Vergleich, dessen Original im Archiv des Dekanates Kitzingen aufbewahrt wird. Sein Inhalt lässt sich in drei Zugeständnissen des Fürstbischofs fassen. Einmal gestattete er den „Augsburger Religionsverwandten", dass sie die St. Marienkirche für ewige Zeiten ungehindert benützen dürften. Dann versprach der Vergleich, dass die Evangelischen in öffentlichen Angelegenheiten nicht „graviert", d.h. beschwert und in Ansehung der Religion nicht von Ehrenstellen und Amtsämtern der Stadt ausgeschlossen sein sollten, sondern den Katholiken in Rechten und Pflichten gleichgestellt würden. Endlich versprach der Fürstbischof noch, dass die Protestanten auf einem Platz in Etwashausen ein Pfarr- und ein Schulhaus bauen dürften, und dass die beiden Häuser für sie und ihre Nachkommen von allen Lasten, wie sie auch heißen möchten, befreit sein sollten.

Das war das feste Versprechen des Fürstbischofs Konrad von Wernau und des Domkapitels, eigenhändig unterschrieben und bekräftigt durch des Domkapitels Siegel!

Bald merkten die Protestanten, dass die fürstbischöfliche Regierung gar nicht ernstlich daran dachte, die nur notgedrungen zugestandenen Versprechungen zu erfüllen, vielmehr stillschweigend duldete, dass die gemachten Zugeständnisse von den gehässigen Stadtbeamten vereitelt wurden. Es war für die Gemeindedeputation auch sehr schwer, gegen ihren Landesherrn auf Wiederherstellung ihrer Rechte zu klagen, weil ja im Jahr 1629 alle ihre Akten und Dokumente, die sich auf die Besitz- und Rechtsverhältnisse der evangelischen Gemeinde bezogen, ins fürstbischöfliche Archiv nach Würzburg gebracht worden waren. Dieser Raub machte es der Evangelischen Gemeinde unmöglich, ihren Rechtsstandpunkt darzulegen. Auch die schriftlichen Bitten des Brandenburgischen Hauses, die Rechtsgrundlagen an die protestantische Bürgerschaft zurückzugeben, blieben vom Fürstbischof unbeantwortet. Kein Wunder, dass unter den evangelischen Bürgern eine gefährliche Gärung entstand.

31. Kapitel
Die schriftliche Aufstellung der Religionsbeschwerden
der Evangelischen Gemeinde

Zu Anfang des 18. Jahrhunderts war die Unruhe unter der evangelischen Bürgerschaft, die nahezu auf 2000 Seelen angewachsen war, auf den Siedepunkt gestiegen, zumal sie sich an Vermögen und Wohlstand den katholischen Bürgern überlegen fühlte. Auf heftiges Drängen seiner Glaubensgenossen schickte ihr Führer, diesmal Johann Daniel Sander, eine Schrift mit 39 Beschwerden an den Fürstbischof Johann Philipp von Greiffenklau, worin dieser gebeten wurde, die Zusagen der beiden Vergleiche von 1672 und 1684 zu erfüllen. Sie fühlten sich durch deren Nichterfüllung sehr „graviert". Sander schließt sein Bittgesuch mit den stolzen Worten: „Wir haben als eine Gnade erbeten, was uns von Rechts wegen zukommt. Wir haben untertänigst suppliziert um Sachen, die uns bereits von Kaiser und Reich zugesichert sind, aber leider vergebens".

Die vorgebrachten Beschwerden gliederte Sander in drei Gruppen. Zunächst klagte Johann Daniel Sander, dass man, trotzdem die „Augsburger Religionsverwandten" im Normaljahr 1624 freie Religionsausübung in Kitzingen besaßen, ihnen die St. Johanniskirche vorenthalte. Weiter beschwerte er sich über das Schicksal der ihnen zu Unrecht vorenthaltenen reichen Stiftungen. Trotzdem die Spitalstiftung von Beginn der Reformation an vergrößert und vermehrt worden war, werde sie von Katholiken verwaltet, die keinen evangelischen Bürger ins Spital aufnähmen. Auch die Lateinische Schulpflege, die Geistliche Pfründe- und die Sondersiechenstiftung, die im Jahr 1624 vom evangelischen Rat verwaltet wurde, kämen jetzt ganz den Katholiken zugute. Von der rein protestantischen Stipendienpflege aus der Reformationszeit, die besonders hohe Zinsen abwarf, erhielten die Protestanten lediglich eine jährliche Gabe von 150 Gulden für die Lehrerbesoldung.

Das widrigste Schicksal erleide jedoch die Reumann-Weyersche Stiftung, die von den Stiftern nur für evangelische Bürger unter ausdrücklicher Ausschließung katholischer Bürger errichtet worden war. Im Normaljahr befand sich der evangelische Rat im rechtlichen Genuss der Stiftungsgelder. Trotzdem der Stifter urkundlich bestimmt hatte, dass im Falle der Wiedereinlösung von Kitzingen die Stadt Schweinfurt oder die Stadt Mainbernheim der Rechtsnachfolger der Stiftungsgelder sein sollte, habe das Hochstift im Jahr 1629 die sehr beträchtliche Stiftung ganz an sich gerissen, da der Rat zu Schweinfurt damals sein Besitzrecht an der Stiftung gegenüber dem mächtigen Fürstbischof nicht geltend machen konnte.

Die zweite Reihe der Beschwerden betraf die Nichterfüllung des vom Hochstift anerkannten Vergleichs vom Jahr 1684, der den Augsburger Religionsverwandten Rechtsgleichheit mit ihren katholischen Mitbürgern in Rechten und Pflichten versprochen hatte. Jetzt seien aber trotz der immer stärker anwachsenden evangelischen Bürgerschaft zwei Drittel des Rates (16) katholische, von denen alle mit einem Ratsamt bedacht seien, und nur ein Drittel (8) lutherische Ratsherren, von den nur drei ein Ratsamt besäßen. Auch könne kein Evangelischer zum Oberbürgermeister ernannt werden, und alle Stadtämter vom Stadtknecht bis zum Stadtvogt seien nur mit Katholiken besetzt. Weiter klagte die Bittschrift darüber, dass den Evangelischen trotz vorhandenen Vermögens die Erlangung des Bürgerrechts sehr erschwert würde, während Katholiken auch ohne das vorgeschriebene Vermögen das Bürgerrecht erhielten. Ferner erhielten protestantische Geistliche und Lehrer aus Stadtmitteln keine Besoldung; wie sie auch ihre Schulgebäude aus eigenen Mitteln unterhalten müssten, während die Lehrer der katholischen Schule aus der allgemeinen Stadtkasse unterhalten würden, wozu doch auch die protestantischen Mitbürger beisteuerten.

Die dritte Reihe der Beschwerden betraf die Missstände in den Glaubenseinrichtungen, die für die Evangelische Gemeinde ein besonders schweres Ärgernis darstellten. So dürfte sie trotz des Gnadenvertrages vom Jahr 1650 ihre Pfarrer nicht wählen. Während der evangelische Pfarrer niemand, der zum katholischen Glauben übertreten wolle, hindern dürfe, wäre es dem katholischen Stadtpfarrer erlaubt, kirchliche Akte in gemischten Ehen vorzunehmen und uneheliche Kinder evangelischer Mütter zu taufen. Wenn ein evangelischer Bürger eine gemischte Ehe eingehe, so würde die kirchliche Einsegnung dieser Ehe so lange hinausgeschoben, bis der andersgläubige Teil die katholische Religion annähme und die katholische Taufe und Erziehung der Kinder zusicherte. An ihrem höchsten Feiertag, dem Karfreitag, dürften die Protestanten keine Glocken läuten lassen, müssten aber die katholischen Feiertage mitfeiern. Gegen die Gewissensfreiheit wäre es auch, den Protestanten zuzumuten, bei Prozessionen vor dem Allerheiligsten niederzuknien und ihm Verehrung zu erweisen.

Die Gemeindedeputation bat ferner um Abstellung folgender Ärgernisse in den Dingen des Glaubens: dass ein katholischer Ratsherr dem lutherischen Gottesdienst beiwohne, um sich davon zu überzeugen, dass der katholische Glaube nicht geschmäht werde, ferner dass von drei Hebammen nicht eine einzige der evangelischen Konfession angehöre, dass evangelischen Pfarrern verboten sei, Soldaten oder Gefangene ihrer Religion im Krankenhaus oder Gefängnis zu besuchen und ihnen das Hl. Abendmahl zu reichen, dass den Handwerkern untersagt sei, in protestantischen Wirtshäusern Herbergen zu halten, dass kein Evangelischer die Notars- oder Arztpraxis ausüben dürfe und dass endlich die den Evangelischen im Jahr 1629 abgenommenen Akten und Dokumente immer noch nicht zurückgegeben seien.

Zum ersten Mal machte die Beschwerdeschrift der fürstbischöflichen Regierung deutlich, wie empört die evangelische Bürgerschaft über die langjährige Diffamierung ihrer kirchlichen Angelegenheiten war. Dieser Zündstoff größten Unrechtes musste zu ständigen Reibungen führen und das Zusammenleben der beiden Religionsparteien in der Kleinstadt vergiften. Wie groß war aber die Niedergeschlagenheit der evangelischen Bürgerschaft, als auch diesmal die vorgebrachten und berechtigten Religionsbeschwerden von der fürstbischöflichen Regierung mit kränkendem Stillschweigen übergangen wurden!

32. Kapitel
Der Hilferuf der evangelischen Gemeinde an das „Corpus Evangelicorum" in Regensburg

Nach der Ablehnung der Beschwerden der Evangelischen Gemeinde durch den Fürstbischof sah sich nun Johann Daniel Sander genötigt, um die kirchliche und rechtliche Lage seiner Glaubensgenossen zu bessern, sich an die Öffentlichkeit zu wenden.

Er zeigte die Beschwerden der protestantischen Bürgerschaft bei der brandenburgisch-markgräflichen Regierung an, die ja die beiden Verträge vom Jahr 1672 und 1684 garantiert hatte. Das Oberhaupt des brandenburgischen Hauses, König Friedrich Wilhelm I. von Preußen, nahm sich der Sache der Kitzinger Gemeindedeputation an und leitete ihre Religionsbeschwerden an das „Corpus Evangelicorum" beim Regensburger Reichstag. Seit dem Jahr 1684 traten die Reichsstände zur Schlichtung der zahlreichen Religionsstreitigkeiten, die Reformation und Gegenreformation mit sich gebracht hatten, in zwei Körperschaften zusammen, im „Corpus Katholicorum" und im „Corpus Evangellicorum". Dem „Corpus Evangelicorum" wurde eine anonyme Schrift übergeben mit dem Titel „Allerhand zum Teil nicht bekannte, jedoch in der Öffentlichkeit leicht zu erforschende Religionsbedrängungen, so den Evangelischen zu Kitzingen von dem katholischen Klero daselbst zugefügt werden".

Wenn auch das Hochstift Würzburg vom „Corpus Evangelicorum" nichts zu befürchten hatte und die ganze Angelegenheit im Sand verlief, so war es doch Klugheit des neuen Fürstbischofs Franz von Schönborn, bei der einmal gegebenen konfessionellen Lage zu versuchen, die lutherischen „Ketzer" in Kitzingen durch kleine kirchliche Zugeständnisse zu besänftigen, auch um den wirtschaftlichen Wohlstand seiner Stadt nicht zu gefährden.

Schon bei seinem Regierungsantritt im Jahr 1719 hatte er der Gemeindedeputation die Erlaubnis zum Bau eines Pfarr- und Schulhauses in der Stadt selbst gegeben mit dem Versprechen, dass dieses Gebäude für alle Zeiten von aller Schätzung und allen bürgerlichen Lasten befreit sein sollte. Auf diese fürstbischöfliche Zusage hin - die dritte Stufe ihres Aufstiegs - konnten die Protestanten nun in der Stadt selbst Fuß fassen. Johann Daniel Sander dankte seinem Landesherrn für den Bauplatz, sammelte die nötigen Geldmittel bei seinen Glaubensgenossen und konnte schon im Jahr 1722 mit den Bauarbeiten beginnen. Das im Jahr 1714 neben der jetzigen Kreuzkapelle für den evangelischen Pfarrer erworbene Haus konnte er wieder verkaufen.

Auf dem geschenkten Bauplatz stehen die drei zweistöckigen Pfarrhäuser von heute, die den Beschauer durch ihre schöne Barockfassade überraschen. Sie stehen in der jetzigen Luitpoldstraße auf den Überresten der uralten Stadtmauer und des Stadtgrabens aus dem 13. Jahrhundert. In diesen Gebäuden hatten der 1. und 2. Pfarrer, der Organist und der Kirchendiener ihre Wohnung. Außerdem waren auch zwei protestantische Schulen samt den Lehrerwohnungen darin untergebracht.

Im gleichen Jahr ließ der Fürstbischof durch den Rat der Stadt der Gemeindedeputation auch einige Gnadenbeweise zukommen. Künftighin sollten uneheliche Kinder evangelischer Mütter evangelisch getauft werden. Die Hebammen sollten künftig von beiden Religionsparteien gestellt, auch sollte das einträgliche Amt eines Weinküfers nunmehr gleichmäßig von einem katholischen und protestantischen Ratsherrn ausgeübt werden. Aus der Reumann-Weyerschen Stiftung sollten die Protestanten statt 55 Gulden nun 80 Gulden erhalten. Wenn damit zwar einige der vielen Quellen der Erbitterung beseitigt wurden, blieben doch die wichtigsten Streitpunkte weiter bestehen: Gleichberechtigung im kirchlichen und politischen Leben und Rückgabe der protestantischen Stiftungen.

Als Johann Daniel Sander, der zweite Vertreter der Familie Sander im unerschrockenen Kampf gegen die Zurücksetzung der evangelischen Bürgerschaft, im Jahr 1731 starb, bedeutete es für ihn eine nachträgliche Ehrung durch die gesamte Stadt, unbeschadet der Glaubensverschiedenheit, dass bei seiner Beisetzung in der Sandergruft in der ersten Abteilung des Friedhofs - die Sandergruft ist im Bombenhagel des 23. Februar 1945 verschwunden - nicht nur die Glocken der St. Marienkirche erklangen, sondern auch das große Geläute der St. Johannis- und der Nonnenkirche.

Die Pfarrhäuser, Luitpoldstraße 7-11, erbaut 1722, bis 1834 auch evang. Lateinschule

Diese Ehrung galt aber weniger dem Protestanten Sander als dem Weinhändler, der mit seinen großen Einnahmen dem Rat der Stadt in manchen Notzeiten geholfen hatte.

So vorbildlich sein Christentum in seinem persönlichen, kirchlichen und politischen Leben vor aller Augen lag, so vorbildlich war auch sein Geschäftsgebaren. Er hoffte, dass nach seinem Tode „alle diejenigen, mit denen er sowohl im Einkauf wie im Verkauf umgegangen war, keine Klage gegen ihn haben würden", denn

„Wer immer kargt und spart und nur den Mammon liebt,
ist niemals recht vergnügt und allemal betrübt.
Bringt vieles auch an sich und ist doch immer arm
und in dem Christentum auch weder kalt noch warm.
Wird äußerlich geehrt und innerlich gehasst
und hat bei großem Gut gar keine Ruh noch Rast.
Hat Kist und Kasten voll, wovon er wenig zehrt,
und nimmt doch nichts mit sich, wenn er von hinnen fährt.
Wer also kauft und auch verkauft, dass kein Betrug
mit unterlauft, ob der Gewinn ist noch so klein,
wird doch von Gott gesegnet sein."

Für Sanders ernste Berufsauffassung als Weinhändler zeugt sein Wahlspruch, der für die Weinstadt Kitzingen Vorbild sein kann. Er kleidete ihn in die folgenden Verszeilen:

„Ach du edler Rebensaft mit deinen edlen Gaben!
Du solltest nach Bacchus Recht vier Religionen haben!
Katholisch sollst du sein mit deinen guten Werken
und nach der Tugend Kraft beweisen deine Stärken!
Auch lutherisch sollst du sein, fein lauter in dem Glase!
Calvinistisch sollst du sein aus einem kühlen Fasse!
Auch jüdisch sollst du sein und bleiben ungetaufet!
Das ist der beste Wein, darin kein Wasser laufet!"

33. Kapitel
Das „Tübinger Gutachten" von 1751/52

Dreißig Jahre später musste die evangelische Bürgerschaft, in konfessionellen Dingen von den Katholiken hart bedrängt, neue Klagen bei ihrem Landesherrn in Würzburg vorbringen. Unverrückbar stand vor ihr das Ziel: die Konfessions- und Rechtsgleichheit im Rat der Stadt zu erlangen und in den Besitz der ihnen rechtlich zustehenden Reumann-Weyerschen Stiftung und der Stipendienstiftung, beide aus der Reformationszeit stammend, zu kommen. Aber Fürstbischof Friedrich Karl von Schönborn wies im Jahr 1744 ihre Ansprüche erneut als unberechtigt zurück.

Anlässlich des Regierungsantrittes des neuen Fürstbischofs Karl Philipp von Greiffenklau machte die Gemeindedeputation einen nochmaligen Vorstoß zur Abstellung ihrer beiden Hauptbeschwerden und erinnerte an die Nichteinhaltung der früheren fürstbischöflichen Versprechungen. Noch immer seien sie von allen Stiftungen ausgeschlossen, noch immer gäbe es keine Konfessionsgleichheit im Rat der Stadt, denn den 16 katholischen stünden nur 8 evangelische Räte gegenüber. Weiter forderten sie, dass sie vom Gründonnerstag an bis zum Ostersamstagabend ihre Glocken läuten, dass ihre Pfarrer ihre seelsorgerische Tätigkeit auch an Reisenden und in gemischten Ehen ausüben dürften, und dass sie das „Venerabile", d.h. die geweihte Hostie, bei Prozessionen nicht durch Niederknien grüßen müssten, sondern sich mit Abnehmen der Kopfbedeckung begnügen dürften. Gerade der Prozessionsstreit, der erst im Jahr 1845 im katholischen Bayern zur Befriedigung der evangelischen Bevölkerung beendet wurde, zeigt deutlich, mit welcher Hartnäckigkeit die katholischen Mitbürger an ihren angeblichen Vorrechten gegenüber Andersgläubigen festhielten. Die Beschwerdeführer schlössen ihre Eingabe mit der Bitte, der Fürstbischof möge nicht länger mehr zusehen, dass seine getreuen Untertanen evangelischer Konfession so sehr gedrückt werden. Sie könnten es nicht länger mehr vor ihren Nachkommen verantworten, wenn sie zu dergleichen Bedrängnissen stille schweigen. Auf diese inständigen Bitten hin hielt es die fürstbischöfliche Regierung wiederum nicht für nötig, eine Antwort zu geben.

Dieser nochmalige vergebliche Versuch zur Abwehr ihrer Glaubensbedrängnisse erweckte in den Führern der evangelischen Bürgerschaft neue Impulse. Im Vertrauen auf ihre gerechte Sache schlugen sie nunmehr einen neuen Weg ein. Die drei Ratsherren Johann Reichard Sander - der dritte Vertreter aus dem Geschlecht der Sander - Herbst und Wagner verfassten zur Stützung ihrer Ansprüche eine Denkschrift. Darin schilderten sie die verworrene Vorgeschichte der Kitzinger Pfandeinlösung und suchten als deren Mittelpunkt zu beweisen, dass Würzburg nur fünf Achtel der Stadt verpfändet, der Markgraf dagegen schon drei Achtel der Stadt besessen habe, dass also die Stadt im Jahr 1624 nicht ausschließlich zum Hochstift gehört habe. Darum müssten die damaligen Rechte der evangelischen Bürgerschaft nicht nur vom Ansbacher Pfandinhaber, sondern auch vom eigentlichen Pfandherrn in Würzburg anerkannt werden und Rechtskraft erhalten.

Diese Denkschrift sandten sie im Jahr 1751 an die juristische Fakultät der Universität in Tübingen und baten um gnädigen Bescheid, ob § 31 vor § 27 des Artikels V des Westfälischen Friedensvertrages für die Kitzinger Protestanten gelte. Zu ihrer großen Freude teilte ihnen die juristische Fakultät der Universität Tübingen mit, dass § 31 den Vorrang vor § 27 besitze. (Vgl. Kap. 27, Seite 58.)

Im Februar 1752 sandten sie ihre Denkschrift mit dem von der Tübinger Universität ausgestellten Gutachten an die fürstbischöfliche Hofkammer. In der Begleitschrift bekannten die protestantischen Führer, sie hätten sich bemüht, ein unparteiliches rechtliches Gutachten darüber einzuholen, ob § 31 des Artikels V des Friedensvertrages vom Jahr 1648 für die kirchlichen Verhältnisse Kitzingens maßgebend sei, nach welchem die Rechts- und Besitzverhältnisse des Normaljahres 1624 für ihre Konfession sprechen. Um die Unparteilichkeit zu wahren, hätten sie sich gerade an diese Universität gewandt, weil sie unter einem katholischen Landesherrn stünde.

Nun sei die Antwort der juristischen Fakultät zugunsten des § 31 ausgefallen. Darum bäten sie nochmals um gerechte Entscheidung ihrer eingereichten Beschwerden, insbesondere aber um die Parität im Rat der Stadt und in der Besetzung aller Ratsämter. Das Schreiben war unterschrieben von den evangelischen Ratsherren, 44 Bürgern und Johann Reichard Sander. Als Führer der Deputation ließ er das politisch bedeutsame „Tübinger Rechtsgutachten" in Druck erscheinen und überallhin verbreiten. Sein Titel lautete: „Abdruck zweier Responsorium Juris - Antworten - der Juristenfakultät zu Tübingen de anno 1751, das Religionswesen der Stadt Kitzingen betreffend".

Fürstbischof Philipp Karl von Greiffenklau war über die gespannte Entwicklung der Kitzinger Religionsstreitigkeiten mehr als bestürzt. Machte doch diese Anklageschrift seiner Regierung im Zeitalter der anbrechenden Toleranz in aller Öffentlichkeit den Vorwurf eines Justizirrtums! Er schickte umgehend eine Rätekommission nach Kitzingen. Die fürstbischöflichen Räte beriefen die evangelische Bürgerschaft auf das Rathaus und suchten sie von den großen Hauptanliegen ihrer Anklageschrift abzubringen. Aber sie mussten erkennen, dass alle evangelischen Bürger geschlossen hinter ihren Führern standen und sich nicht mehr durch kleine Zugeständnisse beruhigen lassen wollten. Vielmehr forderten sie von ihnen bedingungslos die von Würzburg wiederholt zugesagte Parität im Rat und in den Ämtern sowie im Wechsel den Oberbürgermeistersitz. Aber diese Forderung war für die fürstbischöfliche Regierung angesichts des schon zahlenmäßig bestehenden Übergewichts des evangelischen Volksteils einfach unannehmbar. Es kam wiederum wie schon im Jahr 1699 zu keiner Entscheidung über die Abstellung der evangelischen Beschwerden, und die Fronten der Anhänger des neuen und des alten Glaubens blieben weiterhin verhärtet. Ein neuerlicher Regierungswechsel in Würzburg, der drohende Ausbruch des Siebenjährigen Krieges, in dem das Fürstbistum auf Seite des katholischen Kaiserhauses mitkämpfte und darum zeitweise von den nach Süddeutschland vordringenden preußischen Truppen besetzt wurde, und nicht zuletzt der bevorstehende Kirchenbau der evangelischen Gemeinde in Etwashausen sorgten dafür, dass der Tübinger Rechtsstreit mehr und mehr in den Hintergrund trat und die Lösung der Religionsbeschwerden neuerdings der Zukunft überlassen werden musste.

34. Kapitel
Der erste evangelische Kirchenbau in der Vorstadt Etwashausen
im Jahr 1754

Ein Jahrhundert lang benützten die Protestanten der Stadt gemeinsam mit den katholischen Mitbürgern die alte St. Marienkirche in Etwashausen aus dem Baujahr 1474. Nun sollte das Jahr 1754 der evangelischen Gemeinde Erfüllung ihres sehnlichsten Wunsches bringen, ein eigenes Gotteshaus zu besitzen, wenn auch in der Vorstadt Etwashausen. Dass dieser Kirchenbau trotz aller Schwierigkeiten verwirklicht wurde, verdankte die evangelische Bürgerschaft der Tatkraft Johann Reichard Sanders.

Der Kirchenbau hat folgende Vorgeschichte. Die gemeinsam mit den Katholiken benutzte St. Marienkirche war so baufällig geworden, dass Sander an den Bau eines neuen Gotteshauses in der Altstadt dachte. Doch seine Bitte um einen geeigneten Bauplatz dort wurde abgelehnt. Wiederum lehnten die Protestanten den Vorschlag der fürstbischöflichen Regierung ab, die gemeinsame Kirche auf ihre alleinigen Kosten ausbessern zu lassen. Nur wenn ihnen die Kirche zum alleinigen Gebrauch überlassen werde, würden sie mit Hilfe einer namhaften Kollekte bei ihren Glaubensgenossen die Baukosten eines Kirchenneubaues bestreiten können.

Im Herbst 1740 erklärte sich der baufreudige Fürstbischof Friedrich Karl von Schönborn bereit, den Etwashäuser Katholiken durch seinen Hofbaumeister Balthasar Neumann eine Kapelle zu bauen. Nach deren Fertigstellung erhielten die Protestanten die bisherige Simultankirche zum alleinigen Gebrauch, aber in einem sehr baufälligen Zustand. Während des Gottesdienstes am Neujahrstag 1741, dem auch Johann Reichard Sander beiwohnte, entstand „ein großer Alarm" unter der Gemeinde, da das Dachwerk einzustürzen drohte. Nun beschloss man, die Kirche nicht mehr auszubessern, sondern ein größeres Gotteshaus zu bauen.

Der evangelischen Gemeinde, die noch vom Pfarrhausneubau eine große Schuldenlast zu tragen hatte und zudem ihre Geistlichen und Schullehrer aus eigenen Mitteln unterhalten musste, fiel es recht schwer, aus eigener Finanzkraft den Kirchenbau zu bewerkstelligen. Mit Erlaubnis ihres Herrn durften sie im Fürstbistum Würzburg und Bamberg eine Geldsammlung vornehmen. Dazu brachten die evangelischen Bürger 6356 Gulden zusammen. Von den reichen Weinhändlern wurden für die von einem Rothenburger Orgelmacher gefertigte Orgel, für Altar und Kanzel nochmals 6176 Gulden gestiftet; außerdem wurden von Bürgerkindern 73 und von Dienstboten 43 Gulden gespendet. Weinhändler Johann Christoph Busch stiftete zwei silberne Leuchter im Wert von 300 Gulden und eine Frau Böttger ein silbernes Kruzifix im Wert von 140 Gulden. Diese drei kirchlichen Schmuckstücke gesellten sich zu der Abendmahlskanne, die schon im Jahr 1687 drei Familien aus der Gemeinde für den gottesdienstlichen Gebrauch gestiftet hatten.

Aber diese Summen reichten bei weitem nicht aus. Da förderte der damalige rührige Stadtpfarrer Johann Friedrich Hobbhan die Kirchenbaufinanzierung durch persönliche Kollektenreisen. Früher württembergischer Professor, wirkte er seit dem Jahr 1740 nach den fünf Nachfolgern von Pfarrer Johann Clajus:

16) Johann Konrad Wolffahrt von 1656 bis 1666, aus Wittelshofen, vorher Diakonus in Mainbernheim und Kitzingen
17) Johann Siegmund Esser von 1667 bis 1687, aus Nürnberg, vorher elf Jahre Adjunkt in Kitzingen
18) Johann Nikolaus Pistorius von 1688 bis 1711, aus Coburg, vorher Pfarrer in Ulistadt und zwanzig Jahre Adjunkt in Kitzingen
19) Christian Will von 1711 bis 1726, aus Segnitz, vorher Adjunkt in Kitzingen
20) Christoph Rudolph von 1726 bis 1739, aus Kitzingen
als 21. evangelischer Pfarrer in Kitzingen. Er verschickte Tausende von Bittge-suchen an vermögende Gönner und erwirkte sogar in einer Bittschrift an das „Corpus Evangelicorum" in Regensburg im Jahr 1743 eine Kollekte für das gan-ze evangelische Deutschland.

Darin heißt es: „Es haben sowohl unsere Voreltern wie auch wir nach einer eigen-tümlichen Kirche geseufzt. Nun hat der Fürstbischof von Würzburg uns die alte Kirche überlassen, und wir müssen aus eigenen Mitteln die Kirche in einen für den Gottes-dienst brauchbaren Zustand bringen. Aber die Mittel reichen nicht, und wir müssen Hilfe bei unseren auswärtigen Glaubensgenossen suchen. Wir bitten das „Corpus Evangelicorum", da unsere Eingabe die Beförderung der Ehre Gottes und die Fort-pflanzung der evangelischen Lehre auf die Nachkommen zum alleinigen Zweck hat, um das Recht, eine Kollekte bei allen evangelischen Reichsständen vornehmen zu dürfen".

Wie das Verzeichnis der Kollektengelder zeigt, brachten sie ein sehr gutes Er-gebnis. Wir finden sie in einem Büchlein, das man im Jahr 1754 in den Turmknopf der Kirche gelegt hatte und das bei der Niederlegung des Turmes. im Jahr 1817 aufge-funden wurde. In seinem Vorwort heißt es: „Im Namen des Herrn! Damit unsere Nachkommen auch ersehen können, auch was wir sowohl von Höchsten und Hohen Herrschaften und anderen fremden Privatpersonen, als auch von der hiesigen evan-gelischen Bürgerschaft gesammelt haben, ist gegenwärtiges Büchlein zur künftigen Nachricht in den Knopf geleget worden. So geschehen Kitzingen, den 22. September 1758".

Die Aufstellung der Kollektengelder bei den evangelischen Reichsständen ergab in den Jahren 1743 bis 1745 das hohe Ergebnis von über 10 000 Gulden, mit der großen Gabensumme der Bürgerschaft also 24 000 Gulden. An größeren Gaben beteiligten sich: Die Reichsstadt Frankfurt mit 846, die Hansestädte Hamburg, Lübeck und Bremen mit 742, 155, 150, Land Niedersachsen mit 681, Land Württemberg mit 550, Land Nassau-Oranien mit 300, die Städte Coburg und Erfurt mit 180 Gulden. In Süddeutschland folgen die Reichsstädte Nürnberg, Regensburg und Augsburg mit 807, 238, 189, die Grafschaft Öttingen mit 330 und die mit der Stadt Kitzingen durch zwei Jahrhunderte verbundene Markgrafschaft Ansbach-Bayreuth mit der hohen

Summe von 1733 Gulden. Außerdem liefen noch Spenden von vielen evangelischen Städten und Adelsfamilien Süddeutschlands für den Etwashäuser Kirchenbau ein.

Im Jahr 1745 wurde die Kreuzkapelle von Balthasar Neumann vollendet und am 17. Oktober — Richtdatum für die Etwashäuser Kirchweih — vom Fürstbischof Friedrich Karl von Schönborn eingeweiht. Da sich der Neubau der evangelischen Kirche verzögerte, bat der Gemeindeausschuss der evangelischen Bürger ihren Landesherrn, die Kreuzkapelle mitbenützen zu dürfen. Der Fürstbischof lehnte diese Bitte ab und stellte dafür den Evangelischen das alte Leidenhofgebäude als gottesdienstliche Stätte zur Verfügung. Das war eine starke Zumutung für die evangelische Gemeinde, da dieser Ort seit dem 9. Juni 1525 in Verruf stand und sich auch räumlich nicht für eine würdige Gottesdienstfeier eignete. Auf die energischen Vorstellungen Johann Reichards Sanders erhielt nun die evangelische Gemeinde den mittleren Rathaussaal im ersten Stock, den man sich damals ohne Zimmereinbauten denken muss, für ein Jahrzehnt als evangelische Gottesdienststätte eingeräumt.

In den Jahren 1748 bis 1754 entstand nach den Plänen Balthasar Neumanns östlich von der Kreuzkapelle das evangelische Gotteshaus, aus dessen Westfassade der Glockenturm herauswuchs. Gekrönt wurde er von einem Posaunenengel, der gleich dem Erzengel Michael, dem Patron der Kirche, das Evangelium ins fränkische Land tragen sollte. Im Turm hingen vier Glocken. Die größte Glocke im Gewicht von 29 Zentner und 1,4 m Höhe trug die Inschrift: „Zu Gottes Ehr hat mich Johann Christoph Busch, Bürger und Weinhändler dahier, zu Zeit auch evangelischer Kirchenpfleger, und Apollonia, eine geborene Biebelriletherin, dessen eheliche Hausfrau, auf eigene Kosten gießen lassen. Anno 1754". Die zweite Glocke im Gewicht von 15,5 Zentnern trug die Inschrift: „Johann Adam Roth goss mich mit meinen Mitkonsonanten (den mitklingenden anderen Glocken) zu Würzburg anno 1754". Die kleinere dritte Glocke mit 9,5 Zentnern Gewicht wurde von 5 Familien der evangelischen Gemeinde gestiftet. Die kleinste Glocke im Gewicht von 5,5 Zentnern wurde aus der Baukasse bezahlt. Als der katholische Stadtvogt das prächtige Geläute der vier Glocken rügte, erhielt er von der fürstbischöflichen Regierung die Antwort: „Nachdem das öffentliche exerzitium religionis (Ausübung der Religion) auch den Gebrauch der Glocken gestattet, kommt es nicht darauf an, ob zwei, drei oder vier Glocken läuten. Den Katholiken steht es frei, auch mehr und größere Glocken anzuschaffen!"

Am Michaelistag, den 29. September 1754, fand die feierliche Kirchenweihe statt, übergroß war die Freude aller Evangelischen, nunmehr aller konfessionellen Missgunst zum Trotz ein eigenes Gotteshaus zu besitzen. Einmütiges Zusammenstehen und werktätige Liebe waren die geheimen Baumeister der neuen Kirche. Der erste evangelische Gottesdienst im eigenen Gotteshaus nach 125 Jahren verlief besonders festlich. Lassen wir den Chronisten Johann Reichard Sander, dem das Hauptverdienst am Kirchenbau gebührt, sprechen:

Evang. St. Michaels-Kirche in Etwashausen (Balthasar-Neumann-Straße),
erbaut nach Plänen Balthasar Neumanns 1748 – 1754,
bis 1817 evangelische Kirche, jetzt zu Wohnhäusern umgebaut.

„Nachdem bereits am Tag zuvor die Feier eingeläutet war, rief am Sonntag, dem 29. September 1754, früh um sieben Uhr der Ton der Glocken die Evangelischen vor dem neuen Gotteshaus zusammen. Unter Glockengeläut begab sich die Gemeinde um acht Uhr in die Kirche und erwartete die Schuljugend, die in stillem, feierlichem Zug über die Brücke von der Stadt her herüberkam. Die beiden Geistlichen und die vielen aus der Umgebung herbeigeeilten Pfarrer nahmen am Altar Aufstellung. Hierauf sang die Gemeinde das Lied: »Gloria in exelsis Deo". Der Pfarradjunkt verlas einige Verse aus dem 83. Psalm. Nun hielt Pfarrer Hobbhan eine zweistündige Festpredigt über das 2. Buch der Chronik, Vers 7 mit 16. Unter großer Bewegung aller Kirchenbesucher zeichnete er den Schmerzensweg der Protestanten von jenem unheilvollen Jahr 1629 an durch die andauernden konfessionellen Zerwürfnisse bis zur Errichtung eines eigenen Pfarr- und Schulhauses im Jahr 1722 und der Einweihung ihres jetzigen Gotteshauses. Nach der Fürbitte für Fürstbischof und Domkapitel, Bürgermeister, Rat und die gesamte Bürgerschaft folgte die Weiherede, und mit Gesang und Segenserteilung schloss die denkwürdige Feier".

In der neuen Kirche saß der Kirchenpfleger Johann Reichard Sander beim regelmäßigen Gottesdienst, bei Taufen, Hochzeiten und Leichenfeiern in Familie und Verwandtschaft und freute sich des Erfolges seiner Gemeinde. Bedeutete der Kirchenbau auch die vierte Stufe des Aufstieges der Kitzinger Protestanten, so diente er ihnen doch nur 63 Jahre als gottesdienstliche Stätte. Ein noch größeres Gotteshaus und zwar in der Stadt selbst sollte ihnen als Lohn des Himmels für ihr allzeit getreues Ausharren in aussichtsloser Bedrängnis und Trübsal zufallen, und Reichards Sohn, Lorenz Heinrich Sander, durfte dessen Zeuge sein.

35. Kapitel
Die Religionsstreitigkeiten während der letzten Jahrzehnte der fürstbischöflichen Regierung

Nach dem Ende des Siebenjährigen Krieges unternahm die evangelische Gemeinde einen neuen Vorstoß zur Besserung ihrer rechtlichen Lage. Kirchenpfleger Johann Reichard Sander schrieb im Jahr 1764 an den neuen Fürstbischof Adam Friedrich von Seinsheim, es sei eine offenbare Beugung des Rechts, dass die evangelischen Glaubensgenossen immer noch nicht ihre Stiftungen und die konfessionelle Gleichberechtigung im Rat und in den Stadtämtern besäßen und auch keinen Schutz gegen das anmaßende Verhalten der katholischen Geistlichen und Beamten der Stadt fänden. Da nun die fürstbischöfliche Regierung immer den Einwand gebracht hätte, dass die Beschwerden nicht von der gesamten evangelischen Gemeinde, sondern nur von einigen unruhigen Beschwerdeführern ausgingen, wurde diesmal die Bittschrift von allen 309 protestantischen Bürgern unterschrieben und damit bestätigt, dass alle Forderungen der Gemeindedeputation auch von ihnen gebilligt würden.

Ein neuer Übergriff der katholischen Geistlichkeit brachte die evangelische Bürgerschaft zur höchsten Erbitterung. Ein evangelischer Einwohner, der kurze Zeit auswärts weilte, und nach seiner Rückkehr in Kitzingen starb, durfte als „Fremder" nur von einem katholischen Priester beerdigt werden. Über diese unchristliche und widerrechtliche Maßnahme beschwerte sich der Gemeindeausschuss wiederum im Dezember 1765 bei der geistlichen Hofkammer in Würzburg. Deutlich ließ er dabei eine Warnung durchblicken, sowohl ihre Glaubensgenossen im Reich wie das Haus Brandenburg würden ihre Hilfe nicht versagen, damit der evangelische Bürgerteil in Kitzingen endlich zu seinen ihm durch den Westfälischen Friedensvertrag gemäß § 31 im Artikel V zukommenden Rechten käme.

Als der Fürstbischof die Beschwerde wiederum nicht beantwortete, äußerten sich die Führer der Protestanten, höchst aufgebracht über diese Unbill der Nichtachtung, die man dem zahlenmäßig überwiegenden Teil der Kitzinger Bürgerschaft zuzufügen wagte, im Dezember 1766 mit größter Empörung: „Da unwidersprechlichermaßen hier in Kitzingen die religiöse „Dominanz" (Die vorherrschende Religion) die evangelische sein soll und muss, mithin die neuerlich erst eingeführte katholische Religion unmöglich die unsrige verdrängen kann, bitten wir nochmals um Abstellung unserer Beschwerden".

Zur Herstellung des bürgerlichen Friedens wäre nur der Rat mit je zwölf katholischen und evangelischen Ratsherrn zu besetzen. Auch der Landesherr hätte gern die leidigen Religionsbeschwerden, zumal diese überall im Reich von sich reden machten, aus der Welt geschafft. Aber die katholische Religionskommission setzte allen Bemühungen um einen gerechten Ausgleich größten Widerstand entgegen. Sie erschien im Jahr 1770 in Kitzingen, lud die 309 protestantischen Bürger auf das Rathaus und erklärte ihnen, dass ihre Beschwerden niemals nach dem Tübinger Gutachten, sondern allein nach § 27 des Artikels V des Friedensvertrages, dem Gnadenvertrag von 1650 und den beiden Vergleichen von 1672 und 1684 behandelt würden. Ihr Fürstbischof gebe ihnen aber aus „angestammter Untertanenliebe" neue Gnadenbeweise, nämlich größeren Anteil an der Reumann-Weyerschen Stiftung, Zulassung evangelischer Notare und freie Wahl ihrer Pfarrer. Von dem Hauptpunkt „Parität im Rat" war jedoch wieder keine Rede. Mit diesen geringen Zugeständnissen erfuhren auch diesmal die Religionsbeschwerden der protestantischen Bürgerschaft eine Verschleppung.

Im Jahr 1773 kam die Kunde von dem Religionserlass des toleranten Kaisers Joseph II. aus Wien nach Kitzingen. Der Erlass sagte allen denen, die sich in Religionssachen bedrückt fühlten, Hilfe zu. Hoffnungsvoll wandte sich Johann Reichard Sander nochmals an die evangelischen Reichsstände beim Reichstag in Regensburg. Doch zu seiner großen Enttäuschung musste Sander nach zwei Jahren erfahren, dass das „Corpus Evangelicorum" es ablehnte, einen seit fast 150 Jahren bestehenden Rechtszustand auf Grund überalterter Akten umzustoßen, und vielmehr riet, sich nach eigenem Ermessen an ein höchstes Reichsgericht zu wenden.

Alle heißen Bemühungen der Gemeindedeputation unter ihrem Führer Sander, den „Gnadenvertrag" von 1650 mit dem § 31 des Friedensvertrages von 1648 zu überwinden, waren gescheitert. Zu schwach, um den immerwährenden Beschwerdekrieg weiter zu führen, und zu stolz, die Gnade ihres hartnäckigen Landesfürsten anzurufen, gaben die Führer der Gemeindedeputation den Kampf um die Gleichberechtigung ihrer Glaubensgenossen auf. Sie zogen sich, solange die fürstbischöfliche Regierung noch dauerte, vom öffentlichen Leben zurück. Die Zerrissenheit in den Glaubenssachen und der daraus wuchernde Neid und Hass der katholischen Mitbürger hatten alle mitmenschlichen Bindungen vergiftet. Es war ein Akt widerchristlicher Unterdrückung, dass der Landesherr noch nach 150 Jahren nach veralteten Rechtsgrundsätzen der Jahre 1443 und 1648 verfuhr, ohne zu bedenken, dass der protestantische Bürgerteil zu seiner wirtschaftlichen Überlegenheit im Laufe des 18. Jahrhundert auch noch das zahlenmäßige Übergewicht über seine katholischen Mitbürger erhielt.

Ihre Gegner freuten sich. Aber sie ahnten nicht, dass der Hass, den sie gesät hatten, für ihre Nachkommen im kirchlichen wie im gemeindlichen Leben bitter aufgehen würde. Schon kündigten sich die politischen Stürme der französischen Revolution an und in ihrem Gefolge die zwanzigjährigen Kriegswirren der Napoleonischen Zeit, die alles Unrecht von Jahrhunderten hinwegfegen und die politischen wie kirchlichen Verhältnisse der Kitzinger Protestanten auf eine gerechte Grundlage stellen sollten.

Im Sommer 1796 zwangen die in Franken einmarschierenden französischen Heere den letzten Würzburger Fürstbischof Georg Karl von Fechenbach zur Flucht aus seinem Land. Der Friedensvertrag von Luneville im Jahr 1801 besiegelte den Untergang des „Heiligen Römischen Reiches Deutscher Nation". Der ihm folgende „Reichs-Deputations-Hauptschluss" beseitigte mit einem Schlag die geistlichen Fürstentümer. Kurfürst Maximilian IV. Joseph von Bayern erhielt als Entschädigung für die an Frankreich abgetretene Kurpfalz das Gebiet des ehemaligen Fürstbistums Würzburg. Angesichts des politischen Erdrutsches entschlossen sich die Kitzinger Protestanten nochmals, den Federkrieg gegen den Fürstbischof von Fechenbach, der unter dem Schutze der kaiserlichen Truppen in sein Hochstift zurückgekehrt war, aufzunehmen. Im Oktober forderten sie in einer Bittschrift nochmals die paritätische Besetzung des Rates der Stadt. Schon eine Woche danach erhielten sie den letzten fürstbischöflichen Bescheid und der lautete wieder auf Ablehnung ihrer Beschwerden, trotzdem schon kurbayrische Truppen das Fürstbistum besetzt hielten. Vier Wochen später musste der Bischof die weltliche Regierung seines Landes niederlegen und das Hochstift dem Kurfürsten Maximilian von Bayern übereignen.

Mit neuen Hoffnungen auf eine gerechte Änderung der Stadtverfassung erfüllt, drang nun die evangelische Bürgerschaft auf tatkräftige Vertretung bei der kurbayerischen Regierung in München. Alle evangelischen Bürger unterschrieben ein Protokoll mit folgendem Text: „Sämtliche der Augsburger Konfession zugetanen Bürger der hiesigen Stadt erklären einmütig, dass sie zum Betrieb ihrer bekannten Religionsbeschwerden bei hochfürstlicher Regierung und „wohin die Sache sonst noch gelangen möchte", ihre seit undenklichen Jahren aufgestellte Gemeindedeputation mit unbeschränkter Vollmacht verordnen und bestellen". Mit dieser Erklärung ermutigten sie ihre Führer, den Kampf um ihre Rechte erneut aufzunehmen in der Hoffnung, dass ihnen der neue Landesherr günstig gesinnt sein werde.

36. Kapitel
Die Evangelische Gemeinde unter kurbayerischer Herrschaft
(1802 bis 1806)

Der Übergang von der mittelalterlichen autokratischen Bischofsregierung zum modernen und toleranten bayerischen Staat wurde in der konfessionell gespaltenen Stadt Kitzingen sehr scharf empfunden. Denn „es begann ein Wind zu wehen, der die Segel der Evangelischen schwellte und die Katholiken erstarren ließ". Die neue Regierung des Kurfürsten Maximilian Joseph, dessen Gemahlin Karoline von Baden selbst der evangelischen Religion angehörte, beendete die Misswirtschaft religiöser Fanatiker und beschlagnahmte sofort das Kloster der Ursulinerinnen. Nach hundertjährigem Bestehen erlitt es dasselbe Schicksal, das sein Vorgänger, das ehemalige Reichskloster der Benediktinerinnen erdulden musste: es wurde säkularisiert! Wie konnten da die Evangelischen noch Gnadenbürgertum und Religionsunterdrückung ertragen? So ist es verständlich, wenn die Gemeindedeputation im Vertrauen auf ihren neuen Landesherrn, den Kurfürsten, der seinen Beamten die Befolgung von Davids Regentenspiegel im 101. Psalm zur Pflicht machte, ihre bekannten Religionsbeschwerden in einer Bittschrift im Dezember 1802 niederlegten. Ihre Bevollmächtigten unter der Führung von Lorenz Heinrich Sander, dem vierten Vertreter der Familie Sander, überreichten diese nebst beigefügtem Tübinger Gutachten der kurfürstlichen Regierung.

In der Bittschrift schilderten sie, wie sie in den letzten 150 Jahren von der geistlichen Würzburger Regierung nur mit leeren Vertröstungen abgefunden wurden und ein friedloses Leben führen mussten. Aber die nunmehr eingetretene Regierungsänderung lässt sie hoffen, »wenn nicht die Wiederherstellung unseres ganzen Besitzstandes vom Entscheidungsjahr 1648, so doch wenigstens die Wiederherstellung der bereits im Jahr 1684 zugesicherten völligen Gleichheit mit der katholischen Bürgerschaft in allen kirchlichen Angelegenheiten, im Rat und in den Ämtern, die Rückgabe der rein evangelischen Stiftungen und die Überlassung einer Kirche in der Stadt selbst zu erreichen". Als Zweck der Bittschrift gaben sie an, „um vorzubeugen, dass der katholische Teil nicht einstweilen eine landesherrliche Bestätigung der bisher angemaßten Vorrechte erschleichen möge". Die Bittschrift schließt mit der Bitte, eine Kommission zur gütlichen und rechtlichen Erledigung ihrer Beschwerden einzusetzen.

Man muss dem konsequenten, unabdingbaren und unerschrockenen Kampf unserer Glaubensgenossen über Jahrhunderte hinweg unter Führung von vier Generationen des Geschlechtes der Sander größte Bewunderung zollen.

Noch vor Prüfung der Religionsbeschwerden erschien das kurfürstliche Religions- oder Protestantenedikt, das am 10. Januar 1803 am Kitzinger Rathaus angeschlagen wurde. Was die geistlichen Landesherren all ihren Wünschen zum Trotz vorenthalten und worum sie mit größter Erbitterung das 18. Jahrhundert hindurch gerungen hatte, wurde der evangelischen Bürgerschaft mit diesem Anschlag in den Schoß geworfen: Gewissensfreiheit und freie Religionsausübung, Zubilligung gleicher bürgerlicher Rechte für beide Religionsparteien und damit auch die Befähigung der Protestanten für alle öffentlichen Ämter. Denn Kurfürst Maximilian erhob die Duldung in Glaubenssachen in seinen neu gewonnenen und konfessionell gemischten Ländern Franken und Schwaben zum obersten Staatsgrundsatz.

Wurde durch das kurfürstliche Versprechen schon ein großer Teil der Beschwerden der Protestanten behoben, so sollte nach dem Willen des Kurfürsten eine Lokalkommission die übrigen Klagen untersuchen. Im April 1803 verlangte die evangelische Bürgerschaft, vertreten von ihrem Rechtsberater, Geheimrat Emmert aus Schweinfurt, Anteil am Hospital und mehreren Stiftungen, Rückgabe der Reumann-Weyerschen Stiftung, ferner für die ständig wachsende evangelische Gemeinde die Überlassung einer Kirche in der Stadt selbst.

Die Katholiken, vertreten durch einen Würzburger Universitätsprofessor der Rechte, verneinten die Rechtsansprüche der Protestanten unter Berufung auf den § 27 des Artikels V des Westfälischen Friedensvertrages. Unter diesen verhärteten Fronten brachte der bayerische Kommissar am 26. Mai 1805 einen Vergleich zu Stande, der von der evangelischen Gemeinde auch anerkannt wurde. Er gewährte den Protestanten drei Vergünstigungen: Einmal erhielten sie die Reumann-Weyersche Stiftung als ihr Eigentum zurück. Dann wurden ihnen 150 Gulden jährlicher Zinsbetrag aus der katholisch gebliebenen Stipendienstiftung zur Unterstützung ihrer Schullehrer gewährt und endlich ihnen ein Fünftel Anteil an der Hospitalstiftung als äußere Pfründe versprochen, während die Katholiken die innere Pfründe erhielten, d. h. im Spital aufgenommen werden konnten. Dagegen mussten die Evangelischen auf weitere Ansprüche aus den anderen Stiftungen verzichten. Der Hauptbeweggrund der Gemeinde, dass sie den geringen Zugeständnissen des Vergleichs vom Jahr 1805 zustimmten, war die schriftliche Zusicherung der kurfürstlichen Regierung, dass sie die seit der Säkularisation des Nonnenklosters leerstehende Ursuline-rinnenklosterkirche käuflich erwerben könnten. Die Freude aller Evangelischen, end-lich ein stattliches Gotteshaus in der Stadt selbst zu erlangen, war sehr groß. Kurfürst Maximilian wollte die Kirche sogar unentgeltlich den Protestanten überlassen, wenn sie das mit der Kirche verbundene Klostergebäude um den Kaufpreis von 14 000 Gulden mit übernähmen.

Doch die Kirchenfrage sollte eine unerwartet schlimme Wendung nehmen. Infolge der schweren Kontributionen für die französische Besatzung und der angespannten finanziellen Lage griff die Gemeindedeputation nicht sofort zu und verhinderte so die sofortige Lösung der Kirchenfrage. Auch die Vorteile des Religionsedikts und des Vergleichs vom 26. Mai 1805 sollten nur von kurzer Dauer sein.

Im Frieden von Preßburg im Dezember 1805 musste Kurfürst Maximilian Joseph von Bayern auf Befehl Napoleons das Würzburger Gebiet an den Großherzog Ferdi-nand von Toskana abtreten. Mit dem neuerlichen Herrschaftswechsel war aber das Versprechen des Kurfürsten bezüglich der Übergabe der Klosterkirche an die evan-gelische Gemeinde, die sich schon am Ziel ihrer Wünsche gesehen hatte, gegen-standslos geworden.

37. Kapitel
Die evangelische Gemeinde unter toskanischer Herrschaft
(1806 bis 1814)

Großherzog Ferdinand von Toskana stammte aus dem katholischen Kaiserhaus der Habsburger und wurde von den Kitzinger Katholiken begeistert empfangen. „Vivat Toskana! Die Lutherischen müssen alle zum Tor hinaus!" riefen die katholischen Mit-bürger unter Schmähungen gegen die Bayern, als der Großherzog im Mai 1806 die Stadt auf dem Weg nach Würzburg durchfuhr. Der Großherzog erklärte das kurfürstli-che Religionsedikt vom Jahr 1805 für ungültig und behielt auch die den Protestanten versprochene Klosterkirche zurück, die vom Militär als Heu- und Strohmagazin be-nutzt wurde. Auch die Katholiken zögerten mit der Erfüllung der Vertragsbedingungen des Vergleichs vom Jahr 1805, weil sie eine günstige Wendung für sich erhofften.

So stieg die Verstimmung zwischen beiden Parteien immer mehr, besonders aber bei den Katholiken, weil die Protestanten nicht mehr ihre Wochenfeiertage mitzufeiern brauchten und an diesen ihrer Werktagsarbeit nachgingen. Auf Wunsch beider Par-teien wurde mit der neuen Regierung ein neuer Vergleich am 16. Juli 1808 abge-schlossen, der sich zu Ungunsten der Protestanten auswirkte. Zwar blieb ihnen die Reumann-Weyersche Stiftung wie auch die 150 Gulden Jahreszins aus der früheren Stipendienstiftung erhalten, aber sie mussten das volle Eigentum der Katholiken an der Spital-und Stipendiumsstiftung anerkennen und die katholischen Wochenfeiertage mitfeiern. Auch wurde der Fünftelanteil an der Spitalstiftung auf ein Sechstelanteil herabgesetzt. So blieb die Bereinigung der Religionsverhältnisse nach einem verheißungsvollen Anfang wiederum stecken.

38. Kapitel
Die evangelische Gemeinde 1817 im Besitz
der Klosterkirche der Ursulinerinnen

Nochmals trat, als Folge der französischen Niederlage in Russland, ein politischer Wechsel ein, der die kirchlichen Verhältnisse der evangelischen Gemeinde von neuem ändern sollte. Als Nutznießer des geschlagenen Korsen fühlte sich Großherzog Ferdinand in Würzburg nicht mehr sicher und verließ im April 1814 sein Land. Im Herbst des gleichen Jahres kam das ehemalige Fürstbistum und Großherzogtum Würzburg endgültig an das Königreich Bayern.

König Maximilian I. überließ, was er schon als Kurfürst versprochen hatte, der evangelischen Gemeinde die frühere Klosterkirche der Ursulinerinnen. Im Dezember 1816 kam zwischen dem bayerischen Staat und der evangelischen Gemeindedeputation ein Tauschvertrag zustande. Danach erhielt am 11. Januar 1817 die evangelische Kirchengemeinde die vormalige Klosterkirche der Ursulinerinnen zum gottesdienstlichen Gebrauch als unwiderrufliches Eigentum mit Zubehör für den Kaufpreis von 12 000 Gulden. Dagegen trat sie im Tausch ihre bisherige Kirche in Etwashausen an den bayerischen Staat ab, durfte jedoch ihre Orgel und zwei Glocken mitnehmen. Der folgende — abgekürzte — Text der Urkunde wurde dem Turmknopf des Kirchturmes am 3. Juli 1817 übergeben und im Jahr 1861 aufgefunden. Sie lautet:

„Im Jahr 1817 erhielt die evangelische Gemeinde diese Kirche gegen ihre in der Vorstadt gelegene Kirche. Diese wurde zur Gottesverehrung wieder hergestellt, nachdem solche viele Jahre bei den französischen Kriegen als Stroh- und Heumagazin gedient hatte. Die Kosten der ganzen Einrichtung wurden aus den beträchtlichen Beiträgen ansehnlicher Gemeindemitglieder und den übrigen Gaben der Gemeinde bestritten. Dieses alles will man der Nachwelt zur guten Erinnerung aufbewahren und die historische Nachricht noch beifügen, dass in diesem Jahr der Laib Brot von acht Pfund auf einen Gulden (1,71 M) und 21 Kreuzer (0,63 M), das Malter (1,5 hl) Korn auf 50 Gulden, das Malter Weizen auf 55 Gulden, das Pfund Rindfleisch auf 13 Kreuzer, das Fuder (7,5 hl) Wein auf 300 Gulden gekommen ist, welche Teuerung durch die geringe Ernte, noch mehr aber durch einen großen unbesiegbaren Wucher veranlasst wurde. Gott, du höchstes Wesen, behüte uns ferner vor solchem Unglück und beschütze die ganze Gemeinde!" Unterschrieben war der Vertrag von der evangelischen Kirchenvertretung, von Carl Hornschuch und Lorenz Daniel Sander. Das Dokument befindet sich im Archiv des Dekanats Kitzingen.

Der bayerische Staat nahm dem Gotteshaus in Etwashausen aus Nützlichkeits-gründen seinen kirchlichen Charakter, legte den Turm nieder und verwandelte das große Gebäude in zwei Privathäuser. Es steht mit seiner Längsseite in der Balthasar-Neumann-Straße und mit der Schmalseite in der Schwarzacher Straße. Nur an der an der Südseite angebrachten Sonnenuhr kann man noch seine frühere Bestimmung als Gotteshaus erkennen. Mahnend erinnerte die damaligen Kirchenbesucher der unter der Sonnenuhr angebrachte Spruch: „Willst Du an jenem Tag, o Mensch, die Freuden erben, bestelle bald dein Haus, denk jede Stund ans Sterben!" Die Überga-be der Nonnenkirche an die evangelische Gemeinde machte ein altes Unrecht wieder gut. Während ihre katholischen Mitbürger in der Stadt selbst vier Gotteshäuser besa-ßen — Grab- und Klosterkirche, St. Johanniskirche, Kapuzinerkirche — war der evangelischen Gemeinde trotz ihres zahlenmäßigen Übergewichtes in der Bevölke-rung nicht ein Gotteshaus, ja nicht einmal ein Bauplatz in der Stadt selbst, sondern nur die Mitbenützung der uralten St. Marienkirche vergönnt gewesen. Aber auch die-se Mitbenützung wurde ihr durch viele bedrückende Auflagen und ihre Baufälligkeit so verleidet, dass sie sich zu dem Neubau der St. Michaelskirche in der Vorstadt hatte entschließen müssen.

Die Vorgeschichte der jetzigen evangelischen Stadtkirche umfasst nur einen kur-zen Zeitraum. Im Jahr 1660 berief der Fürstbischof Johann Philipp I. von Schönborn französische Ursulinerinnen aus Metz als Erzieherinnen der vornehmen weiblichen Jugend nach Kitzingen. Im Herbst 1685 wurde die alte Kirche und das Klostergebäu-de niedergerissen und am 10. März 1686 an Stelle des uralten Klosters der Benedik-tinerinnen durch den Fürstbischof Johann Gottfried von Guttenberg der Grundstein zu einem vergrößerten Kloster gelegt. Am Johannistag 1693 konnten 32 adelige Ursuli-nerinnen ihren Einzug ins neue Kloster halten, das wir in kaum veränderter Gestalt als Schulgebäude kennen.

Als südlichen Abschluss der Klosteranlage erbaute der fürstbischöfliche Dom-baumeister, der Italiener Antonio Petrini, von 1695 bis 1699, für die Nonnen die Klos-terkirche. Es ist das Verdienst des Regierungsbaurates a. D. Heinrich Schlegel, der nach 1945 die Wiederherstellungsarbeiten an der zerstörten Stadtkirche leitete, auf die bauliche Verwandtschaft dieses Gotteshauses mit der Klosterkirche Stift Haug in Würzburg hingewiesen zu haben. Wie Petrini dort die Wände zwischen den Fenstern mit Rundbogennischen ausgestattet hatte, so belebte er auch die südliche Front der Stadtkirche ursprünglich zwischen den sechs Fenstern mit ihnen. Infolge der Zerstö-rung kamen sie wieder zum Vorschein und wurden bei dem Aufbau der Stadtkirche zugemauert.

Am 9. August 1699 wurde die Klosterkirche der Ursulinerinnen vom Fürstbischof Johann Philipp II. von Creiffenklau feierlich eingeweiht. Während das Kloster der Be-nediktinerinnen in der Reformationszeit an „Auszehrung" zugrunde ging, stand das zweite Kloster in voller Blüte, als im Jahr 1802 die Säkularisation durch Kurfürst Maximilian von Bayern diesem kirchlichen Erziehungsinstitut ein gewaltsames Ende setzte.

15 Jahre lang wurde die Klosterkirche zu profanen Zwecken benützt. Der Kitzinger Bürger Balthasar Kleinschroth berichtet darüber: „Ich kann es mir noch gut denken, wie ich mit meiner Mutter zum Mobilienstrich ins Nonnenkloster gegangen bin und die erstrichenen Mobilien nach Hause getragen habe. Die jungen Leute des Amtes Kitzingen wurden in die Nonnenkirche geführt, wo sie die Nummern ziehen mussten. Wer unter der Zahl zwanzig zog, musste für den Korsen in den Krieg ziehen. Im Februar 1805 wurde durch Trommelschlag in der Stadt bekannt gemacht, dass die Bürger wegen des Hochwassers ihre Habe in die hochgebaute Kirche bringen sollten. Auch diente die Kirche zwölf Jahre lang als Heu- und Strohmagazin für das fremde Kriegsvolk, das hier einquartiert war". Die jahrelange Profanierung der Kirche machte eine kostspielige Wiederherstellung und eine neue Einrichtung notwendig. Wie beim Kirchenbau im Jahr 1754 brachten auch diesmal alle Glaubensgenossen in freudigem Stolz auf ihr großes Gotteshaus namhafte Spenden für dessen Verschönerung, die den hohen Betrag von 30 000 Gulden ergaben.

Wenige Tage vor der Weihe des Gotteshauses wurden die zwei Glocken aus dem Jahr 1754 vom Turm in Etwashausen, die sog. Buschglocke von 29 Zentnern und eine zweite Glocke im Gewicht von 9,5 Zentnern auf die Glockenstube der Stadtkirche gezogen. Der Chronist Schmitt berichtet: „Am 16. Oktober 1817 wurden die Glocken aus der Etwashäuser Kirche durch Georg Nägelein und Zimmermeister Andreas Tasch auf die neue Kirche geschafft, wozu der Schiffbauer Andreas Krauß ein ganz neues Seil hergab". Die restlichen zwei Glocken wurden dem bayerischen Staat überlassen. Von der Ursulerinnenkirche wurden die zwei Glocken übernommen, welche Äbtissin Magdalena von Leonrod im Jahr 1484 hatte gießen lassen. Diese vier Glocken im Gesamtgewicht von 80 Zentnern, dazu die „Vater-unser-Glocke" vom Jahr 1962 bilden heute das herrliche Geläute der Stadtkirche.

Die zweite Weihe der ehemaligen Klosterkirche fand am 19. Oktober 1817 statt in Gegenwart von 6000 Menschen, Einheimischen und vielen Auswärtigen. Man hatte den Tag gewählt zur Erinnerung an die 300. Wiederkehr des Thesenanschlags Martin Luthers im Jahr 1517. Vom Rathaus ging der festliche Zug der Teilnehmer unter dem Geläute der vier Glocken in das prächtig geschmückte Gotteshaus. Stadtpfarrer Friedrich Schöner als letzter Pfarrer der Etwashäuser und erster Pfarrer der Stadtkirche hielt die Weihefeier. Die Feierlichkeit umfasste sechs Predigten: die Eingangs- und Kirchweihpredigt, die Hochzeitspredigt für ein getrautes Paar, die Taufpredigt für ein getauftes Kind, die Abendmahls- und Schlusspredigt.

Pfarrer Friedrich Schöner wirkte seit dem Jahr 1808 nach den vier Nachfolgern von Pfarrer Hobbhan:

22) Johann Sebastian Wittmann von 1767 bis 1781, Gastwirtssohn aus Kitzingen, vorher Pfarrer in Mainstockheim
23) Johann Reichard Hecht von 1782 bis 1792, Metzgerssohn aus Kitzingen, seit 1765 Adjunkt hier
24) Georg Christoph Wilhelm Bartheis von 1792 bis 1795, aus Bayreuth, vorher Pfarrer in Egenhausen bei Uffenheim
25) Paul Kanut Ebermeyer von 1795 bis 1808, aus Nürnberg, später Konsistorialrat in Würzburg

als 26. evangelisch-lutherischer Geistlicher in Kitzingen.

Es muss besonders vermerkt werden, dass auch katholische Mitbürger ihre Freude an dem bekundeten, was ihre evangelischen Glaubensbrüder rechtens erreicht hatten. Der Weinhändler Karl Hornschuch speiste am Weihetag 80 arme Leute, und „weil der Tag ein Festtag für ganz Kitzingen war, fragte er nicht danach, ob sie evangelisch oder katholisch, sondern nur, ob sie Kitzinger wären", berichtet uns Buchwald. Wenige Tage später verkündete der Stadtdiener, dass die Katholiken laut Vergleich vom Jahr 1808 das auf einen Werktag fallende Reformationsfest als Ruhetag begehen müssten.

Die Einweihung der Stadtkirche, die fünfte Stufe des Aufstiegs, machte alle evangelischen Glaubensbrüder zu einer opferbereiten Gemeinschaft. Als einer der edelsten Wohltäter zeigte sich der Weinhändler Carl Hornschuch. Als Pfarrerssohn in Castell im Jahr 1766 geboren, starb er in Kitzingen als einer der höchstbesteuerten Weinhändler der Stadt.

Seit dem Jahr 1802 lebte er in Kitzingen und verstand es, durch kluge Ausnützung der von den Franzosen verhängten Kontinentalsperre ganz Norddeutschland mit fränkischen Weinen zu versorgen. Mit dem erworbenen Reichtum gründete er die sog. Hornschuch'sche Stiftung, deren Vorwort folgendes berichtet: „Die Wiederherstellung der Stadtkirche musste im Gegensatz zu 1754 ohne fremde Kollekten, nur durch die hiesige Gemeinde mit großen Opfern geschehen. Da zeichnete Hornschuch bei der ersten Sammlung unter den evangelischen Bürgern 500 Gulden und bahnte dadurch den Weg zu ansehnlichen Beträgen bei den vermögenden Kitzinger Weinhändlern. Auch wurde ihm die Aufsicht über die Bauarbeiten übertragen. Als ungeachtet der gestifteten hohen Summen die Barmittel versiegten, und der Bau ins Stocken geraten wollte, übernahm Hornschuch noch das Amt des Baukassiers dazu und schoss 2000 Gulden vor. So konnte die Arbeit glücklich vollendet und die Bauschulden gedeckt werden. Er selbst verzichtete auf jede Besoldung zum Besten des Werkes." Der Stiftungsbrief, dessen Inhalt uns noch später beschäftigen wird, liegt im Archiv des Dekanats Kitzingen. Für immer bleibt der Name Hornschuch mit der Übernahme der Stadtkirche im Oktober 1817 verbunden.

39. Kapitel
Die evangelische Gemeinde im Besitz der bürgerlichen
Gleichberechtigung im Jahr 1818

Wenige Monate nach dem Einzug in die Stadtkirche konnte Lorenz Sander erleben, dass die bürgerliche Rechtlosigkeit seiner Glaubensgenossen der Vergangenheit angehörte. Der 26. Mai 1818 war der zweite Freudentag der evangelischen Gemeinde. Denn an diesem Tag gab König Maximilian I. von Bayern seinem Lande eine Verfassung, als deren obersten Grundsatz er die Gleichberechtigung der christlichen Bekenntnisse und die Gewährung der gleichen bürgerlichen Rechte erklärte. Alle stimmfähigen Bürger wählten ohne Unterschied des Bekenntnisses 24 Gemeinderäte und diese den Stadtmagistrat, der aus dem Oberbürgermeister und acht Magistratsräten bestand. Da die Stadt im Jahr 1818 474 protestantische und 421 katholische Bürger zählte, brachte die Gemeindewahl den Protestanten eine erdrückende Mehrheit. Es wurden von den 24 Gemeinderäten 19 von den Evangelischen und von den 8 Magistratsräten 6 von den Evangelischen besetzt, ebenso auch das Amt des Oberbürgermeisters!

Auch Lorenz Heinrich Sander wurde als Magistratsrat gewählt. Im Hinblick auf die schlimmen Enttäuschungen, die seine Vorfahren von den Katholiken erfahren hatten - Johann Christoph Sander bis 1719, Johann Daniel Sander bis 1731, Johann Reichard Sander bis 1782 - konnte er sein Amt mit größter Genugtuung antreten. Weit Größeres als die Familie Sander, die Wortführer der evangelischen Gemeinde, zu erstreben sich erkühnt hatten, erlangte die evangelische Gemeinde nun durch den Übergang von der autokratischen geistlichen Bischofsherrschaft an die konstitutionelle Monarchie Bayerns: die Gleichberechtigung als sechste Stufe ihres Aufstiegs. Im Besitz der bürgerlichen Gleichberechtigung und der Zulassung zu allen Ratsämtern stand sie endlich ebenbürtig neben ihren katholischen Mitbürgern. Die Zweikonfessionalität der Stadt Kitzingen wurde damit im Jahr 1818 staatlich anerkannt und für alle Zukunft sanktioniert.

Rückblickend dürfen wir feststellen, dass sich der Wiederaufstieg der evangelischen Kirchengemeinde seit ihrem tiefen Fall in den Jahren 1629 und 1635 in sechs Stufen vollzog:

1647 Gewährung der freien evangelischen Religionsausübung außerhalb der Stadt — Erste Stufe des Wiederaufstiegs.

1650 Der Gnadenvertrag gewährt freie evangelische Religionsausübung in der Vorstadt Etwashausen — Zweite Stufe des Wiederaufstiegs.

1722 Bau einer eigenen evangelischen Schule und eines evangelischen Pfarrhauses in der Stadt — Dritte Stufe des Wiederaufstiegs.

1754 Bau der evangelischen Michaelskirche in Etwashausen — Vierte Stufe des Wiederaufstiegs.

1817 Erwerb der ehemaligen Klosterkirche, der jetzigen Stadtkirche — Fünfte
Stufe des Wiederaufstiegs.
1818 Bürgerliche Gleichberechtigung mit den katholischen Mitbürgern —
Sechste Stufe des Wiederaufstiegs.

Trotzdem die evangelische Gemeinde ihre zwei Hauptziele erreicht hatte, ging auf kirchlicher Ebene das unwürdige Trauerspiel zwischen den beiden Konfessionen weiter. Auf der katholischen Seite sah man sich der bisherigen bürgerlichen Übermacht entkleidet. Auf der protestantischen Seite konnte man den wenig glücklichen Religionsvergleich vom Jahr 1808 nicht vergessen. Betrachteten ihn doch die Protestanten, weil er durch die toskanische Regierung mehr oder weniger erzwungen worden war, nachträglich als ungültig.

Obgleich der Vergleich die Bestimmung enthielt, dass keine weiteren Forderungen erhoben werden dürften, baten die protestantischen Magistratsräte im Oktober 1820 König Maximilian um Aufhebung des Vergleichs vom Jahr 1808 mit folgender Begründung: Wohl liege ihnen eine Alleinherrschaft über ihre katholischen Mitbürger fern, aber sie könnten nicht vergessen, dass nach dem Westfälischen Frieden die Katholiken alle Eigentumsrechte an ihrem reichen Stiftungsvermögen für sich beanspruchten. Das sei in keiner Weise rechtlich begründet und unvereinbar mit den jetzigen Grundsätzen der Verfassung.

Die Frage des Stiftungsvermögens war der letzte Streitpunkt aus der unglücklichen Erbschaft des Jahres 1648. Die protestantische Gemeindedeputation reichte im Jahr 1821 ihre Klage beim Landgericht Kitzingen ein. Sie bat um gütliche verfassungsmäßige Ausscheidung des protestantischen Stiftungsvermögens nach folgenden Gesichtspunkten:

Stiftungen, die vor der Reformation errichtet worden waren, sollten als katholische Stiftungen gelten, z. B. die geistliche Pfründepflege, die von den Bürgern im 14. und 15. Jahrhundert, und die Sondersiechenstiftung, die vom Frauenkloster im 15. Jahrhundert errichtet worden war. Stiftungen, die nach dem Anschluss der Stadt an die Reformation errichtet wurden, sollten als protestantische gelten, z. B. die Reumann-Weyersche Stiftung und die Stipendienpflege.

Dieser Vorschlag war sicherlich gut geeignet, die Frage des Besitzes und der Verwaltung der Stiftungen auf friedlichem Wege zu lösen. Aber die Erwiderung der katholischen Gemeindevertretung führte wieder zu einer Aufrollung der unglückseligen Pfandschafts- und Wiedereinlösungsfragen. Sie wies alle Ansprüche der Protestanten auf das ganze Stiftungsvermögen zurück. Denn alleinige Geltung hätte nur § 27 des Artikels V des Westfälischen Vertrages, nach dem verpfändete Herrschaften, wie es Kitzingen im Jahr 1624 war, vom Geltungsbereich des § 31 ausgeschlossen seien. Als nach vieljährigem Prozessieren die Protestanten im Jahr 1827 einen richterlichen Entscheid verlangten, sahen sie sich mit ihrer Klage abgewiesen. So blieb bis auf den heutigen Tag der Vergleich vom Jahr 1808 rechtskräftig, womit das offenbare Unrecht der Vorenthaltung protestantischer Stiftungen für die evangelische Gemeinde verewigt wurde.

TEIL V

Friedlicher Aufstieg der evangelischen Gemeinde im Bayerischen Staat im 19. und 20. Jahrhundert

40. Kapitel
Rückblick und Ausblick

Mit der Eingliederung des früheren Fürstbistums Würzburg und damit auch der Stadt Kitzingen in das Königsreich Bayern im Jahr 1814 lag ein langer, schicksalsschwerer Weg hinter der Evangelischen Gemeinde. Nun begann eine Zeit ruhiger und steter Aufwärtsentwicklung ihrer Einrichtungen. Mit Stolz kann sie rühmen, dass sie sich als „Urgemeinde der Reformation" mit großer Zähigkeit ungebrochen durch die schwere Zeit der Gegenreformation erhalten hat, in welcher Zeit doch andere ehemals evangelische Gemeinden ihren lutherischen Glaubensstand wieder verloren hatten. Die andauernden Kämpfe um ihre Glaubensexistenz trugen sehr dazu bei, sie in ihrer reformatorischen Glaubenshaltung zu festigen und zu stärken. Die Treue unserer evangelischen Vorfahren gegenüber dem lutherischen Erbe schuf den Boden, auf dem die evangelische Gemeinde Kitzingen im 19. und 20. Jahrhundert zu neuem Wachstum und zur Gründung neuer kirchlicher Einrichtungen gekommen ist. Darum gebührt den evangelischen Vätern der Vergangenheit unser größter Dank.

Zwar war nun der Gemeinde der aufreibende Kampf um ihre Rechte genommen, aber mit dem äußeren Gesichert sein traten in der Folgezeit bald neue Aufgaben im Gemeindeaufbau an sie heran. Ihr nächstliegendes Interesse galt dem Ausbau des neuen Gotteshauses. Als sich dann in der Mitte des 19. Jahrhunderts unter dem Eindruck der Gedanken eines Löhe und Wichern, der beiden Vorkämpfer der Inneren Mission, der diakonische Gedanke als „die einzige reale Sprache des Glaubens" (Lilje) ausbreitete, wurde die Verpflichtung zu den Aufgaben der Inneren Mission auch in der Kitzinger Gemeinde lebendig. Sie zeigte sich in der bereitwilligen Übernahme der Aufgaben der christlichen Liebestätigkeit, des Kindergartens, der Gemeindediakonie (Krankenpflege) und der Haushaltungsschule. Schon frühzeitig fanden Diakonissen von Neuendettelsau ihren Weg nach hier, zum Segen für die kinderreichen Familien wie für die Gemeindearbeit. Ermöglicht wurde sie durch die große Spendenfreudigkeit vieler evangelischer Familien.

Nach dem ersten Weltkrieg war der Gedanke des Pfründeheims und der Bau des Kinderheims in Etwashausen Wirklichkeit geworden. Missionare aus der Gemeinde wurden aufs Missionsfeld gesandt. Nach Beendigung des zweiten Weltkrieges erfolgte eine weitere Ausweitung der kirchlichen Gemeindearbeit. Willig öffnete sich der Kirchenvorstand den neuen Aufgaben, welche die Nachkriegsjahre dringend von ihm forderten: Dem Ausbau eines kirchlichen Gemeindezentrums in der Siedlung und dem Bau eines Altersheims für die Alten der Gemeinde. Nicht weniger lagen den geistlichen Führern der Gemeinde die christliche Jugendarbeit sowie die drängenden Aufgaben des modernen christlichen Gemeinschaftslebens und die Männer- und Frauenarbeit am Herzen.

Das Bild der evangelischen Gemeinde zeigt in den letzten vier Jahrzehnten einen sehr bewegten Ausbau ihres kirchlichen Lebens. Zugleich ging er - bei dem ungeahnten Zustrom von evangelischen Flüchtlingen seit dem Katastrophenjahr 1945 nach hier - Hand in Hand mit einer großen Baufreudigkeit, die für das sechste Jahrzehnt des 20. Jahrhunderts kennzeichnend ist. So wuchs die evangelische Kirchengemeinde in den letzten hundert Jahren „aus der Enge in die Weite, aus der Tiefe in die Höhe".

41 Kapitel
Die rechtlichen Verhältnisse der evangelischen Gemeinde im Bayerischen Staat

Die „Gemeindedeputation", die während der fürstbischöflichen Herrschaft von 1650 bis 1802 die Rechte der Evangelischen Gemeinde vertrat, wurde im Jahr 1851 mit Kgl. Verordnung durch den „Kirchenvorstand" ersetzt. Seitdem bildet dieser, von den wahlberechtigten Gliedern der Kirchengemeinde gewählt, die Vertretung der Gemeinde in ihren kirchlichen Rechten und Pflichten. Dagegen oblag die Verwaltung des Kirchenvermögens der Kirchenverwaltung. Im Jahr 1921 wurden beide Verwaltungskörper vereinigt. Allein berechtigter Vertreter der Evangelischen Gemeinde Kitzingen ist nun der Kirchenvorstand Kitzingen.

Mit dem Jahr 1814 bildete sich in Unterfranken ein selbständiges evangelisches Kirchenwesen. Der Übergang an Bayern bedeutete für die Evangelische Gemeinde mehr als bloße Kultusfreiheit. Er brachte ihr auch den Anschluss an die größere Gemeinschaft der Evangelischen Kirche in Bayern. Im Jahre 1823 wurden nämlich alle Evangelischen Kirchengemeinden Bayerns in der „Protestantischen Kirche Bayerns" zusammengefasst. Nachdem die Gemeinde Kitzingen ursprünglich zur Kgl. Landesdirektion in Würzburg und dem dortigen Konsistorium und seit dem Jahr 1838 zum Kgl. Konsistorium Bayreuth gehörte, ist sie seit dem Jahr 1920 dem Kirchenkreis Ansbach unterstellt.

Die kirchliche Zwischenbehörde zwischen der Pfarrei Kitzingen und dem Konsistorium war zuerst die Distriktsinspektion Kleinlangheim. Im Jahr 1893 wurde Kitzingen selbst Sitz des Dekanats des Kirchenbezirkes Kitzingen, zu dem auch die Pfarreien des ehemaligen markgräflichen Amtes Kitzingen gehören. Neben der I. Pfarrstelle wurde im Jahr 1832 eine II. Pfarrstelle errichtet, wozu im Jahr 1954 noch eine III. Pfarrstelle für die Siedlungsgemeinde kam.

Über hundert Jahre blieb bis zum Ausbruch der Revolution im Jahr 1918 der katholische König der „summus episcopus" der Evangelischen Gemeinden in Bayern. Als jedoch in dem gleichen Jahr der Freistaat Bayern auf die Ausübung der Kirchengewalt verzichtete, gab sich die Evang.-Luth. Kirche Bayerns eine selbständige Verfassung. Seitdem übt der Evang.-Luth. Landeskirchenrat das Kirchenregiment in Bayern aus, dessen Repräsentant der Landesbischof ist, der vorher den Titel Kirchenpräsident führte. Während D. Hermann Bezzel von 1909 bis 1917 und D. Ernst Veit von 1917 bis 1933 Kirchenpräsidenten der evangelisch-lutherischen Kirche waren, finden wir von 1933 bis 1955 D. Hans Meiser und seit dem Jahr 1955 D. Hermann Dietzfelbinger als Landesbischöfe unserer Kirche. Die Kirchengemeinde Kitzingen wuchs aber nicht nur aus der Enge des markgräflichen und fürstbischöflichen Kleinstaates in die große bayerische Landeskirche hinein, sie erhielt darüber hinaus noch ökumenischen Charakter. Mit der bayerischen Landeskirche gehört sie nach dem Zusammenschluss von zehn evangelischen Landeskirchen zu einem noch größeren Verband, der „Vereinigten Evang.-Luth. Kirche in Deutschland" - VELKD - und mit ihr zum „Lutherischen Weltbund". So ist die evangelische Gemeinde Kitzingen in die weltumfassende Gesamtkirche der Ökumene eingebettet, wovon neben anderem der alljährliche Weltgebetstag der Frauen Zeugnis gibt.

Im Gegensatz zu den glückhaften äußeren Verhältnissen der Evangelischen Gemeinde zeigt das 19. Jahrhundert im Stadtbereich kein erhebendes konfessionelles Bild. Trotz der endgültigen Beilegung des Streites um das Stiftungsvermögen konnte der protestantische Bürgerteil die Wegnahme seiner im Reformationszeitalter erworbenen Stiftungen nicht vergessen, wie auch der katholische Bürgerteil das Emporkommen der Protestanten. So standen sich unter der Nachwirkung der konfessionellen Gräben der Vergangenheit beide Bekenntnisse in einem stets gespannten Verhältnis gegenüber, so dass Reibungen nicht ausbleiben konnten. Bis zum Jahr 1870 gab es in Kitzingen trotz ganz geringer Schülerzahl eine katholische und protestantische Lateinschule und eine katholische und protestantische Hebamme!

Als Beleg dieser mehrhundertjährigen Entfremdung möge ein Inserat des „Kitzinger Anzeigen- und Unterhaltungsblattes für Stadt und Land" vom 16. April 1848 dienen, in dem es heißt: „Alois Mayer, der „im Verein mit achtbaren Bürgern beider Confessionen dahin trachtet, endlich einmal die confessionellen Zerwürfnisse in unserer Stadt beendigt und die ewigen Streitereien beseitigt zu sehen", verwahrt sich gegen das Gerücht, dass er „mehrere hundert Sensen als Angriffs-Waffe habe fertigen lassen, welche auf den Fall misslingender Einigung beider Confessionen der bereits aus der Umgebung gedungenen Mannschaft zum Gewalt-Gebrauch ausgehändigt werden würden."

Als im Jahr 1857 eine Deputation des Kitzinger Stadtrats wegen der Eisenbahnfrage in München vorstellig wurde, musste sie zu ihrer Verblüffung die Frage hören, ob wohl auch Kitzinger Katholiken die Eisenbahn benützen dürften. Wenn diese Worte wohl auch im Scherz gesprochen wurden, so sind sie doch ein Nachklang einer mehrhundertjährigen Feindschaft und ein Beweis, wie bekannt die Kitzinger Streitigkeiten geworden waren.

Das vernichtende Urteil, das Dr. Schmitt in seiner Chronik ausspricht, besteht leider zu Recht: „Die Tätigkeit der hervorragendsten Männer von Kitzingen war in jener Zeit mehr auf die Erhaltung der konfessionellen Kämpfe gerichtet als auf das Emporblühen der Stadt. So wirkten äußere wie innere Hemmnisse und Versäumnisse aller Art zum Schaden der Nachkommen störend auf die Entwicklung der Stadt ein".

Erst seit der Jahrhundertwende und nach dem gemeinsam getragenen Leid zweier Weltkriege will sich an Stelle einer unchristlichen Entfremdung ein verstehendes Verhältnis zwischen den beiden Konfessionen anbahnen - dank dem ehrlichen Friedensbemühen der Pfarrvorstände beider Kirchengemeinden, die in einer glaubensmäßig gemischten Bürgerschaft und im Zeitalter ökumenischer Bewegung auf eine Begegnung im Geiste gegenseitigen Verständnisses bedacht sind. Davon zeugt auch die Überlassung der Kapuzinerkirche seitens der katholischen Kirchengemeinde als brüderliche Hilfe an die evangelische Gemeinde in der schweren Zeit des Stadtverderbens von 1945 -1950.

42. Kapitel
Die Entstehung des neuen Kirchenvermögens
der Evangelischen Gemeinde

Mit dem Übertritt der gesamten Bürgerschaft zum lutherischen Glauben waren auch die älteren Stiftungen katholischer Herkunft als rechtmäßiges Eigentum in den Besitz des protestantischen Rates übergegangen und in den folgenden Jahrhunderten noch beträchtlich vermehrt worden. Die bedeutendsten unter ihnen waren die Hospitalstiftung vom Jahr 1344 und die Geistliche Pfründenpflege, die St. Johanniskirchenpflege und die Sondersiechenpflege.

Nach Anbruch der Reformation schuf die Evangelische Gemeinde als ihre ureigene Stiftung aus vielen großen und kleinen Vermächtnissen die Stipendienpflege. Aus den Zinsen des ansehnlichen Kapitals von 8000 Gulden wurden arme und begabte Kitzinger Studenten mit Stipendien unterstützt. Die zweite Stiftung protestantischen Charakters aus dem Mittelalter war die Reumann-Weyer'sche Armen- und Stipendienstiftung, die mit einem jährlichen Zinsertrag von 7200 Gulden sozialen Zwecken diente. Nach der Wiedereinlösung der Stadt im Jahr 1629 hatte die Evangelische Gemeinde ihr gesamtes Stiftungsvermögen an die katholische Bürgerschaft verloren. Als bitteres Unrecht empfanden es die Evangelischen, dass im Vergleich vom Jahr 1808 die ausschließlich protestantische Stipendienpflege bis auf eine jährliche Abgabe von 150 Gulden an die protestantische Gemeinde katholisches Eigentum blieb. Die Reumann-Weyer'sche Stiftung wurde zwar als einzige protestantische Stiftung zurückgegeben, aber erst im Jahr 1805. Der landgerichtliche Entscheid vom Jahr 1827 setzte dann den Schlussstrich unter die Frage des Stiftungsvermögens der Evangelischen Gemeinde.

Zur Sicherung ihrer finanziellen Existenz musste die Evangelische Gemeinde, da nach dem Jahr 1650 kein Protestant angesichts der verlorenen Stiftungen mehr wagte, durch Vermächtnisse seiner Kirche zu helfen, von ihren Glaubensgenossen hohe Umlagen zur Bestreitung ihrer Ausgaben für die Besoldung der Kirchendiener erheben. Erst im 18. Jahrhundert errichteten wohlhabende evangelische Familien wieder kleinere und größere Stiftungen. Aus diesen freiwilligen Spenden entstand die protestantische Schulpflege, aus der man die Ausgaben für die Erhaltung des Kirchen- und Schulwesens und die Mittel für die Unterstützung der armen Gemeindeglieder bestritt. Als bedeutendste Stiftung des 18. Jahrhunderts sei die der Busch'schen Eheleute vom Jahr 1754 erwähnt. Der Weinhändler Johann Christoph Busch war zur Zeit des Etwashäuser Kirchenbaues Kirchenpfleger. Er ließ für den Kirchturm der Michaelskirche nicht nur auf seine Kosten eine Glocke gießen, sondern opferte als Wohltäter für seine evangelischen Mitbürger einen großen Teil seines Vermögens.

In dem Stiftungsbrief heißt es: „Ich, Johann Christoph Busch, Weinhändler und Kirchenpfleger der evangelischen Gemeinde zu Kitzingen, und ich, dessen Ehefrau, Apollonia Barbara, haben in Ermangelung leiblicher Erben den Entschluss gefasst, einen namhaften Teil des von Gott uns verliehenen zeitlichen Vermögens zu einer milden Stiftung anzuwenden, und vereinbart, dass wir zur Unterhaltung und Besoldung des evangelischen Kirchenwesens allhier ein Kapital von 10 000 Gulden zeichnen wollten". Die Zinserträgnisse kamen der Erhaltung der Schulgebäude in der Grabenstraße, armen Theologiestudenten wie armen Kindern evangelischer Eltern von hier zugute. Interessant ist die Bestimmung im Stiftungsbrief, dass jährlich dreißig Gulden für den Geistlichen, den Kantor und den Kirchner gegeben werden sollen, dass sie „vom 25. März bis auf den 24. Juni alle Sonn- und Feiertage eine Abendbetstunde von fünf bis sechs halten und den lieben Gott um Bewahrung des Weinstockes und sämtlicher Feldfrüchte anrufen sollten". Nicht zu vergessen „fünf Gulden für einen tüchtigen Aufseher über die Jugend alljährlich zu verabreichen, wofür sie die Jugend während des Gottesdienstes in guter Zucht und Aufmerksamkeit zu halten haben"!

In den langjährigen Kriegswirren der napoleonischen Zeit war das Kirchenvermögen so erschöpft, dass nicht einmal die Kirchen- und Schuldiener bezahlt werden konnten, so dass von den Glaubensgenossen hohe Abgaben erhoben werden mussten. Aber nach Kriegsende eiferten die evangelischen Bürger in der Freude über den Erwerb der großen Klosterkirche, die jetzt zur protestantischen Stadtkirche umgestaltet wurde, neue Stiftungen für kirchliche und soziale Zwecke zu errichten. Aus den vielen Stiftungen hebt sich die des Weinhändlers und Magistratsrates Karl Heinrich Hornschuch und seiner Gemahlin Karolina in Höhe von 6000 Gulden aus dem Jahr 1830 heraus. Schon im Jahr 1817 hatte er mit namhaften Spenden den Kauf und die schnelle Einweihung der Stadtkirche zuwege gebracht. Als Stiftungszweck bestimmte er, dass die Zinsen für wohltätige Zwecke verwendet werden sollten. Zunächst zur Gründung einer Gesangsschule für einen eigenen Kirchenchor, in der zehn Schüler der protestantischen Schule für den Kirchengesang ausgebildet werden. Dann sollten aus dem Zinsertrag arme protestantische Schüler und Studenten, arme Konfirmanden, wie kranke und arme Glaubensgenossen unterstützt werden. Zuletzt bestimmte Karl Heinrich Hornschuch, dass alljährlich am Sonntag nach seinem Todestag, am 25. März, die Hornschuch'sche Gedächtnisfeier in der Stadtkirche begangen werde. Sein Wunsch wurde bis vor wenigen Jahren getreulich am Sonntag nach dem Osterfest erfüllt.

Aus dem gleichen Jahr sind noch zwei weitere ansehnliche Stiftungen zu verzeichnen: Die Karl-Heunisch-Stiftung bestimmte die Zinsen aus 6000 Gulden Kapitalvermögen für Anschaffung von Schulbüchern und Gewährung von Stipendien an arme protestantische Studenten. Die Witwe Anna Barbara Michels errichtete eine Stiftung von 8000 Gulden Kapital, deren Zinsen sie für eine II. Pfarrstelle bereitstellte, welche wenige Jahre später Wirklichkeit wurde. Aus der Hertlein'schen Armenstiftung vom Jahr 1864 wurde der Zinsertrag von 6000 Gulden Kapital für die Bezahlung von Schulgeld für arme evangelische Schüler verwendet.

Als großer Wohltäter der evangelischen Gemeinde muss der Bierbrauer Thomas Ehemann genannt werden, dessen Vater das Bürgerbräu Kitzingen gegründet hatte. Im Jahr 1860 errichtete er eine Stipendienstiftung in Höhe von 25 000 Gulden. Sie sollte würdigen und begabten Schülern evangelischer Eltern den Besuch der höheren Schule ermöglichen. Sein Andenken lebt in der Thomas-Ehemann-Straße fort.

Besondere Erwähnung verdient der Name von Frau Margareta Barbara Schleicher, geb. Hartkorn. Sie hat im Jahr 1864 eine reiche Armen- und Krankenstiftung in Höhe von 76 000 Gulden zum Wohle der evangelischen Gemeinde errichtet, aus deren Zinsertrag Arme und Kranke unterstützt, arme Konfirmanden gekleidet und die kirchlichen Anstalten gefördert wurden. Auch hat sie die Vorgängerin der heutigen Orgel im Jahr 1883 für die Stadtkirche gestiftet.

Charakteristisch für die Stiftungen der Glaubensgenossen war aber vorzüglich der karitative Zweck. Nach dem Petruswort „Wohlzutun und mitzuteilen vergesset nicht!" waren sie vorwiegend für die Armen und Kranken der Gemeinde bestimmt, wie ja schon der „Almosenkasten" im 16. Jahrhundert für die Armen gesorgt hatte. Seit dem Jahr 1787 ordnete eine Kommission des Rates das Armenwesen und stellte im Jahr 1816 ein paritätisches Ortsstatut für die „Lokalarmenpflege" auf. Unterhalten wurden die Armen durch Kirchenkollekten beider Konfessionen und durch Einlagen in die Armenbüchsen, welche in den Wirtschaften aufgestellt waren, für die protestantischen Glaubensgenossen vorzüglich durch die vielen Vermächtnisse der evangelischen Bürger.

Das Vorbild dieser frommen Wohltäter fand um die Wende des 19. und 20. Jahrhunderts unter den begüterten Familien viele opferwillige Nachfolger, wie den Ökonomierat Adam Kleinschroth. In fast vierzig Stiftungen im diakonischen Geist wurden sie in dem Zeitraum von 1870 bis 1914 mit ihren zeitlichen Gütern den Armen und Kranken der evangelischen Bürgerschaft, der protestantischen Kinderbewahranstalt und der Industrie- und Haushaltungsschule zum großen Segen.

Es ist ein Gebot der Dankbarkeit, unter diesen Stiftern der großen Wohltaten zu gedenken, welche die Familie derer von Deuster - Landrat Friedrich von Deuster, Magistratsrat Theodor und Hedwig von Deuster und Reichsrat Oskar und Auguste von Deuster - für karitative Zwecke zugunsten der evangelischen Gemeinde geleistet hat. In sechs Stiftungen spendeten sie mehr als 100 000 Goldmark für kirchliche Zwecke, wie Kinderbewahranstalt und Haushaltungsschule, protestantische Pfründe und Armenpflege, gärtnerische Anlage und Paul-Eber-Denkmal vor der Stadtkirche und die ehemalige „Hedwigsglocke".

Leider wurde das ansehnliche Stiftungskapital aus fast vierzig Stiftungen infolge des Währungsverfalls in den Jahren 1923 und 1948 so stark vermindert, dass es keine Rente mehr auswirft. Schon seit dem Jahr 1923 wurden die Zinsen zum Stiftungskapital geschlagen und sind mit der Geldumstellung vom Jahr 1948 völlig bedeutungslos geworden.

Man muss es als Ruhmesblatt der evangelischen Gemeinde Kitzingen betrachten, dass so viele vermögende evangelische Bürgerfamilien in der wirtschaftlichen Blütezeit seit dem ausgehenden 19. Jahrhundert zahlreiche Stiftungen für kirchliche, unterrichtliche und karitative Zwecke errichteten. Würdig ihren Vorfahren in der Zeit der Reformation taten sie nicht nur ihren Glaubensgenossen Gutes, sondern stärkten damit auch das Kirchenvermögen. Möchten sich doch auch in der Zeit des „Wirtschaftswunders" Glaubensgenossen finden, die ihren Reichtum für die Wohlfahrt ihrer Kirchengemeinde arbeiten lassen!

„Hedwigsglocke" von 1912

43. Kapitel
Das Schulwesen der evangelischen Gemeinde Kitzingen

Im „Evangelischen Jahrhundert" richtete der Rat der Stadt neben der von früher her bestehenden Lateinschule, die er im Jahr 1527 im reformatorischen Geist erneuerte, auch fünf „deutsche Schulen", d. h. Schulen für das Volk, ein, die für die Belehrung der Knaben und Mädchen im evangelischen Geist sorgten. Nach der Wiedereinlösung der Stadt durch das Hochstift Würzburg wurde das evangelische Schulwesen fast ein Jahrhundert unterdrückt. Erst mit dem Schulhausbau auf dem vom Fürstbischof geschenkten Grund und Boden in der Graben-, bzw. Luitpoldstraße im Jahr 1722 entwickelte sich wieder ein bescheidenes Schulwesen.

Im Jahr 1722 verfügte die evangelische Schule über zwei Lehrer. Infolge der starken Zunahme der evangelischen Bevölkerung durch die von Würzburg begünstigte Einwanderung protestantischer Gewerbetreibender wuchs die Schülerzahl so an, dass im Jahr 1783 ein dritter, im Jahr 1821 ein vierter und im Jahr 1835 ein fünfter und sechster Lehrer nötig wurden. Der erste Knabenlehrer war zugleich der Rektor der Lateinschule, der Unterricht in den Anfangsgründen der lateinischen Sprache gab. Da die drei Pfarrhäuser räumlich nicht mehr ausreichten — sie beherbergten auch die protestantische Lateinschule — mussten private Lehrräume in der Schweizergasse, in der Markt-, Kaiser- und Grabenstraße gemietet werden.

Als auch diese zerstreuten und ungenügenden Schulräume wegen Überfüllung unhaltbar geworden waren, erwarb die protestantische Kirchenverwaltung im Jahr 1835 vom bayerischen Staat den bisher leer stehenden Ostflügel des ehemaligen Ursulerinnenklosters um 6200 Gulden als Eigentum, später auch den Nordflügel. Am 11. November 1835 erfolgte die feierliche Eröffnung des ersten protestantischen Schulhauses in Kitzingen. Das geräumige Schulhaus bot anfänglich auch anderen Schulen Gastrecht. Sieben Jahre lang diente das an den Chor der Stadtkirche anstoßende Erdgeschoß der israelitischen Kultusgemeinde als Synagogenraum, bis sich die 400 Seelen zählende jüdische Gemeinde im Jahr 1883 eine Synagoge in der Schrannenstraße erbaute. Ebenso waren im protestantischen Schulhaus zeitweise die Städtische Töchterschule, die Vorläuferin der jetzigen Oberrealschule für Mädchen, und die Mädchenfortbildungsschule, die Vorläuferin der Städtischen Berufsschule, und der Handarbeitsunterricht der Industrie- und Haushaltungsschule untergebracht. Noch jetzt befindet sich in den Räumen des ehemaligen Salzmagazins im Nordwestflügel des Schulhauses das Stadtarchiv.

Die Ordnung der protestantischen Schulverhältnisse lag im 19. Jahrhundert in den Händen eines Gemeindeausschusses, der das Recht der Präsentation für die Lehrer der oberen Mädchen- und Knabenklassen bis zum Jahr 1920 ausübte. Da der Kantor- und Organistendienst mit dem Schuldienst in den Oberklassen verbunden war, wählte der Gemeindeausschuss nur solche Bewerber für diese Klassen, die fähig und bereit waren, den kirchlichen Dienst im Nebenamt auszuüben. Im Jahr 1897 erhielt die evangelische Schule die erste weibliche Lehrkraft. Gab es im Jahr 1835 erst 6 Klassen mit ebenso vielen Lehrern, so stieg deren Zahl bis zum Jahr 1915 auf 14 Klassen und 14 Lehrkräfte - 9 Lehrer und 5 Lehrerinnen - bei einer Schülerzahl von 700 Schulkindern. Im Schuljahr 1962 zeigt dagegen die Volksschule Kitzingen folgenden Lehrer- und Schülerstand:

Die evangelische Volksschule zählte im Schuljahr 1961/62 24 Lehrkräfte - 7 männliche und 17 weibliche -, die 952 Schulkinder unterrichten, und zwar in der Altstadt 528 und in der im Jahr 1955 erbauten Schule der Siedlung 424 Schulkinder.

Die katholische Volksschule dagegen zählt 22 Lehrkräfte — 8 männliche und 14 weibliche —, die 919 Schulkinder unterrichten, und zwar in der Altstadt 488 und in der Siedlung 431 Schulkinder.

Dazu kommt noch die simultane Hilfsschule in der Altstadt mit 2 Lehrern und 1 Lehrerin, die 45 evangelische und 42 katholische Schulkinder unterrichten.

So weist die Volksschule Kitzingen im Jahr 1962 997 (51 %) evangelische und 961 (49%) katholische Schulkinder auf.

44. Kapitel
Die Grabstätten der evangelischen Gemeinde

Den ältesten Liegeplatz für die Verstorbenen der Stadt finden wir in der vorreformatorischen Zeit auf dem freien Kirchplatz südlich der St. Johanniskirche. Noch heute erinnert der eingezäunte Garten mit dem hohen Kruzifix am katholischen Pfarrhaus an den letzten Überrest des ehemaligen Friedhofes, dessen Fläche von einem Über dem von einer barocken Schieferkuppel gekrönten Friedhofseingang steht folgende Inschrift: „Anno Domini 1542 haben Bürgermeister und Rat dieses christliche Begräbnis machen lassen. Der Herr wolle allen denen, so gottselig in Christo Jesu entschlafen und darein gelegt werden, am Jüngsten Tag eine fröhliche und selige Auferstehung durch Christum, unsern Erlöser, verleihn. Amen".

Aber schon nach drei Jahrzehnten musste wegen der überaus hohen Sterblichkeit unter der Bürgerschaft in den zahlreichen Pestjahren dem Friedhof eine zweite und dritte Abteilung angegliedert werden. An sie erinnert eine weitere Inschrift über dem Friedhofseingang: „Anno Domini 1577 wurde dieser Gottesacker gegen Untergang (Westen) um ein gut Teil erweitert und anno 1593 gegen Mitternacht (Norden), auf welchem erkauften Teil die vom Ratsherrn Reumann erbaute Capell und Bahrhäuslein steht, und ist samt diesem Tor und jetziger umgehender Mauer zu bauen angefahen worden. Gott verleih Gnad und vergelte alle hiezu erzeigten Wohltaten. Amen!"

In der von ihm erbauten Gottesackerkirche wurde Reumann auch beerdigt. Der Grabstein des Stifters in der im gotischen Stil erbauten und im Jahr 1809 während der Franzosenkriege stark beschädigten und abgerissenen Kapelle trug folgende Inschrift: „Anno 1601 ist in Gott selig eingeschlafen der ehrenrechte Herr Georg Reumann von Würzburg, Münzmeister, Fundator (Gründer) dieser Kapelle und etlicher Stipendien, auch milder Almosen, Beförderer des gemeinen Nutzens, dem Gott genade". Noch heute besitzt die Sakristei der Stadtkirche als Gabe von ihm eine wertvolle Weinkanne aus Silber und Gold, die bei der Austeilung des Heiligen Abendmahls benützt wird. Reich mit Blumen verziert zeigt sie an der Außenseite die sechs Werke der Barmherzigkeit, auf dem Deckel einen Winzer mit Bibeltext und Wappen der Stadt und auf der Innenseite des Deckels die Namen der Stifter mit ihren Familienwappen. Diese Kanne wie die im Jahr 1687 gestiftete Kanne samt den zwei hohen silbernen Leuchtern der Familie Busch und dem Kruzifix vom Jahr 1754 gehören zu den Schätzen der Sakristei der Stadtkirche.

Abendmahlskanne, gestiftet von Ratsherr Georg Reumann um 1600
Kelch und Patene, gestiftet von Schwester Frida von Soden 1921

Von den früher überdachten Familiengrüften links und rechts des Toreinganges ist links nur die Gruft unter den von Holzsäulen getragenen Arkaden hervorzuheben, die von einem kunstvoll geschmiedeten Gitter eingeschlossen wird. Sie birgt die Grabstätte der evangelischen Familie Herold. Heinrich Karl Herold war Ratsherr, Weinhändler und Kirchenpfleger der Evangelischen Gemeinde in der Zeit der erbitter- ten Glaubensstreitigkeiten des 18. Jahrhunderts. Ein farbiges Holzdeckengemälde über der Gruft zeigt die Auferstehung der Toten am Jüngsten Tag nach der Vision des Propheten Ezechiel. Der altarartige Aufbau aus Sandstein trägt folgende Inschrift:

„Den 21. September 1819 wurden die Gebeine der Christoph Busch'schen Eheleute und der beiden Pfarrer Schmidt und Hobbhan aus der Gruft der protestantischen Kirche in Etwashausen ausgegraben und mit einer ansehnlichen Begleitung feierlich in diese Herolds-Gruft gebracht". Darunter folgt der Vers „Wenn einst des Himmels Herold ruft und sein' Stimm wird erschallen, dann folgen wir ihm aus der Gruft zu seinem und unserem Wohlgefallen! Wir folgen ihm in Friedenssaal und halten mit das Abendmahl". Neben dieser mittelalterlichen Friedhofsanlage lag der Soldatenfriedhof, in welchem die Soldaten der Würzburger Garnison, die in der hiesigen Landwehrkaserne im 18. Jahrhundert ihren Dienst taten, beerdigt wurden. Dieser wurde als zweite Abteilung des Friedhofs im Jahr 1830 ummauert und mit dem alten Friedhof vereinigt.

Als sich im Jahr 1889 eine dritte Friedhofserweiterung notwendig zeigte, erfolgte sie auf dem Gelände des anschließenden Zimmermannsplatzes. Gleichzeitig wurde auf ihm ein Leichenhaus errichtet und der erweiterte dritte Friedhof im September 1889 eingeweiht. Nach der Zerstörung des alten Leichenhauses und vieler Grabstätten im Februar 1945 wurde im Jahr 1949 das jetzige Leichenhaus neu erbaut. Dank der liebevollen Grabpflege durch die Bürgerschaft erinnert nichts mehr an das schreckensvolle Bild, das die Grabstätten vor dem Faltertor bei Kriegsende im Jahr 1945 geboten haben.

Aber schon gelegentlich der dritten Erweiterung des alten Friedhofs wünschte ein großer Teil der Bürgerschaft eine Neuplanung des Friedhofs westlich des Bahndammes am Südhang des Fronberges. Sie begründete ihren Wunsch damit, dass infolge der immer größeren Ausdehnung und der starken Bevölkerungszunahme der Stadt der Friedhof nicht weiter mehr von der Stadt eingeengt werden dürfe, sondern künftiger Erweiterungen wegen weit vor dem Wohngebiet liegen müsse. Trotzdem blieb es damals bei der Erweiterung des alten Friedhofs. Der 23. Februar 1945 korrigierte den damaligen Beschluss des Stadtrates. Für die Beisetzung der vielen hundert Todesopfer war außerhalb der Stadt eine hinreichende Begräbnisstätte unbedingt nötig. So entschied sich der Stadtrat für die *Anlage eines neuen, erweiterungsfähigen Friedhofs, des dritten, an der äußeren Buchbrunner Straße*, welcher im Jahr 1958 ebenfalls ein Leichenhaus erhielt.

Friedhof in Etwashausen

Im Jahre 1812 wurde die alte Peterskapelle in Etwashausen wegen Baufälligkeit abgerissen. Der um sie angelegte Friedhof erhielt als schmückenden Mittelpunkt im Jahr 1852 ein Steinkruzifix, das ein Schüler des berühmten Münchner Bildhauers Ludwig von Schwanthaler gefertigt hatte. Im Jahr 1898 musste der Friedhof wegen der wachsenden Bevölkerung in der Vorstadt Etwashausen erweitert werden, wobei auch ein neues Leichenhaus gebaut wurde.

Die drei Friedhöfe der Stadt, vor dem Faltertor, an der Buchbrunner Straße und in Etwashausen stehen als städtisches Eigentum beiden Konfessionen offen.

45. Kapitel
Neugestaltung des kirchlichen Lebens der Gemeinde
im 19. und 20. Jahrhundert

Unter dem segensreichen Einfluss der religiös-sozialen Gedanken Wicherns und des Pfarrers Wilhelm Löhe in Neuendettelsau erwuchsen der Evang.-Luth. Kirche neue kirchliche Aufgaben. Die von ihnen erhobenen Forderungen auf dem Gebiet der Inneren und Äußeren Mission, dass missionarischer Dienst und diakonisches Wirken Hand in Hand gehen müssten, verfehlten ihren belebenden Einfluss auf die Evangelische Gemeinde Kitzingen und ihre Pfarrer nicht. So kam es zunächst zur Gründung von Anstalten der christlichen Diakonie, welche die Gemeinde in engste Verbindung mit dem Mutterhaus in Neuendettelsau brachten. Zu diesen Gründungen der christlichen Nächstenliebe gesellten sich dann im Zuge unseres Jahrhunderts noch weitere bahnbrechende Einrichtungen.

Die wichtigsten Punkte des kirchlichen Lebens innerhalb der Kirchengemeinde lassen sich in folgende Aufgaben zusammenfassen:

A) Werke der Inneren Mission.
B) Bereicherung des gottesdienstlichen Lebens.
C) Die Evangelische Gemeinde in der Zeit des Kirchenkampfes.
D) Die Evangelische Gemeinde in der Zeit des Zweiten Weltkrieges und des Wiederaufbaues der Stadtkirche.
E) Das kirchenmusikalische Leben in der Gemeinde.
F) Die Jugend- und Erwachsenenkreise innerhalb der Evangelischen Gemeinde.
G) Das Werk der Äußeren Mission.
H) Der Ausbau des Evangelischen Gemeindezentrums in der Siedlung.

A) Die Werke der Inneren Mission:

a) Die „Kleinkinderbewahranstalt" — Kindergarten
b) Der Evang. Verein für Krankenpflege
c) Die „Protestantische Anstalt" — Haushaltungsschule
d) Das Kinderheim in Etwashausen
e) Altenfürsorge
f) Das Mädchenheim

a) Die „Kleinkinderbewahranstalt" — Kindergarten

Aus unscheinbaren Anfängen trat vor hundert Jahren als erstes Werk der Inneren Mission die „Protestantische Kleinkinderbewahranstalt" ins Leben. Schon früher wünschten evangelische Eltern eine Kinderbewahranstalt. Wirklichkeit wurde diese Anstalt, als der Kitzinger Bürger Georg Krauß durch eine Stiftung den Grundstein dazu legte. In der Schenkungsurkunde vom Jahr 1846 bestimmte er als ihren Zweck: „In Hinblick auf den reichen Segen, welcher durch Kleinkinderbewahranstalten begründet wird, und aus dem aufrichtigen Wunsch, das Wohl meiner Vaterstadt zu fördern, übergebe ich 300 Gulden als Schenkung der Protestantischen Kirchengemeinde mit dem Zweck, dass diese Summe zur Begründung einer Protestantischen Kleinkinderbewahranstalt angelegt wird, bis die Errichtung einer solchen Anstalt verwirklicht werden kann". Dem Beispiel Kraußens folgten bald weitere Stiftungen der Kitzinger Familien Hornschuch und Sander.

Im Jahr 1860 gründeten Männer und Frauen aus der Gemeinde eine Kinderbewahranstalt, in welcher das Herrenwort Markus 10,14 verwirklicht werden konnte. Unter ihnen befand sich auch der Bierbrauer Thomas Ehemann als großer Wohltäter der Kleinkinder. Er stellte im Hinterhaus seiner Brauerei, des jetzigen Bürgerbräus, einen Saal für die Kinderanstalt zur Verfügung. Im März 1860 begann die Kleinkinderlehrerin Margareta Hoffmann, die von der Kleinkinderbewahranstalt Schweinfurt kam, ihren Dienst an der neuen Anstalt. Sie war im Kaiserswerther Mutterhaus in der weiblichen Diakonie ausgebildet worden.

Nach Ehemanns Tod wurde dessen Schwiegersohn, Magistratsrat Carl Reichard von Deuster, Pfleger der jungen Anstalt. Seine Tochter, Frau Lisette Noll, nahm sich ihrer in warmherziger Weise an. Auf ihre Bitte erhielt sie vom Neuendettelsauer Mutterhaus drei Schwestern für die Betreuung der Kleinkinder, da die erste Anstaltsleiterin Hoffmann sich verehelichte.

Doch bald sollten diese Schwestern in einem noch größeren Pflichtenkreis, nicht nur als Kinderschwestern, sondern auch als Pflegerinnen kranker und armer Gemeindeglieder sowie als Unterrichtsschwestern im Handarbeitsunterricht evangelischer Mädchen bis auf den heutigen Tag dienen.

Aber immer noch fehlten der Anstalt genügend große Räume und ein Spielplatz für 120 Kleinkinder. Da erwies Frau Noll der jungen Anstalt eine weitere Wohltat, als sie im Jahr 1872 ein ihr gehöriges Haus am Kapuzinergraben als Heim für die zukünftige Kinderbewahranstalt bestimmte. Die Noll'sche Stiftung können wir als Urzelle der Diakonie- und Schwesternarbeit der evangelischen Gemeinde betrachten. Für immer bleibt sie mit dem Namen der edlen Stifterin Lisette Noll verbunden.

Vor ihrem Wegzug nach Frankfurt vermachte sie die Anstalt der Gemeinde Kitzingen. Im Jahr 1876 wurde vom Mutterhaus in Neuendettelsau, der bisher private in einen kirchlichen Kindergarten umgewandelt und unter der Leitung von Neuendettelsauer Schwestern dem 1. Pfarrer der Kirchengemeinde unterstellt. Oft musste der Opfersinn der Gemeindeglieder in Zeiten der Not mit Geldmitteln für die Erhaltung der Anstalt eintreten. So stifteten die beiden Töchter des Thomas Ehemann, Margareta und Sophie Ehemann, 20 000 Goldmark und Georg Weiler aus Etwashausen 4 000 Goldmark. Mit dem Zinsertrag dieser Kapitalien konnten nicht nur die dringend notwendigen baulichen Veränderungen an dem alten Haus bestritten, sondern auch noch eine kleine Schar von verwaisten Mädchen, die nach ihrer Konfirmation noch ein Jahr in der Anstalt verblieben, sowie heimatlose Pflegekinder in das Haus aufgenommen werden.

Im Jahr 1881 wurde vom Mutterhaus Diakonissin Emilie Rieß zur Anstaltsleiterin dahier ernannt und Dekan Helm zum Anstaltsvorstand bestimmt. Als warmherzige Anstaltsmutter der Verwaisten und als Trösterin der Kranken verstand sie es, das evangelische Gemeindeleben der Stadt mit christlichem Geist zu erfüllen. Daher war es ein schwerer Schlag für die Kirchengemeinde, dass sie im Jahr 1890 beim Versuch, ein Pflegekind zu retten, durch einen tragischen Unglücksfall selbst ums Leben kam. Als ein Mädchen von seinem Gang in den Kartoffelkeller nicht zurückkam, und die Oberin selbst in den Keller stieg, um nach dem Mädchen zu sehen, fand sie dort samt dem vermissten Kind durch ausströmende Gärgase, die aus dem tiefer gelegenen Weinkeller einer Weinhandlung kamen, den Erstickungstod. Die letzte Kindergartenschwester, Anna Brennig, war vom Jahr 1909 bis zum Jahr 1941 hier tätig. Im April 1941 wurde ihr eine leichtere Arbeit im Kindergarten Rüdenhausen übertragen. Sie starb aber im Oktober des gleichen Jahres und wurde auf dem hiesigen Friedhof beigesetzt. Vorschulpflichtige Kinder evangelischer Eltern besuchen in großer Anzahl den jetzigen „Evang.-Luth. Kindergarten" am ehemaligen Stadtgraben und werden hier von einer in Neuendettelsau ausgebildeten Kindergärtnerin christlich erzogen. In den letzten drei Jahrzehnten machte die zunehmende evangelische Bevölkerung in der räumlich wachsenden Stadt den Bau weiterer Kindergärten in Etwashausen und in der Siedlung zu einem dringenden Gebot.

Urzelle der Haushaltungsschule in der Kapuzinerstraße.
Das Haus rechts neben der Kapuzinerkirche wurde 1872 von Frau Lisette Noll
geb. Ehemann für eine „Kinderbewahranstalt" zur Verfügung gestellt.
Die Kapuzinerkirche wurde von 1945—1950 von der röm. kath. Gemeinde
den Evangelischen zur Mitbenutzung überlassen.

b) Der Evangelische Verein für Krankenpflege

Mit dem Wachstum der evangelischen Bürgerschaft gegen Ende des 19. Jahrhunderts wurde eine geordnete Krankenpflege innerhalb der Evangelischen Gemeinde zu einer Notwendigkeit. Den Anfang hierzu machte 1. Pfarrer Helm durch Berufung einer Krankenschwester aus dem Mutterhaus Neuendettelsau nach Kitzingen. Sein Nachfolger, 1. Pfarrer Boeckh, gründete im Jahr 1889 als zweites Werk der Inneren Mission in Kitzingen den „Evangelischen Kranken(pflege)verein" und holte zu diesem Zweck eine weitere Schwester aus dem Mutterhaus. Als Zweck setzte sich der Verein, armen und alleinstehenden Gliedern der Evangelischen Gemeinde in Krankheitsfällen durch die Diakonissen die nötige Pflege für Leib und Seele zuteil werden zu lassen. Dank der Schleicher'schen Diakonissenstiftung konnte noch eine dritte Schwester für die Krankenpflege unter den Gemeindegliedern gewonnen werden. So standen im Jahr 1896 dem Krankenverein, der durch Geldbeiträge seiner Mitglieder aus allen Kreisen der Gemeinde unterhalten wird, drei in Krankenpflege ausgebildete Schwestern zur Verfügung, die als Kranken- und Gemeindediakonissinnen mit großem Segen unter den Gemeindegliedern wirkten.

Im Jahr 1938 konnte der Krankenverein das Haus Nummer 1 in der Glauberstraße als Gemeindediakonissenstation für die Gemeindeschwestern erwerben. In Tag- und Nachtpflegen üben die Schwestern an Krankenbetten ihren stillen und aufopfernden Dienst aus und sind allen Kitzingern bei ihren Hausbesuchen in ihrer unverdrossenen Dienstbeflissenheit wohlvertraut. Es sind die Schwestern Grete Müller, Anna Zehn und Sophie Heckel, welch' letztere seit dem Jahr 1954 als Krankenschwester unter den Evangelischen der Siedlung tätig ist. Die dritte Schwester für die Stadt Kitzingen, Sybilla Reutin, starb nach dreiundzwanzigjähriger segensreicher Arbeit an den pflegebedürftigen Gemeindegliedern im Jahr 1959 und wurde im Anstaltsfriedhof in Neuendettelsau unter starker Beteiligung der Kitzinger Gemeinde beigesetzt. Im Jahr 1955 trennten sich die Mitglieder des Krankenvereins der Siedlung vom Stammverein Kitzingen und schlossen sich zu einem selbständigen Krankenpflegeverein Siedlung zusammen.

Schwesternhaus, Glauberstraße 1, erworben 1938

Protestantische Industrie- und Haushaltungsschule, Kapuzinerstraße

c) Die „Protestantische Anstalt" — „Industrie- und Haushaltungsschule"

In den neunziger Jahren des 19. Jahrhunderts trat eine weitere drängende Aufgabe an die Leitung der Kinderbewahranstalt heran. In der wirtschaftlich aufblühenden Handels- und Gewerbestadt Kitzingen erhob sich immer stärker der Ruf nach einer gründlichen Ausbildung der weiblichen Jugend in den Handarbeiten. Nunmehr eröffnete im Mai 1895 die Anstalt neben der Kinderschule als weiteren Zweig ihrer Arbeit auch eine weibliche „Handarbeits- und Industrieschule", die allen Töchtern ohne Unterschied der Konfession offen stand. Als Lehrkräfte dienten drei im Handarbeiten ausgebildete Diakonissen von Neuendettelsau. Wegen Raummangels musste der Unterricht im protestantischen Volksschulgebäude gegeben werden, wo die Schwestern täglich 150 schulentlassene Mädchen in der Nadelarbeit unterrichteten.

Eine noch entscheidendere Wendung im Aufgabenbereich der Diakonissen trat im Jahr 1896 ein. Der Aufschwung der wirtschaftlichen Verhältnisse verlangte gebieterisch nach einer vielseitigen hauswirtschaftlichen Ausbildung der weiblichen Jugend. So wurde auf Wunsch der Evangelischen Gemeinde im Frühjahr des gleichen Jahres 1896 als Ergänzung der Industrieschule eine eigene Haushaltungsschule gegründet, in der schulentlassene Mädchen in den hauswirtschaftlichen Fächern

114

weiblichen Schaffens Unterricht erhalten. Um auch auswärtigen Schülerinnen den Besuch der Schule zu ermöglichen, wurde ihnen im Hause Kost und Wohnung geboten.

Dank einer großen Spende des Pflegers der Schule, des Magistratsrates Carl Reichard von Deuster, wurde nun das räumlich beschränkte Anstaltsgebäude aufgestockt und durch einen östlichen Anbau erweitert. Im August 1896 wurden die beiden Schulen — Handarbeits- und Haushaltungsschule — von Dekan Müller feierlich eingeweiht. Zur gleichen Zeit wurde auch die Umgebung der Anstalt verändert, indem mit einem Durchbruch durch die Stadtmauer eine Verbindung von der Neustadt zum Kapuzinergraben geschaffen wurde. Am 15. September 1896 begann in dem vergrößerten Haus die „Industrie- und Haushaltungsschule Kitzingen" ihre Arbeit für konfirmierte Töchter unter der Leitung von Diakonissen, welche in allen hauswirtschaftlichen Fächern Unterricht geben und die Mädchen zur christlichen Häuslichkeit zu erziehen sich bemühen.

Weitere große Stiftungen der einzelnen Glieder der Deuster'schen Familie und die Überlassung eines an die Anstalt angrenzenden Grundstückes durch den Anstaltspfleger, Landrat Friedrich von Deuster, gestatteten noch einen Anbau nach Westen, der für das Treppenhaus, den großen Speisesaal und die Schlafsäle bestimmt war. Im Jahr 1908 wurde für die Gewinnung einer großen Lehrküche ein ebenerdiger Flügel angebaut und darauf eine Glasveranda mit einer schönen Balustrade errichtet. Schon im Jahr 1902 ließ Landrat Friedrich von Deuster am südöstlichen Eck der Schreibersgasse zwei alte Häuser abbrechen und hier einen hohen Neubau errichten. Neben den Bügelzimmern und der früheren Krankenstation im Erdgeschoß, beherbergt er im Obergeschoß den dringend benötigten Handarbeitssaal, in welchem auch die wöchentlichen Bibelstunden abgehalten werden. Der erweiterte Anstaltshof wurde zu einem Spielplatz für die Kleinen umgestaltet. Im Oktober 1902 wurde dieser Neubau gleichzeitig mit dem neu eröffneten Städtischen Krankenhaus, das ebenfalls von Diakonissen aus Neuendettelsau geleitet wurde, eingeweiht.

Durch diese verschiedenen Anbauten ungleichen Charakters erhielt das alte Noll'sche Haus erst das uns vertraute Bild von heute. Mit großem Segen für die evangelischen Familien der Stadt versehen die Schwestern hier ihren diakonischen Dienst an den Kleinkindern wie an den konfirmierten Schülerinnen.

Der erste Weltkrieg konnte die Arbeit der beiden Anstalten nur wenig hindern. Gerade während der fünf Kriegsjahre, in denen die Väter eingerückt und die Mütter erwerbstätig waren, war der Kindergarten überfüllt.

Auch der dritte Pfleger aus der Deuster'schen Familie, Magistratsrat Theodor von Deuster, sorgte durch eine hohe Stiftung für die Erhaltung der beiden Anstalten während der Kriegsjahre. Ihr Wachsen zum jetzigen Stand wäre ohne die jahrelange herzliche Verbundenheit mit der Diakonissenarbeit und die allzeit opferwillige Gebefreudigkeit der Gesamtfamilie von Deuster nicht möglich gewesen.

Zur Feier des 25jährigen Bestehens der Haushaltungsschule am 5. Juli 1921, an welcher 300 ehemalige Schülerinnen eine Wiedersehensfeier in ihrer früheren Bildungsstätte hielten, stiftete Oberin Frieda von Soden zum Dank für die große Opferwilligkeit, welche die Evangelische Gemeinde ihrer Anstalt jederzeit erwiesen hatte, für die Stadtkirche einen goldenen Abendmahlskelch nebst einem goldenen Hostienteller mit folgenden Begleittext: „Der Jubiläumstag unserer Haushaltungsschule am 5. Juli 1921 schloss für mich persönlich außer der Erinnerung an die vor 25 Jahren betätigte Gründung der Haushaltungsschule auch die Erinnerung an den Beginn meiner Arbeit dahier überhaupt ein. Da war es für mich ein Herzensbedürfnis, für den großen Segen, den ich im Verlauf von 25 Jahren mit meinem ganzen Hause durch die hiesige evangelische Gemeinde und in unserem Gotteshaus empfangen durfte, durch Stiftung der Abendmahlsgefäße in einer sichtbaren Form zu danken. Ich weiß für unsere geliebte Kirchengemeinde nichts Höheres zu erflehen, als die Gabe des Altarsakraments, welche für uns Vergebung der Sünden, Leben und Seligkeit einschließt".

Die Stifterin ließ Kelch und Hostienteller mit je sechs Edelsteinen, die früher ihr Armband schmückten, verzieren. Die zwölf Edelsteine wollen an die Schilderung im 21. Kapitel der Offenbarung erinnern, in welcher der Aufbau des himmlischen Jerusalem sich aus zwölf Edelsteinen zusammensetzt. Die genannten zwei Abendmahlsgefäße werden mit den anderen gestifteten Sakramentsgefäßen bei der Austeilung des Heiligen Abendmahls regelmäßig verwendet.

Nach 32jähriger segensreicher Wirksamkeit als Oberschwester kehrte Frieda von Soden im Jahr 1928 nach Neuendettelsau ins Feierabendhaus zurück. Ihre Nachfolgerin Schwester Jette Netzsch wurde schon nach drei Jahren zur Führung der Haushaltungsschule nach Lindau im Bodensee abberufen. An ihrer Stelle wirkte seit 1931 Oberschwester Frieda Schmitt 28 Jahre lang hier in großer Treue mit ihren zwei Mitschwestern und den weltlichen Lehrkräften an der hauswirtschaftlichen Ausbildung und christlichen Erziehung von über 700 jungen Mädchen. Gar manche Koch- und Handarbeitsausstellung zeigte der Kitzinger Bürgerschaft das vielseitige Können der Schülerinnen im Kochen und in der Nadelarbeit. Nachdem Oberschwester Frieda Schmitt im Jahr 1959 ebenfalls nach Neuendettelsau ins Feierabendhaus zurückgekehrt war, wird die Haushaltungsschule und der Kindergarten nunmehr geleitet von Schwester Anni Gollwitzer, die seit dem Jahr 1929 als Handarbeitslehrerin hier wirkt, zusammen mit Schwester Anna Guckenberger, die seit dem Jahr 1932 für die praktische hauswirtschaftliche Ausbildung der jungen Mädchen sorgt.

Der Zweite Weltkrieg unterbrach die stille Arbeit der Schule. Zeitweilig dienten die Anstaltsräume als Reservelazarett. Der Kindergarten fand im Jugendheim Unterkunft und konnte trotz vieler Alarme weiter arbeiten. Im Jahr 1941 wurde die Schule wegen ihres konfessionellen Charakters geschlossen und von der NSDAP für die Kinderlandverschickung aus luftgefährdeten Gebieten beschlagnahmt. Vier Jahre lang beherbergte sie ein Lager für schulpflichtige Mädchen aus Nordrhein-Westfalen. Nach dem Luftangriff auf die Stadt am 23. Februar 1945 wurde das Lager aufgelöst. Nun wurde das Anstaltsgebäude eine Zufluchtsstätte für bombengeschädigte alte Leute aus der Gemeinde.

Schon im Mai 1945 konnte der Kindergarten seine Arbeit an der vorschulpflichtigen Jugend unter Aufsicht von geprüften Kindergärtnerinnen wieder aufnehmen, während die Haushaltungsschule erst im Frühjahr 1946 mit ihrer Unterrichts- und Erziehungsarbeit beginnen konnte. Seitdem versieht sie ihren diakonischen Dienst auch weiterhin an Hunderten von Schülerinnen, den späteren christlichen Hausfrauen. So wurde dank der hochherzigen Stiftungen evangelischer Familien der diakonische Dienst im Kindergarten, in der Haushaltungsschule und in der Krankenpflege zum geistlichen Segen für unsere Kirchengemeinde.

d) *Die Gründung des Kinderheims in Etwashausen im Jahr 1930*

Als weiteres Werk für die Kleinkinder entstand das Kinderheim in Etwashausen. Infolge des raschen Wachstums der evangelischen Bevölkerung an den östlichen Randteilen der Stadt, der Flugplatzsiedlung wie der neu entstehenden Siedlung am Galgenwasen und am Sickershäuser Weg, fehlte wegen der weiten Entfernung von der Stadtkirche den dort wohnenden evangelischen Familien eine genügende kirchliche Versorgung. Es bleibt das Verdienst von Dekan Braun, rechtzeitig auf die Notwendigkeit eines neuen kirchlichen Stützpunktes für die evangelischen Familien im östlichen Stadtviertel hingewiesen zu haben. Schon wenige Jahre nach seinem Amtsantritt betrachtete er die Errichtung eines kirchlichen Mittelpunktes am östlichen Stadtrand als seine vordringlichste Aufgabe.

Im Dezember 1928 wurde von ihm ein „Evangelischer Verein" ins Leben gerufen, der zunächst den Ausbau eines evangelischen Kinderheims beschleunigt in die Wege leiten sollte. Dank der finanziellen Unterstützung durch den Landesverband der Inneren Mission in Nürnberg wie des Zentralausschusses der Inneren Mission Deutschlands konnte im nächsten Jahr der Bau des Heimes in Angriff genommen werden. Zunächst sollte das Heim eine Pflegestätte für die Kinder der im Erwerbsleben stehenden evangelischen Familien sein und durch Neuendettelsauer Schwestern betreut werden. Gleichzeitig sollte mit ihm ein Versammlungsraum für gottesdienstliche und gemeindliche Zwecke geschaffen werden. Den Bauplatz für das Kinderheim verdankt

die Kirchengemeinde der Gärtnerswitwe Margareta Weiler. Er liegt in der Flugplatzstraße, mitten im humusreichen Gartenland. Die Gesamtkosten des Baues, der von
der hiesigen Firma Friedrich Tasch ausgeführt wurde, beliefen sich samt der Inneneinrichtung auf 120 000 RM.

Kinderheim in Etwashausen, erbaut 1930

Die Grundsteinlegung des Hauses erfolgte am 55. April 1929 und seine feierliche
Einweihung am 25. März 1930. Der Weihe ging ein Festgottesdienst in der Stadtkirche voraus, den Rektor D. Lauerer von der Neuendettelsauer Diakonissenanstalt
hielt. Gemeinde und Jugend zogen hierauf von der Stadtkirche zum neuen Kinderheim, wo Dekan Braun den Weiheakt vornahm. Zunächst leistete Schwester Babetta
Binder ihren Dienst 26 Jahre lang an den vielen Kleinkindern mit mütterlicher Fürsorge und christlicher Verantwortung. Infolge des großen Mangels an Schwestern wird
das Kinderheim jetzt von einer in Neuendettelsau ausgebildeten Wirtschaftsleiterin
geführt. Trotz der unmittelbaren Nachbarschaft zum Flugplatz ist das Kinderheim im
letzten Weltkrieg unversehrt geblieben. Weder die Machthaber des „Dritten Reiches"
noch die feindlichen Bomber tasteten dieses Haus des Friedens an.

Sein Gründer, Dekan Braun, konnte nicht ahnen, welche Bedeutung dieses Haus
über seinen ursprünglichen Zweck einer Kinderbewahranstalt hinaus noch haben
sollte. Denn in der Zeit des Kirchenkampfes, in der sich die Gemeinde außerhalb des

118

Gotteshauses nur in einem kircheneigenen Gebäude versammeln durfte, wurde das Kinderheim in Etwashausen geradezu zu einem Mittelpunkt für die evangelische Bevölkerung. Hier fanden die Versammlungen der „Bekennenden Kirche" statt, hier holten sich die Gemeindeglieder, die dem Evangelium treu blieben, Rat und Trost, hier fanden Gottesdienste und Bibelstunden, Kirchenvorstandssitzungen und Bezirkssynoden statt, wie auch Ferien der Gemeindejugend.

Im Unglücksjahr 1945 wurde das Kinderheim ein Zufluchtsort für Obdachlose und vertriebene Familien, die hier eine vorübergehende Unterkunft fanden. Endlich hatte das Heim auch eine barmherzige Pflicht an den vielen hier untergebrachten elternlosen Kindern zu erfüllen. Auch von diesem Haus ist schon reicher Segen auf die Kirchengemeinde Kitzingen ausgegangen.

Rückblickend müssen wir dankbar anerkennen, dass Dekan und Kirchenrat Braun die kirchlichen Erfordernisse der Zeit in seinem Amtsbereich rechtzeitig vorausgesehen und mit unermüdlicher Tatkraft das kirchliche und gemeindliche Leben der Evangelischen Gemeinde in Kitzingen in den drei umwälzenden Jahrzehnten von 1920 bis 1950 mit neuen Gedanken befruchtet hat.

e) Die Altenfürsorge: Evangelische Pfründe und Altersheim (Frida-von-Soden-Haus)

Schon vor dem Bau des Kinderheims in Etwashausen wurde im Jahr 1920 der Verein „Protestantische Pfründe" gegründet, als dessen Ziel die Versorgung alter alleinstehender Gemeindeglieder bestimmt wurde. Durch den Einsatz von Stadtrat Martin Wittmann konnte Dekan Müller im Frühjahr 1921 das ehemalige Gasthaus zur Schwane in der alten Burgstraße übernehmen, um darin nach dem Auszug der Mieter evangelische Pfründner unterzubringen. Im Februar 1922 fand im Saal des Hauses die Einweihung der Pfründe durch seinen Nachfolger, Dekan Braun, statt. Nach dem Wunsch des Stifters sollten an Stelle des den Evangelischen verschlossenen Pfründespitals zur Steuerung der Wohnungsnot im ersten und zweiten Stock des Heims eigene Pfründen errichtet werden. Schon im gleichen Monat zogen zwei Pfründner ein. Infolge der Lockerung der Wohnungswirtschaft wurden immer mehr Wohnungen in Pfründen umgewandelt. Zur Zeit leben 15 Pfründner, in der Mehrzahl Frauen, in den beiden oberen Stockwerken. In den Jahren nach 1945 diente das Haus ausgebombten Gliedern der Gemeinde als Notwohnung. Zur Erinnerung an den Aufenthalt des Schwedenkönigs Gustav-Adolf im Jahr 1632 erhielt der Platz um das Pfründehaus die Straßenbezeichnung „Gustav-Adolf-Platz".

Nach dem Ende des Krieges führte die Sorge um die innere Not der Verlassenheit der alten Leute zu dem Plan, ein großes Altersheim zu errichten, da das Pfründehaus für diesen umfassenderen Zweck nicht ausreichte. Gefördert wurde dieses Unternehmen durch einen günstigen Umstand. Die beiden Grundstücke, auf denen sich jetzt das Altersheim in der Kanzler-Stürtzel-Straße erhebt, waren schon vor Jahrzehnten von der wohltätigen Familie von Deuster der „Evang. Industrie- und Haushaltungsschule" geschenkt und für einen Neubau bestimmt worden. Zu diesem Zweck war auch der Verein „Evang. Haushaltungsschule" gegründet worden.

Da aber die Ausführung des Baues, auch durch den Ausbruch des zweiten Weltkrieges und die folgenden zwei Geldentwertungen, immer weiter hinausgezögert wurde, kam es so weit, dass der Verein „Evang. Haushaltungsschule" nach der Währungsreform im Jahr 1948 infolge der hohen steuerlichen Belastung der Grundstücke mit Grundsteuern und Vermögensabgabe diese nicht mehr halten konnte. Notgedrungen trat er sie an den Verein „Evang. Pfründe" ab. Laut notarieller Urkunde vom Jahr 1954 übernahm die Pfründe die Ablösung der Vermögensabgabe mit 9000 DM, wofür der Verein „Evang. Haushaltungsschule" die beiden Grundstücke schenkungsweise an den Verein „Evang. Pfründe" übertrug.

Im Herbst 1954 teilte der Verein „Evang. Pfründe" dem Stadtrat mit, dass die evangelische Kirchengemeinde ein paritätisches Altersheim in der Kanzler-Stürtzel-Straße bauen wolle. Mit der Ausführung des Baues auf dem über 7000 qm großen Grundstück wurde im Herbst 1955 begonnen. Bauherr war der Verein „Protestantische Pfründe" mit Unterstützung der Evang. Kirchengemeinde. Den Bau erstellte das Evang. Siedlungswerk mit einem Kostenaufwand von über einer halben Million DM, der durch Zuschüsse des Landesverbandes der Inneren Mission und der Stadt Kitzingen mitfinanziert wurde.

Die feierliche Einweihung des Heimes in Gegenwart seiner Bewohner erfolgte am 11. Februar 1957 durch *Oberkirchenrat Kreisdekan Koch von Ansbach*. In seiner Rede gab er der Befriedigung darüber Ausdruck, dass bei aller Fürsorge für die Jungen auch die aus dem Lebenskampf ausgeschiedenen Alten in unserer Stadt in dem neuen Altersheim Geborgenheit fänden und so der Gefahr der Vereinsamung entgingen.

Die Bedeutung des Altersheimes liegt darin, dass mit ihm im Südteil der Stadt nicht nur ein weiterer Stützpunkt evangelischen Gemeindelebens entstand, sondern mit der Altenfürsorge auch eine wesentliche Lücke im sozialen Leben der Stadt ausgefüllt wurde. Unter der umsichtigen Leitung einer Anstaltsmutter verbringen hier 60 alte Leute ihren Feierabend. In dem um einen Lichthof gruppierten Heim finden sie in den Einzel- und Doppelzimmern der Obergeschosse einen angenehmen und wohnlichen Aufenthalt. Die ersten 45 Bewohner kamen aus dem aufgelösten Altersheim im Schloss Schwanberg, das dort vom Landkreis Kitzingen eingerichtet worden war.

f) Das Mädchenwohnheim am Gustav-Adolf-Platz

Ein weiteres Werk diakonischer Arbeit war vorübergehend das Mädchenheim. Es war ein Auffanglager und Übergangsheim für arbeitsentwöhnte, gefährdete Mädchen. Es wurde im Frühjahr 1956 von der Evangelischen Gemeinde im Rückgebäude der Pfründe am Gustav-Adolf-Platz mit Unterstützung der Inneren Mission und des Bundesjugendplanes eingerichtet, aber im Herbst 1961 wieder stillgelegt.

B) Die Bereicherung des gottesdienstlichen Lebens

Am 23. Oktober 1921 wurde *Otto Braun,* bisher II. Pfarrer von Nördlingen, vom Landeskirchenrat *zum I. Pfarrer und Dekan nach Kitzingen berufen.* In der Kirchenvorstandssitzung am 11. November in der Sakristei der Stadtkirche entwickelte er vor den Kirchenvorstehern ein weitgespanntes kirchliches Programm, das sowohl der liturgischen Bereicherung des Gottesdienstes diente, wie auch nach einem verlorenen Krieg der Gemeinde neue Aufgaben zum Besten der Jugend und der Alten stellte. In den drei Jahrzehnten seiner Amtsführung verstand er es, seine Gedanken mit großer Tatkraft durchzuführen.

Was jetzt die lutherische Agende für die Ordnung des Hauptgottesdienstes vorsieht, Bereicherung der Liturgie durch eine neue Gottesdienstordnung, erstrebte Dekan Braun schon vor Jahrzehnten. Als im Jahr 1854 in der Evang.-Luth. Kirche in Bayern rechts des Rheins eine neue Ordnung des Gottesdienstes eingeführt wurde, lehnte die Kitzinger Gemeinde diese ab und blieb bei dem früheren kurzen Predigtgottesdienst. Auch die neue Landeskirchliche Agende des Jahres 1879 wurde in Kitzingen missachtet. Mit dem Erntefest des Jahres 1925 glückte es den Bemühungen des Dekans, die Liturgie vom Jahr 1879 insoweit einzuführen, dass an Sonntagen die abgekürzte und an Festtagen die volle Form gesungen wurde. Wenn Dekan Braun anfänglich keine große Gegenliebe fand, so gewann er doch allmählich unter seinen Gemeindegliedern immer mehr Freunde für den vollen liturgischen Gottesdienst. So ist *Dekan Braun als Vorkämpfer der gottesdienstlichen Liturgie* in Kitzingen anzusehen.

Nun wuchs in den letzten Jahren durch den Zusammenschluss der evangelischlutherischen Landeskirchen das Verlangen nach einer einheitlichen und reicheren Gottesdienstform. Darum erschien im Jahr 1954 ein neues Agendenwerk, das sich durch größere Feierlichkeit der Liturgie und durch verstärkte Mitwirkung der Gemeinde auszeichnet. Wenn dieses Agendenwerk bei der Einführung im Gottesdienst im Jahr 1958 eine willige Gemeinde fand, so sicherlich auch durch die Vorarbeit von Dekan Braun.

Auch das weitere Anliegen der neuen Gottesdienstordnung, das gehörte Wort der Predigt mit dem Sakrament des Altars, als dem Höhepunkt des Gottesdienstes, wie in der Urchristenheit in engste Verbindung zu bringen, entsprach den Wünschen Brauns. Doch erst nach dem zweiten Weltkrieg wurde *die enge Verbindung der zwei Teile, Wortgottesdienst und Sakramentsgottesdienst, Predigt und Abendmahl, Kanzel und Altar,* Wirklichkeit. Eine Frucht dieser Bemühungen sehen wir darin, dass *seit dem Jahr 1954 geschlossene Sakramentsgottesdienste* stattfinden. So fanden die Gebote der Diakonie und der Liturgie in unserer Gemeinde ihre Verwirklichung. Ein besonders Verdienst erwarb sich Dekan Braun um die Jugend *mit der Einführung des Kindergottesdienstes.* Bereits im Jahre 1913 hatte der frühere I. Pfarrer, Dekan Boeckh, in Nürnberg den Landesverband des evangelischen Kindergottesdienstes in Bayern gegründet. Durch Dekan Braun wurde der Kindergottesdienst am ersten Weihnachtsfeiertag des Jahres 1921 auch in der Kitzinger Stadtkirche eingeführt, um der volksschulpflichtigen Jugend eine kindertümliche, d.h. klare Auslegung des Predigttextes zu ermöglichen. Heute ist der Kindergottesdienst ein selbstverständliches Stück der kirchlichen Unterweisung der Jugend, die nach dem Hauptgottesdienst der Erwachsenen folgt und aus dem Leben der Gemeinde nicht mehr wegzudenken ist. Viel Segen mag seitdem von den sonntäglichen Kindergottesdiensten auf die Gemeinde ausgegangen sein.

C) Die Evangelische Gemeinde in der Zeit des Kirchenkampfes

Mit dem unheilvollen Jahr 1933, dem Beginn der nationalsozialistischen Gewaltherrschaft, wurde der friedvolle Aufbau der kirchlichen Einrichtungen zum Stillstand verurteilt. Dieser Staat wollte auch unsere Evangelische Gemeinde in seine Gewaltherrschaft einbeziehen. So wollte die NS - Partei mit der vom Staat befohlenen und beeinflussten Kirchenvorstandswahl im Sommer 1939 die Landeskirchen in Deutschland „gleichschalten". Als gefügiges Werkzeug Hitlers sollten die „Deutschen Christen" unter dem un-evangelischen Reichsbischof Ludwig Müller das Kirchenregiment über die evangelisch-lutherischen Landeskirchen antreten. Damit war das Zeichen zum Kirchenkampf gegeben! Der 72jährige Kirchenpräsident D. Ernst Veit — gestorben 1948 — trat ab und ging in den verdienten Ruhestand. An seiner Stelle wählte die Landessynode im Mai 1933 den 52jährigen Pfarrer D. Hans Meiser zum neuen Landesbischof der Evang.-Luth. Kirche Bayerns.

Die Kirchengemeinde Kitzingen hielt gegenüber dem Versuch einer Gleichschaltung von Kirche und Staat, die eine Verfälschung der biblischen Lehre bedeutete, zäh am lutherischen Bekenntnis fest. Gegen die geplante Eingliederung der Landeskirchen in eine Reichskirche bildeten die Kirchen Bayerns und Württembergs zusammen mit den bekenntnistreuen Gemeinden anderer Landeskirchen auf der Bekenntnissynode von Barmen eine gemeinsame Abwehrfront. Die evangelischen Bürger schlossen sich zu einer Gemeinschaft zusammen und hielten Bekenntnisgottesdiens-

te ab. Auch veranstaltete die Evangelische Gemeinde im Mai 1933 auf dem Bezirks-
kirchentag dahier eine öffentliche Kundgebung gegen die Gottlosenbewegung. Die
kleine Gruppe der „Deutschen Christen", die hier ihr Wesen trieb und die christliche
Lehre im Sinne Rosenbergs „verdeutschen" wollte, fand bei der hiesigen Gemeinde
für ihre Irrlehren keinen Rückhalt.

Im Oktober 1934 wurde der Kirchenkampf nach außen noch mehr sichtbar, als
der vom Staat eingesetzte „Rechtswalter" Jäger den Landeskirchenrat in München
absetzte und über Landesbischof D. Hans Meiser die Schutzhaft verhängte. Aber mit
der Unterdrückung der kirchlichen Behörden wuchs in der Kitzinger Gemeinde der
Widerstand und die Treue zu ihrem kirchlichen Oberhaupt. Zum Zeichen der Trauer
über den staatlichen Gewaltakt wurden die Kerzen bei der Gottesdienstfeier gelöscht,
bis infolge der vielen Protestversammlungen in ganz Bayern D. Meiser wieder freige-
lassen wurde. Doch der Kirchenkampf sollte, nur weniger sichtbar nach außen, wei-
tergehen.

Die von Dekan Braun ins Leben gerufene Gemeindehilfe trat mit der Sammlung
von Unterschriften für die Bekenntnisgemeinschaft im Jahr 1935 zum erstenmal öffentlich in Erscheinung. Im gleichen Jahr besuchte Kreisdekan Oberkirchenrat Kern
die Evangelische Gemeinde Kitzingen und ermunterte sie zum treuen Durchhalten.
Im Jahr 1936 machten die „Deutschen Christen" unter ihrem Leiter, Pfarrer Sommer,
erneut Einbruchsversuche in das evangelische Kirchenvolk, erlitten aber bei dem
Versuch, eine Ortsgruppe zu gründen, einen Misserfolg, da die Kirchengemeinde bis
auf wenige verführte Glieder bekenntnistreu blieb.

Weitere Verfolgungen, wie ein Versammlungsverbot für den Gemeindeverein in
der Öffentlichkeit, waren die Folge. II. Pfarrer Schlier konnte die Gemeindeglieder nur
mit Hilfe der Gemeindehilfe unterrichten, die Einladungen zu Bekennt-
nisgottesdiensten von Mund zu Mund sowie Schriften und Flugblätter über den Stand
des Kirchenkampfes verbreiteten; denn der Zeitungspresse war es vom Staat streng
verboten, kirchliche Nachrichten und gottesdienstliche Anzeigen zu bringen. Durch
ihren verborgenen und mutigen Dienst trug die Gemeindehilfe dazu bei, die Gemeinde zusammenzuhalten und sie vor Verwirrung durch lügenhafte Berichte der Partei-
presse zu bewahren.

Als Landesbischof D. Hans Meiser im März 1937 die Kitzinger Gemeinde besuchte, rief er sie in seiner Predigt zum Festhalten an der Bibel und am lutherischen Glauben auf. Lärmende Störungen der Gottesdienste durch die Appelle der Hitlerjugend
im Schulhof blieben nicht aus. Die Bekenntnisschule wurde aufgehoben und die
Volksschulen beider Konfessionen in eine Gemeinschaftsschule umgewandelt. Den
Lehrern beider Bekenntnisse wurde nicht nur die Erteilung des Religionsunterrichtes,
sondern auch die Übernahme des Organistendienstes untersagt. Endlich erfolgte im

Jahr 1940 die vollständige Verweisung des Religionsunterrichtes aus den Räumen der Schule. Auch das Schulgebet wurde verboten, und das Kruzifix aus den Schulzimmern entfernt und durch das Hitlerbild ersetzt. Das Gemeindeblatt für den Kirchenbezirk Kitzingen musste sein Erscheinen einstellen und die konfessionelle Haushaltungsschule den Unterricht. Schon im Jahr 1934 wurden die christlichen Jugendverbände in die Hitlerjugend eingegliedert und dann vollends aufgelöst. Doch gelang es der Gewaltherrschaft nicht, den christlichen Geist der evangelischen Jugend auszulöschen.

In diesen Jahren des fanatischen Abwürgens nahmen unter dem Druck der N.S.D.A.P. die Kirchenaustrittserklärungen der Parteimitglieder zu, die sich durch das Bekenntnis zum christlichen Glauben in ihrem beruflichen Vorwärtskommen nicht gehindert sehen wollten, wie auch die Zahl der Mischehen oder der Ehen, welche die kirchliche Trauung ganz verschmähten. In jedem Gottesdienst saßen Spitzel, die über die Äußerungen der Pfarrer berichten mussten. Auf eine Anregung des Kirchenpflegers Hans Uhl, Senior, wurde nunmehr das Glaubensbekenntnis und das „Vater unser" im Gottesdienst von der Gemeinde laut mitgesprochen. Einen Höhepunkt der Kirchenfeindschaft seitens der Partei stellt wohl das Verbot dar, das Himmelfahrtsfest im Jahr 1943 als kirchlichen Feiertag zu begehen, um „alle Kräfte für den Endsieg anspannen zu können". Erst am folgenden Sonntag Exaudi konnte des Festes nachträglich gedacht werden. Die Bedrängnis wuchs, als im gleichen Jahr die Stadtkirche vier Glocken für Kriegszwecke opfern musste, nämlich die große Deusterglocke mit 120 Zentnern Gewicht, die zwei Glocken vom Jahr 1754 und eine Glocke aus dem Jahr 1484.

Alle öffentlichen Lebensäußerungen evangelischer Vereine und der evangelischen Jugendverbände durften nur in kircheneigenen Gebäuden erfolgen. In diesen gottesfeindlichen Jahren zeigte es sich als große Wohltat, dass der Jugend das kirchliche Jugendheim als Versammlungsraum, und für die evangelischen Vereine und die Zusammenkünfte der Gemeinde der große Saal im Kinderheim in Etwashausen zur Verfügung stand.

Das gemeinsame Einstehen Müssen für den christlichen Glauben und die gemeinsam gebrachten Opfer in diesen Jahren ließen die beiden großen Konfessionen näher zusammenrücken und entspannten das konfessionelle Leben.

D) Die Evangelische Gemeinde in der Zeit des Zweiten Weltkrieges und des Wiederaufbaues der Stadtkirche

Nach den Jahren der gewaltsamen Unterdrückung der Evangelischen Gemeinde brachte das letzte Kriegsjahr 1945 der Bürgerschaft der Stadt noch unermesslichen

Schrecken und bitterstes Herzeleid. Der *Bombenüberfall* in der Mittagsstunde *des 23. Februar* forderte von den protestantischen wie katholischen Glaubensgenossen mehr als 600 Todesopfer. Mitten aus ihrer friedlichen Arbeit hinweg riss der Bombentod ohne Unterschied des Alters und Geschlechts 239 *Angehörige der evangelischen Gemeinde,* darunter allein 58 Kinder unter zehn Jahren. Dazu kommen noch *216 Kriegsopfer des Wehrstandes, so* dass die Evangelische Gemeinde Kitzingen insgesamt *über 450 Kriegsopfer zu beklagen hatte.* In den Tagen nach dem 23. Februar erreichten die Beerdigungsziffern in dem in aller Eile ausgehobenen Neuen Friedhof an der Buchbrunner Straße einen Höchststand.

Auch unsere schöne, vor wenigen Jahren erst renovierte Stadtkirche lag schwer zerstört bis auf die Außenmauern in Trümmern. Der Gottesdienst musste darum zunächst im unbeschädigt gebliebenen Kinderheim in Etwashausen gehalten werden. Als ein großes Glück war es zu bezeichnen, dass der Einzug der amerikanischen Truppen in den ersten Apriltagen in die Stadt, die von den Bürgern als die ersehnten Befreier von der Hitlerherrschaft begrüßt wurden, dank dem mutigen Eingreifen des Oberbürgermeisters Wilke keine neue Bombardierung der Stadt mit sich brachte. Ungehemmt von den Schikanen des gestürzten Tyrannen konnte sich trotz der trostlosen Lage infolge Hungersnot und staatlicher Ohnmacht das kirchliche Leben wieder frei entfalten. Die durch die kriegerischen Ereignisse gestörte Konfirmationsfeier am 1. Osterfeiertag (1. April) wurde am letzten Aprilsonntag nachgeholt. Das „Evang. Hilfswerk" wurde in der Gemeinde ins Leben gerufen. Aus den von den Gemeindehelferinnen durchgeführten Haussammlungen standen bald Naturalgaben und Kleider für die Linderung der größten Not bei den zahlreichen ausgebombten Familien sowie für die einströmenden Flüchtlinge evangelischen Glaubens zur Verfügung. Auch die tatkräftige Hilfe der Lutherischen Kirchen Nordamerikas stillte manche Not. Mit großer Dankbarkeit gedenkt die Evangelische Gemeinde auch der brüderlichen Hilfsbereitschaft der Katholischen Kirchengemeinde, die mit Genehmigung des bischöflichen Ordinariats unserer Gemeinde die Kapuzinerkirche fünf Jahre lang als gottesdienstliche Stätte bis zur Wiederherstellung der Stadtkirche überließ.

Schon im Juni 1945 wurde mit Hilfe freiwilliger Helfer mit den Aufräumungsarbeiten an der Stadtkirche begonnen. Ein Freudentag war es für die Gemeinde, als im Juli 1947 von den vier abgelieferten Glocken drei aus dem Glockenfriedhof in Hamburg-Wilhelmsburg unversehrt nach hier zurückkehrten, während die „Hedwigsglocke" schon eingeschmolzen war. Am Abend des 15. Juli fand die feierliche Einholung der Glocken unter Beteiligung der Gemeinde und ihrer Verbände vom Würzburger Tor aus zum Turm der Stadtkirche statt. Am 26. Oktober wurde dann im Anschluss an den Hauptgottesdienst die neue Glockenweihe gefeiert. Dekan Braun vollzog an den drei Glocken den Weiheakt. Am Tag darauf wurden sie zur Glockenstube hochgezogen, und am Reformationsfest 1947 riefen wieder vier Glocken die Gemeinde zum Gottesdienst. Doch blieb leider der Platz für die große „Hedwigsglocke" noch leer.

Der 2. *April 1950 wurde zu einem Jubel- und Danktag aller evangelischen Bürger. Fand doch an diesem Tage die neuerliche Einweihung der am 23. Februar 1945 stark zerstörten und in drei Jahren schöner denn je wieder aufgebauten Stadtkirche statt!* Zugleich brachte aber dieser Tag auch die dritte Weihe des ehrwürdigen Gotteshauses nach den vorausgegangenen Weihefeiern am 26. August 1699 und 19. Oktober 1817. Nach dem Abschiedsgottesdienst in der Kapuzinerkirche und dem festlichen Zug der Gemeinde und ihrer Verbände in das neu erstandene Gotteshaus hielt Oberkirchenrat und Kreisdekan Koch die Weiherede und Oberkirchenrat D. Bezzel die Festpredigt. Wenige Wochen nach diesem Freudentag fand nach 29 Jahren seines Wirkens in Kitzingen die feierliche Verabschiedung von Dekan Kirchenrat Braun am 7. Mai unter stärkster Beteiligung der ganzen Gemeinde im Saalbau Colosseum statt. Ihr schloss sich am 21. Mai die Installation seines Nachfolgers, des Dekans Bauer, in der Stadtkirche an.

Anlässlich der 1200Jahrfeier der Stadt Kitzingen fand am Vorabend, am 23. Juni 1951, eine Gemeindefeier in der Stadtkirche statt, zu welcher auf Einladung der Kirchen- und Stadtgemeinde auch Landesbischof D. Hans Meiser erschienen war. Am darauffolgenden Sonntag hielt der Landesbischof die Festpredigt über das Samuelwort: „Fürchtet nur den Herrn und dienet ihm treulich von ganzem Herzen. Denn ihr habt gesehen, wie große Dinge ER an euch tut!"

Seit dem Katastrophenjahr 1945 erhöhte sich durch die Vertreibung und Umsiedlung von 1,5 Millionen evangelischer Glaubensgenossen aus den Oststaaten und dem Nordosten Deutschlands nach Westen und Süden unseres Vaterlandes auch die Zahl der evang. Bürger in der Stadt, in verstärktem Maße aber auch der Zustrom an katholischen Vertriebenen aus dem Sudetenland und Schlesien. So stammen unter den 3000 Flüchtlingen, die in Kitzingen eine neue Heimat fanden, 80 Prozent aus den überwiegend katholischen Gebieten des Sudetenlandes und Schlesiens, aber nur 20 Prozent aus dem evangelischen Pommern und Ostpreußen. In ganz Bayern stieg wohl durch die Zuwanderung seit 1945 die Gesamtzahl der Evangelischen um 150 000 auf 2,5 Millionen, gleich einem Viertel der Gesamteinwohnerzahl Bayerns. Aber auch da war die katholische Zuwanderung größer als die evangelische.

Das Wachsen der Bevölkerungszahl in der Stadt machte es nötig, dass die seit dem Jahr 1893 bestehenden zwei Seelsorgebezirke auf drei vermehrt wurden: Sprengel I — die innere Stadt — wird vom I. Pfarrer, Sprengel II — die Vorstadt Etwashausen und der nordwestliche Teil der Stadt — wird vom II. Pfarrer, Sprengel III — die Siedlung — wird vom III. Pfarrer versehen. Die Ansässigmachung so vieler Gemeindeglieder vorwiegend in der Siedlung vermehrte dort die Zahl der Evangelischen so sehr, dass dort ein eigener Sprengel notwendig wurde.

Eine vergleichende *Übersicht der Seelenzahl der evangelischen Gemeinde* aus vier verschiedenen Zeitabschnitten ergibt folgendes Bild:

Im Jahr 1830 lebten unter 5100 Einwohnern 2600 Protestanten (51%)
Im Jahr 1910 lebten unter 9100 Einwohnern 5500 Protestanten (60%)
Im Jahr 1950 lebten unter 16 500 Einwohnern 8900 Evangelische (54%)
Im Jahr 1962 lebten unter 18100 Einwohnern 9400 Evangelische (52%),

von denen in der Altstadt 75% und in der Siedlung 25% leben, während von den 8400 Katholiken 65% in der Altstadt und 35% in der Siedlung leben, wozu noch 300 Andersgläubige kommen. Die Vergleichszahlen für den Landkreis Kitzingen lauten: 46% Evangelische und 54% Katholiken.

E) Das kirchenmusikalische Leben in der Gemeinde

Untrennbar mit dem gesprochenen Wort ist die Begleitung des Gemeindegesangs durch die gewaltige Stimme der Orgel im Gottesdienst verbunden. Die erste Orgel der Stadtkirche stammte aus der alten Etwashäuser Kirche und zählte 24 klingende Stimmen. Sie war ein mittelgroßes Werk, wurde von einem Rothenburger Orgelmacher für die neugebaute evangelische Kirche in Etwashausen im Jahr 1754 gefertigt und erhielt bei der großen Kirchenrenovierung im Jahr 1869 ein reichverziertes Orgelgehäuse, über 100 Jahre tat sie ihren Dienst in beiden Kirchen und begleitete die beiden Weihefeiern im Jahr 1754 und 1817 mit ihren Klängen. Da aber diese Orgel mit ihrem geringen Klangvolumen, das für die kleinere Etwashäuser Kirche ausreichte, das jetzige größere Gotteshaus nicht füllen konnte, stiftete Fräulein Babetta Schleicher, die große Wohltäterin der Gemeinde, im Jahr 1883 eine größere Orgel, die von der Firma Steinmeyer in Öttingen mit zwei Manualen und dreißig klingenden Stimmen auf der zweiten Empore eingebaut und am 21. September des Jahres 1884 feierlich eingeweiht wurde. 61 Jahre erklang sie als treue Begleiterin des Gemeindegesangs und bei der Aufführung kirchenmusikalischer Werke, bis sie am 23. Februar 1945 dem Bombenangriff zum Opfer fiel.

Sechs Jahre dauerte die orgellose Zeit. Im Winter 1950/51 wurde von der gleichen Firma mit dem Bau einer dritten Orgel begonnen. Gleichzeitig musste die Frage des Standortes der Orgel — ob auf der bisherigen zweiten Empore oder auf der ersten Empore —, über die schon im 19. Jahrhundert verschiedene Meinungen bestanden, endgültig entschieden werden. Doch in Hinblick darauf, dass durch die Versetzung der Orgel auf die erste Empore die Sitzplätze des sog. „Berges" verloren gehen würden, entschied sich die Mehrheit des Kirchenvorstandes für die Beibehaltung der zweiten Empore.

Nachdem das erste Teilwerk der Orgel im Mai 1951 und das zweite im Dezember 1953 vollendet waren, stand nach Fertigstellung des dritten Teiles das riesige Orgelwerk mit 58 klingenden Stimmen auf drei Manualen im Februar 1958 für den gottesdienstlichen Gebrauch bereit. Da die Orgel zweitausend Pfeifen umfasst, von denen die größte eine Länge von sechs Meter aufweist, vermag sie mit ihren Klängen die weite Kirchenhalle zu füllen. Die Gesamtkosten betrugen 90 000 DM.

Das „Königliche Instrument" wurde am 13. Gedächtnistag des unheilvollen Bombenangriffes auf die Stadt, am 23. Februar 1958, im Hauptgottesdienst geweiht. Am Abend desselben Tages fand ein Orgelkonzert von Landeskirchenmusikdirektor Högner statt. Mit ihrem Klangreichtum besitzt die Orgel überörtliche Bedeutung für alle Liebhaber der Orgelmusik in Stadt und Land. Nun steht der evangelischen Gemeinde in ihrem prächtig wieder erstandenen Gotteshaus auch das würdige liturgische Instrument zur Verfügung. Nun kann sie jubeln *„Psalter und Harfe wacht auf! Lasset den Lobgesang hören!"*

Neben dem Instrument der Orgel wird die Kirchenmusik vom *evangelischen Kirchen- und Posaunenchor* getragen. (Die erste Erwähnung eines evangelischen Chores findet man am 10. November 1732 bei der Erbhuldigung für den Fürstbischof Friedrich Carl von Schönborn, bei der eine festliche Abendmusik dargetan wurde.) Immer schon gab es in der Gemeinde musik- und sangeskundige Glieder, die den Gottesdienst durch Vokal- und Instrumentalmusik zu bereichern wünschten. So war der Boden vorbereitet, auf dem der erste hauptamtliche Kantor und Organist, Albert Weeber, im Jahr 1878 einen evangelischen Kirchenchor gründen konnte. Er bestand aus sangeskundigen Freunden der „Musica sacra" und setzte sich zum Ziel, den Festgottesdiensten eine feierliche musikalische Umrahmung zu geben. Diese Arbeit wurde von den Kantoren und Organisten Georg Geißelseder und Christian Jahreis fortgesetzt.

Nach dem ersten Weltkrieg führte *Kantor Joseph Koch,* aus Nürnberg kommend, viele Neuerungen auf kirchenmusikalischem Gebiet ein. Neben den Chordarbietungen an den hohen Feiertagen bot er im Verein mit dem Kirchenchor und Solostimmen klassische Werke der Tonkunst, in denen sich die hohe gesangliche Leistungsfähigkeit des Kirchenchors vorzüglich zeigte. Im Laufe seiner dreißigjährigen Amtszeit bewährte er sich als meisterlicher Interpret geistlicher Orgelmusik, besonders in der Advents-, Weihnachts- und Passionszeit. Auch zur feierlichen Ausgestaltung der Gemeindeabende trug Koch mit seinem Kirchenchor wesentlich bei. Mit dem ihm verliehenen Titel eines Kirchenmusikdirektors anerkannte die Kirchenbehörde seine treue und erfolgreiche Arbeit auf der Orgel und an seinem Kirchenchor.

Sein Nachfolger, *Stadtkantor Friedrich Städtler,* setzte die musikalische Tradition seines Vorgängers fort. Mit Freude begrüßte die Gemeinde die zahlreichen geistli-

chen Abendmusiken und die sommerlichen Serenadenabende im Schulhof der protestantischen Schule. Das 75jährige Jubiläum des Kirchenchores gestaltete er sowohl
bei dem Festabend im Kinderheim in Etwashausen wie mit einem Festkonzert in der
Stadtkirche feierlich. In den wenigen Jahren seiner hiesigen Tätigkeit verstand es
Städtler, mit der Aufführung geistlicher Chor- und Orchesterwerke den Kirchenchor,
auch in Zusammenarbeit mit dem Posaunenchor, zu großer Meisterschaft zu führen.
Immer ließ er sich in seinem musikalischen Amt von dem Grundsatz leiten: „Singen
und spielen zur Ehre Gottes und zur Erbauung der Gemeinde". Nach seiner Berufung
an die Dreieinigkeitskirche in Nürnberg-Gostenhof versieht nun *seit Frühjahr 1957
Walter Opp das Amt des Organisten und Leiters des Kirchenchors,* nunmehr *„Evangelische Kantorei" genannt, wie des Posaunenchors.* Die Aufführung von Oratorien
und geistlichen Abendmusiken ist unter seiner Leitung zu einer dauernden Einrichtung im kirchenmusikalischen Leben der Gemeinde geworden. Als Bezirkskantor
fördert Opp die kirchenmusikalische Ausbildung der Laienorganisten im Kirchenbezirk
Kitzingen und leitet seit 1961 auch die neu gegründete Evang. Sing-Schule, wie sie
sich vor einhundert Jahren Carl Hornschuch in seinem Stiftungsbrief gewünscht hat.
Im Jahr 1957 hat sich auch an der Friedenskirche in der Siedlung ein Kirchenchor
gebildet, der unter der Leitung der dortigen Organistin, Frl. Lotte Kreßmann, steht.

Als zweiter Arbeitszweig der evangelischen Kirchenmusik ist der *Posaunenchor* zu
nennen. Seine Gründung ist eng mit dem „Christlichen Verein Junger Männer" -
CVJM - in Mainbernheim verbunden. Der dortige Geistliche, Pfarrer Walter, gründete
im Jahr 1905 auch in Kitzingen einen Verein Junger Männer. Da von den Mitgliedern
des dortigen Vereins Junger Männer ein Posaunenchor gebildet worden war, wollten
einige begeisterte junge Männer des Kitzinger Vereins ebenfalls mit dem Posaunen-
blasen beginnen. So kam es *im Jahr 1907 zur Gründung des Kitzinger Posaunenchors,* der zunächst aus sieben Bläsern bestand. Nachdem der erste Weltkrieg die
Posaunenarbeit stillgelegt hatte, wurde auf Betreiben von Dekan Braun im Mai 1922
hier ein Posaunenfest veranstaltet, wobei 280 Bläser, die „Spielleute Gottes" genannt,
mit ihren Chorälen die Gemeinde erfreuten. Dieser Tag gab allen Hörern Zeugnis von
dem volksmissionarischen Dienst der evangelischen Posaunenchorarbeit und brachte
dem Kitzinger Posaunenchor unter Leitung des Messerschmieds Fritz Rott einen
neuen Aufschwung.

Nun übernahmen Pfarrverweser Matthes, nach ihm Vikar Schneidt und nach dessen Wegzug im Jahr 1926 Stadtkantor Koch die Leitung des Chores. Wir finden ihn
als Begleiter der Choräle in der Advents-, Weihnachts- und Passionszeit und auch bei
dem festlichen Turmblasen, wo er seine weihevollen Klänge über die Dächer der
Altstadt erschallen lässt, wie es sinnbildlich der Posaune blasende Engel auf der
Kirchturmspitze tut. Außer bei der musikalischen Umrahmung des Gottesdienstes
und der Gemeindeabende, wie bei den Serenadenabenden und Geistlichen Abendmusiken zeigen die Bläser ihr Können auch bei den Landesposaunentagen. Außerdem wirkte der Kitzinger Posaunenchor, durch Bläser aus den Kirchengemeinden des

Dekanats Kitzingen (auf 27 Bläser) verstärkt, unter seinem Dirigenten Stadtkantor Opp auf den beiden Kirchentagen in München im Jahr 1959 und Berlin im Jahr 1961 mit. Auch war der Kitzinger Posaunenchor mehrmals im Bayerischen Rundfunk zu hören.

Mit seinen sechzehn begeisterten Bläsern stellt der Klangkörper des Chores unter seinem Obmann Ammon einen beachtlichen Faktor im kirchenmusikalischen Leben der Gemeinde dar. Bei der Feier seines 50jährigen Bestehens zeigte er seine ausgezeichneten Leistungen im Rahmen eines Kirchenkonzerts im Saal des Kinderheims Etwashausen. Hier fanden auch die alten „Getreuen" ihre verdiente Ehrung: Frieder Ammon, Karl Brendel und Jakob Ihrig, die seit 40 Jahren dem Chor die Treue halten.

Kirchen- und Posaunenchor sind aus dem kirchenmusikalischen Leben der evangelischen Kirchengemeinde Kitzingen nicht mehr wegzudenken.

F) Die Jugend- und Erwachsenenarbeit innerhalb der evangelischen Gemeinde

  a) Die Gemeindehilfe.
  b) Die Jugendarbeit.
  c) Die Erwachsenenarbeit.

a) Die Gemeindehilfe

Die Anregung zu dieser Neugründung innerhalb der Gemeinde gab Dekan Braun. Als Vorstand einer stark wachsenden Gemeinde konnte er — trotz der treuen Mithilfe seiner Gattin — eine Menge von hunderterlei kleinen Dingen ohne Schädigung seines geistlichen Auftrages nicht mehr leisten. Er erkannte aber auch, dass in der Gemeinde bereitwillige Glieder zu finden seien, deren Kräfte es nur zu wecken gelte, um sie zu treuen Helfern ihres Pfarrers zu gewinnen. Aus dieser Not heraus gründete er den Gemeindehilfsdienst, der jetzt aus ungefähr 60 ehrenamtlichen Gemeindehelfern und -helferinnen jeden Alters besteht und seine Erwartungen rechtfertigte. Sein Zweck ist vielfältiger Art, wie Vornahme von Haussammlungen, Austragen von Gemeindeblättern, Bindeglied zwischen Pfarramt und der Gemeinde zu sein u. a. mehr. In den Jahren des Kirchenkampfes und der Unterdrückung der kirchlichen Pressearbeit bestand der Gemeindehilfsdienst seine Probe und ist heute nicht mehr aus dem Leben der Gemeinde wegzudenken.

b) Die Jugendarbeit.

  1) Der Christliche Verein Junger Männer (CVJM)
  2) Die christliche Pfadfinderschaft (CP)
  3) Der evang. Jungfrauenverein (Maria-Martha-Verein)

4) Die Schülerbibelkreise (BK und MBK)
5) Der Bund christlicher Pfadfinderinnen (BCP)
6) Die Evangelische Gemeindejugend
7) Der christliche Jugendbund

Nach der Jahrhundertwende war man mehr und mehr bemüht, der Jugend auch außerhalb des Gottesdienstes, aber in enger Verbindung mit der Gemeinde ihren eigenen Lebensraum zu geben. So entstanden bald vielfältige Formen kirchlichen Gemeinschaftslebens unter den jungen Menschen der Gemeinde. Allen ist das eine Ziel gemeinsam: Die Jugend evangelischer Familien außerhalb des kirchlichen Raumes zu sammeln, die biblischen Lehren in den Herzen der Jugend zu vertiefen und die jungen Menschen zu treuen und tätigen Gliedern der Gemeinde zu erziehen. Darum steht im Mittelpunkt aller evangelischer Jugendarbeit die Bibel.

Daneben kam aber auch eine Vielfalt von Interessen zur Geltung, die die einzelnen Verbände jeweils stärker betonen. Die Jugendgruppen tragen zur Ausgestaltung der Gottesdienste, der Gemeindeabende oder sonstiger Aufgaben des Gemeindelebens bei und bereichern damit das Leben ihrer Evangelischen Gemeinde. Dekan Braun förderte auch hier die Einführung des alljährlichen Bezirksjugendsonntags.

Einen Mittelpunkt für die evangelische Jugendarbeit bildete das *Gemeindehaus* am Gustav-Adolf-Platz 6. Es war der frühere Gasthof zur „Schwane", der jetzt Eigentum des Vereins „Evangelische Pfründe" ist. Schon im November 1921 wurden auf Antrag von Dekan Braun die umgebauten Räume des Erdgeschosses der kirchlichen Jugendarbeit zur Verfügung gestellt und dort ein Jugend- und Lehrlingsheim eingerichtet, in dem einheimische und auswärtige, aber in Kitzingen beschäftigte Lehrlinge ihre Freizeit verbringen konnten.

Auf Antrag von Dekan Kirchenrat Bauer wurde im Herbst und Winter 1958/59 neuerdings das Erdgeschoß des Hauses zu einem großen Gemeindesaal nebst zwei Versammlungszimmern umgebaut. Mit der Wiedereröffnung am 19. April 1959 war der längst ersehnte kircheneigene Raum für Veranstaltungen der evangelischen Gemeinde geschaffen. Der evangelischen Jugend stehen auch weiterhin die neuen Räume zur Verfügung, und sie hofft, weitere später einmal auch im oberen Stockwerk zu finden, wenn die dort noch wohnenden Pfründner im Altersheim eine bessere und ruhigere Aufenthaltstätte bekommen werden. Das Gemeinde- bzw. Jugendheim bildet den Mittelpunkt des außergottesdienstlichen Lebens der Gemeinde.

1) Der älteste Zusammenschluss evangelischer Jugend der Stadt ist der *„Christliche Verein Junger Männer"* (CVJM). Als internationaler christlicher Weltbund wurde er im Jahr 1855 in Paris gegründet. Er machte den Anfang der großen Einigungsbewegung von Christen verschiedener Nationen. Am 27. März 1905 wurde durch den

ersten Vorsitzenden des Bayerischen Jünglingsbundes, Pfarrer Walter in Mainbernheim, der CVJM auch in Kitzingen gegründet, dessen erster Leiter Herr Mülländer war.

Bald erwuchs aus diesem Zusammenschluss junger Menschen durch Diakon Weidt der Posaunenchor. In einem Raum neben der Stadtkirche im Schulhof versammelten sich die Mitglieder um das Studium der Bibel. Im Jahr 1912 bildete sich innerhalb des Vereins auch eine Turn- und Pfadfinderabteilung, die Wanderungen und Zeltlager durchführte. Während des Ersten Weltkrieges betätigte sich der Verein im volksmissionarischen Schriftendienst an den Soldaten. Später fanden die Zusammenkünfte im Haus 7 am Hindenburgring Nord statt und seit dem Jahr 1922 im Jugendheim. Infolge der Betonung der pfadfinderischen Zielsetzung trennten sich im Jahr 1927 die Pfadfindergruppe vom CVJM. Doch Uhrmacher Burgold gliederte im gleichen Jahr eine neue Jungschar an, die sich rasch vergrößerte.

Im Jahr 1934 musste alle kirchliche Jugendarbeit eingestellt werden. Nur ein kleiner Kreis fand sich noch im Haus der Landeskirchlichen Gemeinschaft in der Kaltensondheimer Straße zusammen. Der Zweite Weltkrieg legte die Vereinsarbeit ganz lahm, und erst im Jahr 1949 trafen sich die Vereinsmitglieder beim ersten Vorstand, Friedrich Poschet, in der Zeppelinstraße wieder. Nun wurde die volksmissionarische Arbeit mit dem Aushang von Schaukästen und der „Goldenen Worte" wie mit der Schriftenverteilung wieder aufgenommen. Im Jahr 1950 trat der Verein mit Vorträgen über Erziehungs- und Ehefragen wie auch mit einer Jugendevangelisation an die Öffentlichkeit. Die Zusammenkünfte fanden im Jugendheim und später im Haus der Landeskirchlichen Gemeinschaft statt. Aus dem CVJM sind zwei Missionare (Schneider und Liebler), Pastor Senft in USA und der Diakon Hartleb hervorgegangen. Zurzeit studieren zwei Vereinsmitglieder Theologie.

2) Als zweite Gliederung der Jugendarbeit folgt *„Die Christliche Pfadfinderschaft"* (CP), die aus dem CVJM im Jahr 1912 herausgewachsen war. Vierzehn junge Menschen schlossen sich unter den pfadfinderischen Idealen der Hilfsbereitschaft, Ritterlichkeit und Reinheit zusammen und traten gleichzeitig mit gleichgesinnten Gruppen in Verbindung. Im Jahr 1912 fand hier ein Treffen mit den Würzburger Pfadfindern statt, für das die Deuster'sche Reithalle zur Verfügung stand. Pfingsten 1914 wurde ein Pfadfindertag in Kitzingen veranstaltet, wobei auf dem Fußballplatz ein Zeltlager errichtet wurde. Nach dem Ende des ersten Weltkrieges wurde die Arbeit wieder aufgenommen. Nach langen Bemühungen konnte im Herbst 1930 ein eigenes Heim an der Winterleite südlich der Kaltensondheimer Straße eingeweiht werden. Drittes Reich und der Zweite Weltkrieg brachten die Vereinsarbeit nach außen ganz zum Erliegen, doch der Geist lebte weiter und sofort nach 1945 rief Friedrich Ammon die Gruppe wieder ins Leben. Seitdem leistet der Bund wieder seinen Dienst an der evangelischen Jugend durch ein naturverbundenes Gemeinschaftsleben auf Fahrten

und Lagern. Aus den Reihen der Pfadfinder kam auch Missionar Maurer; drei Mitglieder stehen als evangelische Lehrer im Volksschuldienst und zwei studieren zurzeit Theologie.

3) Im Jahr 1906 entstand auf Anregung der Schwester Christiane Kröppel „Der *Evangelische Jungfrauenverein.* Sein Zweck war, hiesigen evangelischen und vor allem auswärtigen, hier berufstätigen Mädchen christliche Gemeinschaft zu geben. Im Jahr 1914 übernahm Schwester Christiane Lippold den Verein, dem sie den Namen „Maria-Martha-Verein" gab. In den 30er Jahren fanden die Zusammenkünfte im Jugendheim statt, nachdem man sich vorher im ehemaligen Schwesternhaus in der Herrnstraße und in Privatwohnungen getroffen hatte. Während des zweiten Weltkrieges ging der Verein in die „Evangelische Gemeindejugend" über. Aus seinen Reihen kamen zwei Diakonissen, Regine Kahl und Hanna Berlin.

4) Der Student Willi Lenz gründete 1921 den ersten *Schülerbibelkreis,* dessen Bibelstunden in der Landeskirchlichen Gemeinschaft stattfanden. Die Leitung hatten die jeweils hier amtierenden Vikare. Pfarrer Schlier nahm sich dieser Schülergruppen der höheren Lehranstalten besonders an. Im „Dritten Reich" mussten sie ihre Arbeit einstellen, und ihre Mitglieder schlossen sich zum Teil der „Christlichen Pfadfinderschaft" an.

Für die Schülerinnen der höheren Lehranstalten entstanden auch um 1921 eigene Bibelkreise (Mädchenbibelkreis MBK). Unter Pfarrer Schlier schlossen sie sich der „Tatgemeinschaft christlicher Pfadfinderinnen" an.

5) Als erste Gruppe in Bayern schlossen sich im Jahr 1929 in Kitzingen junge Mädchen im Geist der christlichen Pfadfinderbewegung zusammen. Angegliedert war der Bund der „Tatgemeinschaft christlicher Pfadfinderinnen" (TCP), die sich bald darauf *„Bund christlicher Pfadfinderinnen"* (BCP) nannte. Unter ihrer Leiterin Christl Schmidt führten die Pfadfinderinnen im Jahr 1934 an einem Gemeindeabend das Spiel von Julius Schieder „Um den Glauben" auf. Die Jahre des „Kirchenkampfes" gaben dem Bund Gelegenheit sich zu bewähren. 1937 wurde die Pfadfinderarbeit völlig verboten. Kurz vorher hatte die Gruppe noch Landesbischof D. Meiser in Kitzingen empfangen. Während des Zweiten Weltkrieges waren viele Glieder des Bundes dienstverpflichtet. Doch hat er während des Krieges nie aufgehört zu existieren. Gleich nach dem Zusammenbruch trat er wieder an die Öffentlichkeit. Von seinen Leiterinnen seien genannt: Hanna Burck, Christl Schmidt, Betti Lindner, Margret Gundel, Anneliese und Gunda Dippold, Hannelore Benkard, Maria Pfister und Maria Hirt. Mit Vikar Peter Krusche bekam die gesamte evangelische Jugendarbeit in der Stadt einen neuen Auftrieb. Heute liegt die Leitung des Bundes der Pfadfinderinnen in den Händen der Oberlehrerin Anneliese Karl. In verschiedenen, nach Altersstufen gegliederten Gruppen tut der Bund seinen Dienst an Jugend und Gemeinde. Er

sammelt seine Mitglieder um Bibelarbeit, Singabende und Laienspiel und zwar in einem eigenen Heim im Obergeschoß des Turmes der Stadtkirche.

6) Als letzter Zweig der Jugendarbeit ist die „Evangelische Gemeindejugend" zu nennen. Mit Beginn des Kirchenkampfes im Jahr 1934 wurden alle kirchlichen Jugendverbände in die Staatsjugend (Hitlerjugend und Bund deutscher Mädchen) eingegliedert und schließlich ganz verboten. Erlaubt waren nur kirchliche Zusammenkünfte und nur in kircheneigenen Räumen. Gemeinsame Wanderungen, Fahrten, Spiele, auch eigene Tracht und Fahnen waren der evangelischen Jugend verboten. Geblieben war nur die Möglichkeit, sich um die Bibel und das Gesangbuch zu scharen. Hier liegt nun die Geburtsstunde der „Evangelischen Gemeindejugend". Obwohl die Glieder der verbotenen evangelischen Bünde geheim zusammenhielten, kamen sie und auch Nichtorganisierte regelmäßig als Gemeindejugend zu Bibelarbeit und Gebet im Jugendheim zusammen.

Diese Lage veranlasste die Kirchenleitung, von sich aus die Jugendarbeit zu übernehmen. Sie schuf eine Zentrale des evangelischen Jugendwerkes in Nürnberg und das Amt eines Landesjugendpfarrers, sowie Ausbildungsstätten für Jugendleiter. Wenn auch nach dem Krieg die alten Bünde ihre Aufgaben wieder übernahmen, so besteht doch die „Evangelische Gemeindejugend", wenn auch ohne äußere Zeichen, wie Tracht und Fahnen, weiter und ist offen für die gesamte Jugend der Gemeinde. Nur e i n Zeichen, das Kreuz auf der Erdkugel, verbindet die gesamte evangelische Jugend in Deutschland. Im Juni 1948 übernahm Frl. Maria Hirt als Dekanatsjugendleiterin die Arbeit an der weiblichen Jugend.

Im September 1952 übernahm Pfarrer Beckmann als Bezirksjugendpfarrer die männliche Gemeindejugend, die sich in mehrere Abteilungen gliedert (Jungschar bis 14 Jahren, Jungenschaft bis 16 Jahren, Jungmannschaft über 16 Jahre). Trotz der eifrigen Mitarbeit der Vikare verhindern der Mangel an geeigneten Mitarbeitern und das Fehlen eigener Räume eine Ausweitung. Wenn auch der Notbehelf in der Baracke des Stadtjugendheims im Deusterpark nach dem Umbau des Jugendheimes etwas behoben wurde, so muss das Jugendheim doch noch für viele andere Zwecke der Gemeinde zur Verfügung stehen. Trotzdem die Form der Gemeindejugend lockerer ist als die der Bünde, so bleiben doch Bibelarbeit, Freizeiten und Wanderungen ihr Herzstück. Bei den Älteren sind es Lebensfragen, um die man sich unter dem Wort Gottes bemüht.

Seit Oktober 1953 gibt es auch *„Abende der jungen Gemeinde".* Die „Junge Gemeinde" schließt junge Männer und Mädchen über 18 Jahre zu Geselligkeit, Vorträgen und Diskussionen über christliche Probleme zusammen. Die Sommerfreizeiten haben das Ziel, in christlicher Gemeinschaft Persönlichkeiten zu bilden, die getreu ihrem evangelischen Glauben ihren Platz in der Gemeinschaft ausfüllen werden.

Auch eigene Jugendgottesdienste, wie die alljährliche Adventsvesper und die Teilnahme an den Kirchentagen werden von der Gemeindejugend durchgeführt. Auch erwuchsen aus ihr der liturgische Chor und manche der heute bestehenden Dienstgruppen in der Gemeinde. Aus ihren Reihen kamen zwei Diakone, eine Diakonisse und ein Student der Theologie. So sind von der Jugendarbeit zahlreiche Segensspuren ausgegangen.

7) Der *christliche Jugendbund ist eine Gliederung der landeskirchlichen Gemeinschaft und dort besprochen.*

c) *Die Erwachsenenarbeit.*

Die Erwachsenenkreise weisen nicht die große Verschiedenartigkeit der Jugendverbände auf. Trotzdem sind auch hier sechs Gruppen zu nennen:

1) Der Evangelische Arbeiterverein — Gemeindeverein
2) Der Evangelische Frauenbund
3) Der Mütterkreis
4) Der Berufstätigenkreis
5) Der Männerkreis
6) Die Landeskirchliche Gemeinschaft.

1) Dem diakonischen Dienst des Für- und Miteinander dienen auch die seit Mitte des 19. Jahrhunderts entstandenen evangelischen Arbeitervereine. Wir finden seit dem ersten im Jahr 1847 in München gegründeten Arbeiterverein nahezu einhundert evangelische Vereine in den bayerischen Städten. So wurde auch in unserer Stadt, wenige Monate nach Gründung des Vereins für Krankenpflege, am 27. *Oktober 1889* auf Drängen des I. Stadtpfarrers Friedrich Boeckh ein *„Evangelischer Arbeiterverein"* ins Leben gerufen. Seine Mitglieder schließen sich zu einer christlichen Gemeinschaft zusammen, die in der Treue zum evangelischen Glauben bemüht ist, das Gemeindeleben mit christlichem Geist zu durchdringen. Diesem Zweck dienen Gemeindeabende, welche durch Vorträge aus allen Wissensgebieten, Darbietungen des Posaunen- und Kirchenchors und einen Laienspielkreis bereichert werden; sommerliche Fahrten in die fränkische Heimat vereinigen die Gemeindeglieder zu einer großen Familie.

Nicht zuletzt liegt ihm auch die Pflege der Jugendarbeit und die Unterstützung der Jugendkreise sehr am Herzen. So erfolgte im Jahr 1912 die Gründung einer Jugendabteilung, die an Sonntagnachmittagen der evangelischen Jugend gesellige Unterhaltung im christlichen Geist bot. Vorstand des Gemeindevereins ist der jeweilige I. Pfarrer. Nach seinem Gründer folgte Dekan Müller und seit dem Jahr 1921 Dekan Braun. Unter seiner Leitung nahm der Verein einen großen Aufschwung. Betrachtete er ihn doch als wichtigstes Band zwischen Pfarrer und Gemeinde. Das „Dritte Reich" bedrängte den konfessionellen Charakter des Vereins sehr und nötigte ihn schließlich, auf Vorschlag von Dekan Braun seinen Namen in „Gemeindeverein" umzuändern. Sicherlich ist diese Bezeichnung besser angebracht, da der Gemeindeverein ja Mitglieder aus allen Berufen der ganzen Gemeinde umfasst.

Seit dem Ausbruch des Kirchenkampfes mussten die Familienabende unterbleiben, und ebenso die gemeinschaftlichen Wanderungen in das fränkische Umland. Schon im Juli 1935 wurde der Familienausflug des Vereins zum Sickershäuser Keller von der politischen Polizei als kirchliche Demonstration untersagt. Mit Kriegsausbruch wurde die Vereinstätigkeit noch mehr eingeschränkt und die Männerabende überwacht. Die Vereinsabende mussten polizeilich angemeldet werden und durften nur kirchliche und religiöse Fragen erörtern. Da sie auch nur in kircheneigenen Räumen abgehalten werden durften, fanden die Zusammenkünfte im Kinderheim in Etwashausen oder im Jugendheim statt. Beide Räume waren während der nationalsozialistischen Gewaltherrschaft die Stützpunkte des evangelischen Gemeindelebens.

Nach Beendigung des Weltkrieges konnte die Evangelische Gemeinde wieder aufatmen, und das kirchliche Vereinsleben begann sich langsam wieder zu regen. Der „Evangelische Gemeindeverein" ist in den letzten Jahrzehnten aus dem kirchlichen Leben nicht mehr wegzudenken; unterstützt er doch die Veranstaltungen der Kirche in vielfältiger Weise. In Fortführung der altgewohnten Tradition wird der Gemeindeverein jetzt von Dekan und Kirchenrat Bauer geleitet.

2) Im Februar 1934 wurde der „Evangelische " von Frau Dekan Braun gegründet. Evangelische Frauen kommen zu einem Nähnachmittag im Jugendheim zusammen und richten in gemeinsamer Arbeit gebrauchte und geschenkte Wäsche und Kleidung für minderbemittelte Familien. Vortragsabende mit Themen aus dem Lebens- und Erfahrungskreis der Frau fördern außerdem die Gemeinschaft.

3) Die Gründung des „Mütterkreises" geht auf eine Anregung von Frau Pfarrer Bezzel im November 1948 zurück. Unter Leitung von Frau Pfarrer Mickeluhn versammeln sich jüngere Mütter an den Mütterabenden um Themen aus dem Lebenskreis der Familie, seit 1953 auch in einer eigenen Gruppe in der Siedlung. Einmal im Jahr vereinen sich Frauenbund und Mütterkreise mit allen christlichen Frauen der Welt und begehen gemeinsam den Weltgebetstag der Frauen.

4) Um die besonderen Probleme der alleinstehenden berufstätigen Frau nimmt sich der seit 1953 bestehende „Berufstätigenkreis" an. Er stand zuerst unter Leitung von Frl. Elfriede Hesse, später von Frl. Marga Schwarz und Frl. Emma Trunk.

5) Unter Dekan Braun und Pfarrer Bezzel erwuchs aus den Reihen des Evangelischen Gemeindevereins ein Männerkreis, der die im Dritten Reich behinderte Arbeit des Vereins fortsetzte. Im Zuge der fortschreitenden Laienbewegung und der in gleicher Richtung zielenden Gedanken der Deutschen Evangelischen Kirchentage übernahmen auch hier Gemeindeglieder die Leitung. Das waren Holzkaufmann Graupner, und nach dessen Wegzug Bernd Völker, Wilhelm Stahl, Emil Forster und Wilhelm Neubelt. Regelmäßig kommen die Männer zusammen zu Vorträgen, Bibelarbeit und der Besprechung von Gemeindeanliegen.

6) Ein ganz eigenständiger Kreis, der aber viele der treuesten Glieder der Gemeinde zu sich zählt, ist die Landeskirchliche Gemeinschaft, die ihre Wurzeln in der Erweckungsbewegung des Pietismus hat. Sie pflegt ein verinnerlichtes bibeltreues Christentum unter aktiver Mitarbeit der Laien. Im Jahr 1897 hielt Pfarrer Dr. Eichhorn von Abtswind die erste Gemeinschaftskonferenz in Kitzingen. Die Bibelstunden fanden anfangs noch in Mainbernheim statt. Erst im Jahr 1902 wurden sie in Kitzingen und zwar in den Wohnungen der Familien Hilpert und Wittmann gehalten, unter anderem von dem Postbeamten Müllender und dem Bahnbediensteten Wittmann. Im Jahr 1909 wurde ein Gewächshaus in der Kaltensondheimer Straße 10a zu einem Saal umgebaut, wozu Baron von Crailsheim das Geld stiftete.

Die Arbeit weitete sich in der Stadt und in den Gemeinden des Landkreises immer mehr aus, so dass vom Verband eine hauptamtliche Kraft, Schwester Frieda Beizner, nach Kitzingen entsandt wurde. Ihr folgte im Jahr 1919 Prediger Rupp. Auf seine Anregung wurde im Jahr 1921 eine Wohnung auf den Saal gebaut. In dieser Zeit wuchs vor allem die Jugendgruppe der Gemeinschaft, der *„Christliche Jugendbund"*, aus dem viele Glieder in das Schwesternmutterhaus Jägersburg bei Forchheim gingen und später an verschiedenen Orten in den Gemeinden dienten. Die Leitung des Jugendbundes hatte Frl. Christl Schmidt, die später ihre Lebensaufgabe im Bund christlicher Pfadfinderinnen fand, und Frl. Hanna Burk. Unter den weiteren Leitern der Gemeinschaft sind zu nennen Prediger Leonhard Weininger, der den Saal vergrößern ließ. Nach dem ersten Weltkrieg fanden der CVJM und die christliche Pfadfinderschaft Zuflucht im Gemeinschaftshaus. Nach Prediger Weininger folgte Prediger Georg Junker, und seit Mai 1954 Prediger Ernst Klein als Leiter der Gemeinschaft. Ein gemischter Chor, Gitarrenchor, Jugendbund und Kinderkreis bestehen als Untergruppen.

G) Das Werk der Äußeren Mission

Wie überall in Deutschland war die Äußere Mission lange Zeit auch in Kitzingen Liebhaberei einzelner. Dass aber die Gemeinde auch schon damals ihre Aufgabe im Dienste Jesu Christi erkannte, zeigt die Tatsache, dass aus ihr einige Heidenmissionare hervorgegangen sind. Aus den Reihen des CVJM kam *Missionar Georg Schnei-*

der, geb. im Jahr 1890 als Schuhmacherssohn in Kitzingen. Er trat bei der Neuendettelsauer Mission ein und kam im Jahr 1913 auf das Missionsfeld Neuguinea, wo er zunächst auf der Station Sattelberg tätig war. Der Krieg brachte alle Deutschen dort in australische Internierung, und da sie auch nach Kriegsende lange nicht auf die alten Arbeitsgebiete zurückkehren konnten, bewarb sich Schneider im Jahr 1924 bei der Mission von Utrecht um einen Arbeitsplatz in Holländisch-Neuguinea, wo er bis zum Jahr 1940 tätig war. Dann wurde er als Deutscher, diesmal in Sumatra, wieder interniert. Als er mit vielen anderen Holländern und Deutschen im Jahr 1942 nach Indien gebracht werden sollte, wurde das Schiff von den Japanern bombardiert, wobei auch Schneider ums Leben kam. Sein Sohn Friedrich, der nach seiner Ausbildung in Neuendettelsau viele Jahre als Pastor in Brasilien wirkte, kam im Dezember 1962 als Stadtvikar in die alte Heimat seines Vaters, nach Kitzingen, zurück.

Ebenfalls aus dem CVJM kam *Missionar Oskar Liebler,* Sohn eines Kitzinger Oberlehrers. Nach dem Besuch der hiesigen Realschule trat er im Jahr 1906 in die Neuendettelsauer Missionsanstalt ein und kam nach seiner Ausbildung im Jahr 1911 nach Neuhermannsburg in Zentralaustralien. Schon vor Ausbruch des Ersten Weltkrieges kehrte er auf eigene Kosten nach Deutschland zurück und wurde Pfarrverweser in Aschbach-Hohn. Doch hielt es ihn nicht lange in der Heimat. Nach dem Ende des Ersten Weltkrieges ging er in die Mohammedanermission in den Vorderen Orient. Während des zweiten Weltkrieges wurde er in Palästina interniert und starb dort in einem Lager.

Die evangelische Gemeinde kann stolz sein, dass auch heute eines ihrer Glieder im missionarischen Amt als Lebensberuf steht und das Evangelium unter den Heiden in Neuguinea verkündet. Es ist *Hans Maurer,* dessen Elternhaus am Neuen Weg steht. Im Jahr 1906 geboren, trat er schon frühzeitig der christlichen Pfadfinderschaft bei. Dort fand er das Fundament seines Lebens. Nach dem Besuch der hiesigen Realschule wurde er zunächst Kaufmann. Die große Wende trat in seinem 20. Lebensjahr ein, als er sich entschloss, Heidenmissionar zu werden. Zur Vorbereitung besuchte er in den Jahren 1926 bis 1933 das Missionsseminar in Neuendettelsau, wo er sich in der Theologie, Medizin und im Krankendienst ausbildete. Im April 1933 war es so weit, dass er als Arbeiter im Dienste des Herrn auf das Missionsfeld der Evang.-Luth. Missionsgesellschaft nach Papua-Neuguinea ausgesandt werden konnte. Am 30. April 1933 fand die Ordination und Aussendung Hans Maurers in der Stadtkirche durch Dekan Braun statt. 30 Jahre wirkt nun Maurer am Huongolf im Südosten der großen Insel und zwar auf der Missionsstation Lae als Prediger und Lehrer des Evangeliums unter dem primitiven Volk der Papuas. Es war für ihn sicher ein sehr schwerer Anfang, da er ja zuvor die Eingeborenensprache erlernen musste. Als Lohn für seine aufopfernde Mühe von drei Jahrzehnten gelang es ihm, aus den getauften eingeborenen Schülern auch Pastoren für den Dienst in den Filialkirchen in dem ungeheuren heidnischen Missionsgebiet heranzubilden.

In seinem beschwerlichen Dienst, das Evangelium unter den Heiden zu verbreiten, wird er durch seine treue Lebensgefährtin Leni Pavel aus Kitzingen, die er bei den Pfadfinderinnen kennen gelernt hatte, tatkräftig unterstützt. Auch sie bildete sich für den Dienst in der Heidenmission aus und zwar auf den Missionsanstalten Freienwalde in Brandenburg und Neuendettelsau. Die feierliche Aussendung der Missionsbraut fand am 12.April 1938 in der Stadtkirche durch Missionsinspektor Dr. Eppelein statt. Bei Kriegsausbruch im Jahr 1939 wurde die deutsche Missionarsfamilie in Australien interniert. Erst nach 11 Jahren, im Jahr 1950, konnte sie wieder in Lae, wo sie von ihren treuen Papuachristen mit größter Freude empfangen wurde, mit der Missionsarbeit beginnen.

Ein besonderer Freudentag war es für die Kirchengemeinde, als nach 22 Jahren Missionar Maurer mit seiner ganzen Familie zu seinem ersten Heimaturlaub nach Kitzingen kam. Im Advent 1955 konnte sie „ihren Missionar" herzlich begrüßen. Aber schon am 26. Dezember 1956 erfolgte in der Stadtkirche durch Dekan Kirchenrat Bauer die zweite Aussendung der Missionarseheleute in die Arbeit auf der zweitgrößten Insel der Erde. Im Jahr 1961 wurde Maurer Leiter der neu gegründeten Bibelschule für eingeborene Mitarbeiter in Gurakor. Durch seine Berichte im „Gemeindeboten" bleibt die Kitzinger Gemeinde mit ihm in ständiger geistiger Verbindung.

H) Der Ausbau des evangelischen Gemeindezentrums in der Siedlung (1953—1957) – Friedenskirche

Das sechste Jahrzehnt des 20. Jahrhunderts wird in die Geschichte der Evangelischen Gemeinde Kitzingen am treffendsten als das „baufreudige" eingehen. Zu keinem Zeitpunkt ihrer Geschichte wurde auf kirchlichem Gebiet so viel gebaut wie in der Zeit seit dem Jahr 1950.

Schon im Jahr 1930 hatte mit der Einweihung des Kinderheims in Etwashausen ein neuer kirchlicher Abschnitt für die evangelische Bevölkerung der östlichen Vorstadt begonnen. Doch bald zeigte sich, dass der Standort dieses Hauses ungünstig gewählt war. Denn die räumliche Ausweitung der Stadt ging nicht nach Osten, wie man es damals annahm. Der Flugplatz wurde wieder militärisch verwendet und die zahlreich dort wohnende Bevölkerung musste anderweitig untergebracht werden.

Nun entstand weiter südlich an der Mainbernheimer Straße ein neues Siedlungsgebiet. So musste sich schon in den nächsten Jahren der Kirchenvorstand mit neuen Plänen und Gedanken vertraut machen, die darauf hinausgingen, auch in dieser Gegend ein evangelisches Gemeindezentrum mit Kindergarten und Betsaal zu errichten.

Das unerwartet starke Anwachsen der Einwohnerzahl in der Siedlung wie auch die große Entfernung von der Stadtkirche verlangten gebieterisch die Schaffung eines kirchlichen Sammelpunktes aller Evangelischen in diesem Stadtteil. Doch der Ausbruch des Zweiten Weltkrieges, die schlimmen Jahre nach dem Zusammenbruch im Jahr 1945 wie auch der vordringliche Wiederaufbau der zerstörten Stadtkirche vereitelten zunächst alles kirchliche Planen für das südliche Stadtgebiet.

Der Boden des Goldberges zwischen dem Hoheimer- und dem Sickergrund war schon nach dem ersten Weltkrieg infolge der Wohnungsnot in der Altstadt zu einem Siedlungsgebiet geworden. Neben der uralten Gollersmühle entstanden im Jahr 1922 die städtischen Behelfsbauten am Sickershäuser Weg und seit 1924 die Siedlerheimstätten am Galgenwasen. Dank des großzügigen Wohnungsprogramms des damaligen Stadtrates entstanden neben zweihundert Siedlerstellen auch Wohnblocks für 500 Familien. So kam es, dass die Zahl der evangelischen Familien bis zum Ausbruch des Zweiten Weltkrieges auf dreihundert angewachsen war.

In den Jahren von 1929 bis 1937 versah II. Pfarrer Schlier die Gemeindeseelsorge in der Siedlung. Er versammelte die Gemeindeglieder zuerst im Kinderheim an der Flugplatzstraße zu Gottesdiensten und dann auch zu Gemeindenachmittagen in der Gollersmühle. Nach seinem Wegzug nach Augsburg setzte II. Pfarrer Bezzel die Seelsorge in der Siedlung fort, bis nach dessen Wegzug nach Nürnberg die kirchliche Gemeindearbeit vom II. Pfarrer Beckmann und dem Stadtvikar Otto weitergeführt wurde. Für die Bibelstunden konnte das Siedlerheim und die Landwirtschaftsschule in der Geflügelzuchtanstalt benützt werden.

Nach Beendigung des zweiten Weltkrieges musste nunmehr an Stelle dieser völlig unzureichenden Notmaßnahmen der Plan einer eigenen kirchlichen Stätte mit Kirche, Kindergarten und Pfarrhaus für die Siedlung ernstlich in Angriff genommen werden, zumal infolge des wirtschaftlichen Aufstieges unseres Volkes mehr und mehr neue Straßen mit großen Wohnblocks auch südlich der Bundesstraße entstanden. Schließlich stieg die Bevölkerungszahl der Siedlung auf 4000 Einwohner! Eines der rührigsten Gemeindeglieder der Siedlung, Georg Hirt, rief im Jahr 1952 einen Evangelischen Gemeindeverein ins Leben. Innerhalb weniger Monate brachten die opferwilligen Siedler für den geplanten Bau und die Einrichtung „ihrer Kirche" 12 000 DM zusammen.

Die Kirchengemeinde erwarb nun das Grundstück in dem Straßenviereck Marienburger-, Martin-Luther-, Königsberger- und Tilsiter Straße. Unter der Leitung des Architekten Saalfrank von Würzburg wurden drei Bauprojekte, Kindergarten, Kirchenbau und Pfarrhaus, geplant. Begonnen wurde mit dem Kindergarten im Sommer 1953. Am 18. Juli 1954 konnte er im Rahmen der Dreißigjahrfeier der Siedlung als vorläufiger Mittelpunkt der kirchlichen Gemeindearbeit in der Siedlung von Dekan

Kirchenrat Bauer feierlich eingeweiht werden. In den zwei großen Sälen des Erdge-schosses werden die hundert Kleinkinder von einer in Neuendettelsau ausgebildeten Kindergärtnerin im christlichen Geist erzogen. Im Obergeschoß haben die Jugend-gruppen der Siedlung ihre Heimstätte. — Bis zur Vollendung der Kirche wurde im Kindergarten Gottesdienst gehalten. Im gleichen Jahr 1954 wurde die zweite Stadtvi-karsstelle in eine dritte Pfarrstelle umgewandelt, für die als Seelsorgebezirk die Sied-lung bestimmt ist. Der Landeskirchenrat berief auf diese Stelle Pfarrer Wilhelm Zahn, bisher II. Pfarrer in Bad Berneck. Am 1. September 1954 trat er seinen Dienst an und wurde am 12. September in der Stadtkirche installiert. Aber da das Pfarrhaus in der Siedlung noch nicht fertiggestellt war, konnte er erst kurz vor dem Weihnachtsfest 1954 mit seiner Familie einziehen. Im April 1955 war der Ausbau des Pfarrhauses in der Martin-Luther-Straße soweit abgeschlossen, dass auch die Gemeindeschwester Sofie Heckel ihre Wohnung im Erdgeschoß des Pfarrhauses beziehen konnte.

Evang. Friedenskirche und Kindergarten in der Siedlung.
Erbaut 1953–1957

Das Jahr 1954 ist für die evangelische Gemeinde Kitzingen von großer histori-scher Bedeutung geworden. Wie im Jahr 1832 die Gemeinde eine zweite Pfarrstelle erhielt, so kam es nach Ablauf von 122 Jahren zur Gründung einer dritten Pfarrstelle und damit zur Bildung eines dritten Pfarrsprengels. Die weitere Entwicklung lässt sich wohl dahin ablesen, dass sich aus der III. Pfarrstelle eine zweite Pfarrei entwickeln wird. Sie umfasst dann eine rechtlich selbständige Siedlungsgemeinde, deren Bevölkerung vorläufig immer noch im Ansteigen begriffen ist.

Am Erntedankfest, dem 3. Oktober 1954, fand der erste Gemeindegottesdienst im Kindergarten statt und zunächst wurde vierzehntägig, ab 1. Januar 1955 an jedem Sonn- und Feiertag Gottesdienst gehalten. Auch Taufen und Abendmahlsfeiern fanden dort statt.

Nun musste ohne Verzug an den Bau der Kirche selbst herangetreten werden. Denn die Räume des Kindergartens reichten bei weitem nicht für die Gottesdienstbesucher aus. Die katholische Kirchengemeinde St. Vinzenz hatte schon im Jahr 1950 eine Kirche mit Kindergarten und eigenem Pfarrhaus errichtet. Im April 1955 wurde mit dem Erdaushub für den Neubau begonnen, und am 12. Juli des gleichen Jahres fand unter Beteiligung der ganzen Gemeinde die Grundsteinlegung statt. Dekan Kirchenrat Bauer hielt die Feier und gab für das neue Gotteshaus den Namen „Friedenskirche" bekannt. Hierauf wurden die Gründungsurkunde, ein Exemplar der Heiligen Schrift, Luthers Katechismus und ein Gesangbuch in den Grundstein eingemauert.

Evang. Friedenskirche und Pfarrhaus in der Siedlung.
Erbaut 1954–1957

Im nächsten Jahr 1956 wurde mit dem Innenausbau des Gotteshauses begonnen. Am Himmelfahrtsfest, den 30. Mai 1957, fand zur größten Freude der evangelischen Siedlergemeinde die feierliche Weihe der Friedenskirche statt. Kreisdekan Oberkirchenrat Koch von Ansbach nahm die Weihehandlung vor und Landesbischof D. Hermann Dietzfelbinger hielt die Festpredigt.

Der 30. Mai 1957 bedeutet für die Kirchengemeinde Kitzingen ebenfalls einen historisch denkwürdigen Tag. Nach der im Jahr 1754 erbauten Michaelskirche in Etwashausen ist nunmehr eine zweites evangelisches Gotteshaus in Kitzingen entstanden — als Zeugnis des Wachstums der Evangelischen Kirchengemeinde — und grüßt mit seinem massigen Backsteinturm von 21 m Höhe über die Vorstadt Etwashausen hinüber zum Turm der Mutterkirche in der Altstadt. Der „Gemeindebote für die Evang.-Luth. Kirchengemeinde Kitzingen" zeigt auf der Kopfleiste die beiden Kirchen. Die Friedenskirche bildet den vorläufigen Abschluss des kirchlichen Gemeindezentrums in der Siedlung. Am Palmsonntag 1958 konnte die Siedlergemeinde zum ersten Male ihre eigene Konfirmation mit 38 Konfirmanden im neuen Gotteshaus halten. Kirche und Pfarrhaus, Kindergarten, Jugendheim und Schwesternstation mögen nun zum Segen der evangelischen Glaubensbrüder in der weiter wachsenden Siedlung ihr christliches Werk fördern.

Der künstlerische Gestaltungswille der Erbauer des Gotteshauses verrät sich schon in der Engelsplastik des Würzburger Bildhauers Sonnleitner, die über dem Kirchenportal angebracht ist und die zwei Engel mit dem aufgeschlagenen Wort Gottes zeigt. Beim Eintritt in den Kirchenraum wird der Besucher sofort von dem farbigen Chorfenster gefesselt. Die in der Morgensonne glühenden Farben der Glasmalerei stellen den auferstandenen Christus im Kreise seiner Jünger dar, wie er mit segnender Hand der zerrissenen Menschheit den göttlichen Frieden bringt. Das prächtige Fenster stammt aus der Werkstatt des akademischen Kunstmalers Jähnke von München.

Der Kitzinger Bildhauer Jörg Rother schuf den niedrigen Taufstein, und Goldschmied Gebhard von Frankfurt Altarkreuz und Leuchter. Diesen Künstlern hat es die Gemeinde unter anderen zu verdanken, dass sie nun ein so schönes Gotteshaus besitzt. Von den vorläufigen zwei Glocken stammt die größere vom alten Geläute der Johanniskirche in Würzburg, während die kleinere ein Geschenk der Gemeinde Repperndorf ist. Die schöne Orgel wurde von der Firma Walcker in Ludwigsburg gefertigt und am 25. Februar 1962 eingeweiht. Sie verfügt über zwei Manuale und zwanzig Register mit insgesamt 1360 Pfeifen. Gespielt wird sie von der Organistin Frl. Lotte Kreßmann.

Evang. Friedenskirche in der Siedlung

46. Kapitel
Die Geschichte der evangelischen Stadtkirche

„Eines bitte ich vom Herrn, das hätte ich gern:
Dass ich im Hause des Herrn bleiben möge mein Leben lang,
zu schauen die schönen Gottesdienste des Herrn und seinen
Tempel zu betrachten, da man hört die Stimme des Dankens
und da man predigt alle Deine Wunder. Psalm 27, 26

Über 260 Jahre sind vergangen, seitdem der hohe und steilwüchsige Bau der Stadtkirche mit seiner eindrucksvollen Schaufassade, seinem prächtigen Portal und der strengen Pilastergliederung dem Stadtbild einen überragenden Blickpunkt verleiht. Als letzte Schöpfung des fürstbischöflichen Baumeisters Antonio Petrini, erbaut in den Formen des eingedeutschten italienischen Barock, gehört die ehemalige Klosterkirche der Ursulinerinnen und Nachfolgerin der mittelalterlichen Abteikirche der Benediktinerinnen unstreitig zu den schönsten Baudenkmälern der Stadt. Im Innern atmen das Langhaus und das hohe Gewölbe des Chores bewusste Schlichtheit. Infolge seiner beträchtlichen Ausmaße bildet das Gotteshaus die größte evangelische Kirche in Unterfranken. Sie weist 37 m Länge, 15 m Breite und 18 m Höhe, der eingezogene Chor dagegen 27 m Länge, 9 m Breite und 17 m Höhe auf.

An die klösterliche Zeit erinnern noch die schöne flache Stuckdecke des Langhauses sowie das Nonnenchörlein an der Nordseite des Chores. Dagegen stammt der am Choreingang stehende Taufstein, das Werk eines Kitzinger Bildhauers, aus der Reformationszeit und kam erst später in die Kirche. Das Spruchband des Taufbeckens trägt am oberen Beckenrand die Jahreszahl 1599 samt der Inschrift: „Allein Gott zu Lob, Ehr und Preis ist dieser Taufstein gemacht mit Fleiß allhier durch Peter Maurers Hand und Zier". Er stellt das älteste Denkmal des Gotteshauses dar. Dem aufmerksamen Besucher fällt die hohe Bodenlage des Gotteshauses über der Straße auf. Sie wurde in Fortführung der Bodenhöhe des nördlich anschließenden Klosterhofes gewählt, um die Kirche von den früheren gefährlichen Hochwassern des nahen Mains zu schützen, die die tiefer gelegene St. Johanniskirche wiederholt, besonders auch im Jahre 1784, heimsuchten.

Von Bedeutung für den Kunstkenner zeigen sich das Hauptportal und der Glockenturm der Kirche. Von zwei hohen Rundsäulen eingefasst verrät das Portal wie die hoch aufragende Westfassade reiche architektonische Gliederung. Mit ihr erneuerte Petrini die fränkische Architektur der Renaissance. Über dem reichverzierten, aber leeren Wappenfeld oberhalb des Portals steht in einer Nische die Figur Johannis des Täufers, der mit der rechten Hand eindringlich auf das Gotteslamm zu seinen Füßen zeigt, dessen Fahne die Inschrift trägt „Ecce Dei Agnus — Siehe, das ist Gottes Lamm". Die angegebene Zahl deutet vermutlich die Zeit der Einsetzung der Johannis-

Taufstein von 1599   Der gute Hirte (versilbert)

figur in die Nische an. St. Johannis Baptista (Täufer) war der Schutzpatron der neuen Klosterkirche der Ursulinerinnen, wie auch die adeligen Nonnen dieses Ordens ihren Einzug ins Kloster im Jahr 1693 am Johannistag gehalten hatten. Die Fassade verjüngt sich nach oben und schließt mit einem flachen Giebel ab.

Zum Unterschied von der älteren St. Johanniskirche aus dem 15. Jahrhundert, die eine Filialkirche des Benediktinerinnenordens war, erhielt die Klosterkirche der Ursulinerinnen nach ihrem Kauf durch die Evangelischen den Namen „Stadtkirche". So standen im äußeren Bild unserer Stadt neben markgräflichen auch hochstiftische Einflüsse Pate.

Beherrschend für die Mainseite des Stadtbildes wirkt an der Südseite des Chores der quadratische Kirchturm. Er mutet den Betrachter südländisch an, wie eben Petrini die Kirchtürme seiner trientischen Heimat in Erinnerung hatte. Der Turm beherbergt im Erdgeschoß die gewölbte Sakristei-Kapelle. Das oberste Turmgeschoß enthält die Glockenstube und schließt mit einer schönen Balustrade ab. Aus ihrer Mitte erhebt sich die schlanke achteckige Schieferhaube, welche ihre Bekrönung durch eine zierliche Turmlaterne erhält, auf der wiederum als Wetterfahne ein Posaunenengel thront. Sein Vorgänger, der im August 1920 von einem gewaltigen Sturm in die Mainfluten geschleudert wurde, wird im Stadtmuseum aufbewahrt. Der Kirchturm erreicht bis zur Balustrade eine Höhe von 37 m und bis zur Laternenspitze ein solche von 64 m.

Eine enge Wendeltreppe führt zu der Glockenstube im Obergeschoß. Hier hängen an dicken Eisenbändern nunmehr wieder die fünf Glocken wie vor dem zweiten Weltkrieg, nämlich die zwei Glocken aus der ehemaligen Klosterkirche der Benediktinerinnen vom Jahr 1484, dann die zwei Glocken der ehemaligen Michaelskirche in Etwashausen vom Jahr 1754 und seit Juli 1962 die Nachfolgerin der Hedwigsglocke vom Jahr 1912, die neue „Vaterunser-Glocke", die mit ihren ehernen Stimmen, wie ehedem die evangelische Gemeinde zum Besuch des Gottesdienstes und zum Gebet rufen.

Ungünstig wirkte sich schon immer die weite Entfernung der drei Pfarrhäuser von der Stadtkirche aus. Wohl bot sich eine günstige Gelegenheit, ein größeres und der Kirche näher gelegenes Haus als Pfarrgebäude zu erwerben, als der bayerische Staat der evangelischen Gemeinde im Jahr 1871 das frühere dreigeschossige Äbtissinnengebäude zum Kauf für 20 000 Gulden anbot. Leider wurde diese Gelegenheit, aus den räumlich beschränkten Verhältnissen der alten drei Pfarrhäuser herauszukommen, von der Kirchenverwaltung nicht wahrgenommen. So fand das große Gebäude seine Verwendung als Bezirksamt — und jetzt als Landratsamt.

Viele weitgreifende Änderungen erlebte im 19. und 20. Jahrhundert das Innere der Stadtkirche. In den Jahren 1867 bis 1869 fand eine gründliche Renovierung der Kirche statt. Eine Frau Konsistorialrat Fleischer stiftete einen neuen Renaissancealtar im Wert von 1675 Gulden, der bis zur dritten Renovierung seinen Dienst tat und den älteren Gemeindegliedern noch bekannt sein dürfte.

Die beiden Schwestern Babetta und Maria Schleich stifteten eine neue Kanzel um 1031 Gulden. Während die alte Kanzel in der Mitte der südlichen Längswand stand und einen offenen Treppenaufgang besaß, wurde die neue Kanzel in die Ecke zwischen Längshaus und Chor gesetzt, aber mit dem Aufgang von der Sakristei her. Schon im Jahr 1817 wurde über der ersten Empore an der Westseite eine zweite für die Aufstellung der Orgel eingebaut. Altar, Kanzel und die beiden überlebensgroßen Ölgemälde der beiden Reformatoren Luther und Melanchthon, die seit dem Jahr 1877 die Südwand schmückten, wurden im Februar des Jahres 1945 ein Raub der Ver-

Die Stadtkirche

um 1850

Blick zur Orgel

Blick zum Chor

nichtung. In den Jahren 1879 bis 1882 musste das Westportal gründlich renoviert werden, um den fortschreitenden Verfall des Mauerwerks einzudämmen.

Endlich brachte das Luthergedächtnisjahr 1883 der Kirche eine neue und größere Orgel als Geschenk der Stifterin Babetta Schleicher. Sie stammte aus der Werkstatt der Firma Steinmeyer in Öttingen. Auch diese wie die gestifteten farbigen Kirchenfenster im Chor wurden im Jahr 1945 vernichtet. So verlangte die fortschreitende Verschönerung des großen Gotteshauses von der Gemeinde bedeutende Opfer, und immer fanden sich opferwillige Familien, denen es eine Freude war, mit ihrem zeitlichen Gut zur Ehre Gottes helfend zu dienen.

Nach diesen Veränderungen im Innern erfolgte im Jahr 1891 auch eine bessere bauliche Ausgestaltung, damit das Gotteshaus bei der steigenden Zahl der Kirchenbesucher infolge der Zunahme der protestantischen Bevölkerung mehr Menschen fassen konnte. Es wurden die beiden Längsemporen eingebaut, die, von Säulen getragen, ziemlich weit ins Kirchenschiff hineinragten.

Besonders misslich wurde es auch empfunden, dass bei vollbesetzter Kirche die Kirchenbesucher über den Haupt- und Nebeneingang zum Chor die Kirche nur sehr langsam verlassen konnten. Um diesem Missstand abzuhelfen, wurde die südliche Längswand durchbrochen und zum Vorgarten hin ein schön verziertes Seitenportal mit geschwungener Freitreppe zum Garten errichtet. Gleichzeitig mit diesem Umbau ging man an eine gründliche Turmrenovierung.

Als unbedingt notwendig zeigte sich auch der Einbau einer Heizung, da in den Wintermonaten in der zugigen Kirche oft große Kälte herrschte, welche die älteren Gemeindeglieder vom Kirchenbesuch abhielt. Wenn auch die Ausführung dieser Bauvorhaben — zwei Emporen, Seitenportal, Dampfheizungsanlage — die große Summe von 43 000 Goldmark kostete, so wurde doch die Hälfte dieser Summe dank der bewährten Opferwilligkeit der Gemeinde innerhalb von sechs Wochen aufgebracht. Die Zimmermannsarbeiten des Umbaues fertigte Nikolaus Tasch, die Tüncherarbeiten Thomas Hartner und die Bestuhlung samt den Türen die Schreinermeister Langguth und Rübig. Wenige Jahre später erfolgte noch die Vertäfelung der Wände mit Holz, und den Einbau von schönen Chorstühlen an der Wand ließ Reichsrat Oskar von Deuster vornehmen. Im Jahr 1915 wurde auch die elektrische Beleuchtung in der Kirche eingerichtet.

Während der zweiten Renovierung, die vom März bis November 1891 stattfand, wurde der Gottesdienst in den zwei großen, an den Chor der Kirche anstoßenden Schulsälen gehalten, die in den früheren Jahren vor dem Bau der Synagoge (1883) als jüdische Gottesdienststätte gedient hatten. Im Jahr 1892 erfuhr auch die äußere Umgebung der Kirche eine Verschönerung. An Stelle eines Platanenganges längs der Südseite der Kirche wurde eine von einem Eisengitter begrenzte Grünfläche angelegt. Ferner ließ Oskar von Deuster, erblicher Reichsrat der Krone Bayerns, vor dem Haupteingang der Kirche einen runden Rasenplatz, in dessen Mitte das sog. „Ludwigsbrünnlein" steht, anpflanzen. Landrat Friedrich von Deuster stiftete im Jahr 1898 in den neuen Vorgarten am Fuße des Kirchturmes zum Gedächtnis des berühmten Stadtkindes und Mitarbeiters Dr. Martin Luthers am Werk der Reformation das Paul-Eber-Denkmal. Seine Inschrift erinnert den Betrachter an die großen Verdienste Ebers bei der Gründung der Evangelisch-Lutherischen Kirche in Deutschland. Nach dem Bombenangriff im Jahr 1945 wurde der beschädigte pyramidenförmige Oberbau des Denkmals entfernt.

Im Jahr 1912 erfolgte die hochherzige Stiftung des Deuster'schen Ehepaars, des Magistratsrates Theodor und seiner Ehefrau Hedwig von Deuster, einer geb. Freiin von Crailsheim auf Schloss Friedenstein. Anlässlich ihrer Silberhochzeit stifteten sie eine große Glocke, welche erst das Geläute aller fünf Glocken vollständig machen sollte. Gegossen in der Glockengießerei Schilling in Apolda in Thüringen, besaß die Glocke ein Gewicht von 120 Zentnern bei einem Durchmesser und einer Höhe von über zwei Metern. Gleichzeitig stiftete Theodor von Deuster für alle Glocken eiserne Glockenstühle.

Es war ein großer Freudentag für die evangelische Gemeinde, als am 18. Juli 1912 die Weihe für die Jubiläums- oder „Hedwigsglocke" stattfand. Kirchenrat Müller bestimmte ihr als Aufgabe, „Gott zur Ehr, der Gemeinde zur Sammlung, den Stiftern zum Gedächtnis" ihre Stimme erklingen zu lassen. Unvergesslich bleibt den älteren Gemeindegliedern, wenn zur späten Abendstunde die vollen Klangwellen der Glocke über unsere Stadt fluteten und den Frieden der Nacht einläuteten. Dann sagte wohl der Volksmund: „Die Hedwig brummt!" Aber nur drei Jahrzehnte konnte sich die Bürgerschaft dieser Glocke erfreuen.

Zwar konnte im Kriegsjahr 1917 die Beschlagnahme aller fünf Glocken mit dem Hinweis auf den historischen Wert des alten Geläutes und den Kunstwert der Deutersglocke verhindert werden, doch im Frühjahr 1942 mussten vier von den fünf Glocken für Kriegszwecke geopfert werden. Größte Trauer herrschte in der Evangelischen Gemeinde und in der ganzen Bürgerschaft, als die Deusterglocke, die zwei Glocken vom Jahr 1754 und eine vom Jahr 1484 für Kriegszwecke beschlagnahmt wurden. Am 11. Januar 1942 läuteten die fünf Glocken bei der Abschiedsfeier nochmals zusammen. Dann traten sie mit vielen anderen Glocken aus Franken die Fahrt zum Glockenfriedhof in Wilhelmsburg bei Hamburg an, wo sie eingeschmolzen werden sollten. Wenn auch das Glockenpaar vom Jahr 1754 und die Glocken von 1484 heil wieder zurückkehrten, die große Deusterglocke wurde ein Opfer des Krieges.

Aber die Erinnerung an die Hedwigsglocke ermunterte die Evangelische Gemeinde nach der Währungsumstellung zu reichen Glockenspenden für die Anschaffung einer Nachfolgerin. Als nun dank der tätigen Mithilfe der beiden Kirchenvorsteher Konrad Döppert und Bernd Völker, die sich sehr für die Anschaffung der neuen Glocke einsetzten, eine Spendensammlung ein reiches Ergebnis brachte, konnte man gerade rechtzeitig zum 50. Gedächtnistag der Deuster'schen Stiftung an die Anschaffung der Nachfolgerin der Jubiläumsglocke herangehen. Im Frühjahr 1962 wurde sie der Glockengießerei Schilling in Heidelberg in Auftrag gegeben. Am 19. Mai 1962 wurde die Glocke am Falterturm mit großer Feierlichkeit unter Beteiligung der kirchlichen Vereine, der evangelischen Jugendgruppen, der Kirchenvorsteher, der Kirchen- und Posaunenchöre und der Schuljugend unter dem Geläute aller Kirchenglocken, auch der katholischen, durch die fahnengeschmückte Stadt zum Turm der evangelischen Kirche gebracht. Aber nach der Einholungsfeier vor der Kirche misslang das Aufziehen und Einbringen in die 40 m hohe Glockenstube, und die Glocke fiel zum Entsetzen aller Zuschauer in den Kirchgarten. Aber Gott hat seinen Schutz beim Sturz der Glocke walten lassen. Weder wurde ein Mensch verletzt noch verlor die Glocke ihren schönen Klang. Nach dem geglückten Aufzug der Glocke erfolgte am 3. Trinitatissonntag 1962 die feierliche Weihe der wunderbar bewahrten Nachfolgerin der Hedwigsglocke. Nach der Schriftverlesung aus dem 98. Psalm erinnerte Dekan Kirchenrat Bauer an die Weihe der Deusterglocke am 18. Juli 1912. Hierauf weihte er die neue Glocke im Namen des dreieinigen Gottes mit Gebet und Segenswünschen, die Glocke möge die Gemeinde zum Dienst Gottes rufen. Sie heißt seitdem „Vater-unser-Glocke". Dann verkündigte er die Inschriften der Glocke. Auf der einen Seite steht „Kyrie eleison" mit dem Bild des Lammes und der Siegesfahne, auf der anderen Seite liest man die Worte „Vater-unser-Glocke-1962" mit der Fortsetzung am Glockenrand „zur beständigen Anrufung des dreieinigen Gottes und zur Erneuerung der von Theodor und Hedwig von Deuster gestifteten Hedwigsglocke, wiederbeschafft von der evangelischen Gemeinde Kitzingen". Die „Vater-unser-Glocke" läutet seitdem zusammen mit den anderen Glocken zum Hauptgottesdienst wie auch zum Einläuten aller Feiertage, allein beim „Vater Unser" und allabendlich um 21 Uhr.

Doch wir sind den Ereignissen vorausgeeilt. Nach dem Ende des ersten Weltkrieges ging man daran, das Gedächtnis an die im Krieg Gefallenen der evangelischen Gemeinde durch ein Denkmal in der Kirche selbst zu bewahren. Im Gottesdienst des Buß- und Bettages 1925 fand die Weihe einer Marmortafel statt, auf der die Namen der 193 Gefallenen oder an den Folgen von Kriegsverletzungen Gestorbenen des ersten Weltkrieges vermerkt sind. Die Tafel ist über den Eingang zur Sakristei im Chor angebracht.

Nach den umfangreichen Renovierungen in den Jahren 1869 bis 1891 erfolgte im Sommer 1935 eine Innenrenovierung unter Leitung des Landesamtes für Denkmalspflege München. Während dieser Zeit wurde der Gottesdienst im Saal des Filmtheaters „Capitol" gehalten. Die Wände des Gotteshauses erhielten eine hellere Holzver-

Einholung der Vater-Unser-Glocke
19. Mai 1962
Im Hintergrund Gemeindeheim mit Pfründe

„Vater-Unser-Glocke" von 1962

kleidung, die drei Kronleuchter wurden durch Kugellampen ersetzt, und die Stuckdecke kunstvoll erneuert. An Stelle des alten Renaissancealtars wurde von dem Rothenburger Bildhauer Oertel ein Altaraufbau aus fränkischem Muschelkalkmarmor, an der Vorderseite mit Bibelsprüchen verziert, gefertigt, über dem Altartisch zeigt ein Holzkreuz den gekreuzigten und zugleich im Ostersieg triumphierenden Heiland in Überlebensgröße von 2,7 m Höhe. Aber nur wenige Jahre konnte sich die Gemeinde ihrer schönen Kirche freuen.

153

Evang. Stadtkirche vor der Renovierung von 1935

Wenige Wochen vor Kriegsschluss brachte der Bombenangriff des 23. Februar 1945 auf unsere Stadt die mit so hohen Kosten erst verschönerte Stadtkirche dem Untergang nahe. Sie erlitt schwerste Zerstörungen, die das ehrwürdige Gotteshaus in eine Stätte der Verwüstung und des Grauens verwandelten. Zurück blieb ein Trümmerhaufen aus zerfetzten Fenstern, Türen, Bänken; auch die Kanzel, die Orgel und sogar die Emporen wurden vernichtet. Wie durch ein Wunder von oben blieben das Kruzifix auf dem Altar, der Taufstein und die Figur des „Guten Hirten" oberhalb des Taufsteins fast unverletzt.

Evang. Stadtkirche nach dem Fliegerangriff
vom 23. 2. 1945

Evang. Stadtkirche – Seitenportal
nach dem Fliegerangriff vom 23. 2. 1945

Nun wurde Dekan Kirchenrat Braun die letzte und schwerste Aufgabe seines Amtslebens gestellt: Zusammen mit dem damaligen Oberbürgermeister Konrad Döppert den Wiederaufbau des so trostlos zerstörten Gotteshauses in die Wege zu leiten. Eine unerwartet große Hilfe fand die Kirchengemeinde in der Person des Regierungsbaumeisters a. D. Heinrich Schlegel, der sich vier Jahre lang mit ganzer Kraft und Liebe für die Wiederherstellung der Stadtkirche einsetzte. Er stellte sich als Baufachmann dem Pfarramt zur Verfügung und ergriff mit dem Kirchenvorstand Maßnahmen, um die schutzlos den Unbilden des Winters ausgesetzte Kirche vor weiterem Verfall zu schützen. Nachdem schon im Jahr 1945 Aufräumungsarbeiten erfolgt waren, begann im Frühjahr 1946 der Wiederaufbau, und unverdrossen arbeiteten opferwillige Hände und Bauleute. In der Zeit der wertlosen Reichsmark gingen die Arbeiten nur sehr langsam vor sich. Ja, die Währungsreform im Sommer 1948 führte sogar wegen Geldmangels zu einem vorübergehenden Stillstand der Bauarbeiten.

Da trat die opferwillige Gemeinde in den Riss und erwarb die vom Kirchenvorstand ausgegebenen Wertscheine, „Bausteine" genannt, mit deren Erlös der Kirchenbau fortgeführt werden konnte. Dazu kamen bedeutende Zuschüsse des Landeskirchenrats und des Landesamts für Denkmalspflege München. Außerdem waren große Darlehensaufnahmen nötig. Die Wunden in Dach und Mauer wurden geschlossen und das riesige Kirchendach neu beschiefert. Auch die ganze Inneneinrichtung, wie Kirchenfenster und barocke Stuckdecke, Altar, Gestühl und Emporen, Nonnenchörlein und Kanzel, letztere aus der Werkstatt des Schreinermeisters Rübig, zeigten sich im neuen prächtigen Gewand. Nach zwei Jahren angestrengter Arbeit der Bauleute war das schwere Werk gelungen. Am Palmsonntag, den 2. April 1950, konnte die Einweihung der neuen Stadtkirche stattfinden. Im Zuge der Wiederherstellung wurden die früher breiten Emporen schmäler gehalten, wodurch die tragenden Säulen wegfielen und mehr Raum für die Kirchenbänke gewonnen wurde. Die jahrelang beklagte schlechte Akustik in der überlangen Kirche wurde durch eine bessere Lautsprecheranlage behoben.

Im Sommer 1950 wurde nach den Plänen von Regierungsbaumeister a. D. Schlegel die neue Heizanlage eingebaut und die neuen Grabsteine, die beim Ausschachten des Fundamentes gefunden wurden und an die Ruhestätte der Ursulerinnennonnen erinnern, an der Nordwand der Kirche, jedermann sichtbar, eingemauert. Im November des gleichen Jahres wurde die neue Heizung ihrer Bestimmung übergeben. Die Kosten für den Wiederaufbau der Stadtkirche betrugen in dem Zeitraum von 1948 bis 1950 nahezu eine halbe Million. Darum konnte auch die Wiederherstellung des zerstörten Seitenportals an der Gartenseite nur im bescheidenen Rahmen erfolgen. In den folgenden Jahren wurde die Außenrenovierung der Kirche an der Westfassade, der Süd- und Nordseite, der schadhaften Chorfassade und des dortigen Treppenaufganges zu Ende geführt, wobei Langhaus und Kirchturm ihren jetzigen Farbanstrich erhielten. Nach dem nunmehr glücklich gelungenen Wiederaufbauwerk steht die evangelische Stadtkirche schöner denn je inmitten der Altstadt. Möge sie nun in alle Zukunft im ungestörten Frieden ihren gesegneten Dienst an den evangelischen Glaubensgenossen der Stadt erfüllen!

Evang. Stadtkirche mit Marktturm und Rathaus.
Im Vordergrund Paul-Eber-Denkmal.
Vor 1945

Evang. Stadtkirche von Westen
1950

Evang. Stadtkirche

Chorraum

1960

Evang. Stadtkirche mit Orgel von 1958

47. Kapitel
Wo steht die evangelische Kirchengemeinde Kitzingen heute?

Rückblickend dürfen wir ohne Rühmen wohl sagen: Die Evangelische Kirchengemeinde Kitzingen von heute zeigt in ihren äußeren Einrichtungen ein erfreuliches und gesichertes Bild. Außer der Stadt- und Friedenskirche stehen ihr für das karitative und christliche Wirken unter den Glaubensgenossen zur Verfügung: Die Industrie- und Haushaltungsschule vom Jahr 1896, die drei Kindergärten und zwar in der Kapuzinerstraße seit dem Jahr 1872, das Kinderheim in der Flugplatzstraße seit dem Jahr 1930 und der Kindergarten in der Siedlung seit dem Jahr 1954, ferner zwei Gemeinde-Diakoniestationen von Neuendettelsauer Schwestern, in der Altstadt seit dem Jahr 1889, in der Siedlung seit dem Jahr 1954, endlich das Pfründeheim seit dem Jahr 1922, das Altersheim seit dem Jahr 1957 und der neue Gemeindesaal seit dem Jahr 1959.

Die in den letzten Jahrzehnten wiederhergestellten oder neu entstandenen kirchlichen Bauten in der Altstadt, in Etwashausen und in der Siedlung zeugen nicht bloß von dem großen äußeren Aufschwung der Evangelischen Kirchengemeinde Kitzingen, sondern auch von dem lebendigen Opfergeist, der in ihren Glaubensgenossen lebt. Mit dem Erwerb der „Vater-Unser-Glocke" ist nun auch der letzte größere Kriegsschaden, von dem die Gemeinde betroffen wurde, behoben.

Wir stellen das mit großem Dank für Gottes gnädige Führung und Hilfe fest, wie auch gegenüber den vielen Spendern, die mit fröhlichem Herzen und offener Hand einsprangen, wenn es galt, Nöte ihrer Kirche zu beseitigen. Zurzeit stehen drei Pfarrer und ein Vikar im Predigtamt. Neben einer Reihe treuer Lehrer und Lehrerinnen stehen für die Erteilung des Religionsunterrichtes außer den vier Geistlichen ein Religionslehrer geistlichen Amtes und zwei Katechetinnen zur Verfügung. Der Vorstand des Dekanats wird in der Erledigung des Schriftverkehrs von der Pfarramtshelferin, Frau Pfarrer Mickeluhn, unterstützt. Der monatlich erscheinende „Gemeindebote" wie die ständig wachsende Gemeindebücherei unterrichten die Gemeindeglieder in geistiger Hinsicht. Die Evangelische Kirchengemeinde darf sich wohl bewusst sein, dass sie in ihrem Dekan Kirchenrat Fritz Joachim Bauer einen Mann besitzt, der die kirchlichen Erfordernisse, welche die Zeit an die Kirchengemeinde stellt, rechtzeitig erkennt und zu ihrem Besten durchführt.

Schlusswort

Wir stehen am Ende eines langen Weges, den die evangelische Kirchengemeinde Kitzingen seit ihrer Gründung vor 440 Jahren durch vier Jahrhunderte bis herauf in unsere Gegenwart zurückgelegt hat. Wir lernten die Gründer der Gemeinde im 16. Jahrhundert kennen. Sie geben uns ein bewundernswertes Bild fester, von keinen Zweifeln angefochtener Glaubensstärke und standhaften Bleibens an Luthers Lehre.

Auch müssen wir unseren Glaubensvorfahren wegen ihrer großen Leidens- und Opferwilligkeit unsere höchste Achtung erweisen.

Wenn wir uns heute dankbar über den gesicherten Stand der Evangelischen Gemeinde Kitzingen freuen dürfen, so wollen wir aber auch nicht vergessen, was unsere Glaubensvorfahren durch ihre Opfer für uns schwer erkämpft und errungen haben. Als ständige Mahner stehen sie vor uns und legen der Generation der Gegenwart die ernste Verpflichtung auf, das von ihnen auf uns überkommene evangelische Glaubenserbe zu wahren und durch christliches vorbildliches Leben an die evangelische Jugend unserer Gemeinde weiterzugeben.

Dazu möge der Himmel seine Hilfe auch fürderhin verleihen und die Evangelische Gemeinde in Kitzingen unter seinem Schutz und Segen bewahren!

Dr. Richard Herz

TEIL VI

Fortschreibung

48. Kapitel
Die Evang. Stadtkirchengemeinde auf dem Weg ins 21. Jahrhundert

A) Von der Inneren Mission zum Diakonischen Werk

1971 wurde das Diakonische Werk Kitzingen gegründet. In ihm sollten die diakonischen Aufgaben der inneren Mission gebündelt und zentral verwaltet werden. Dies gelang zum größten Teil, wobei einige Bereiche selbstständig blieben oder anderen Einrichtungen angegliedert wurden.

a) Der Evangelische Verein für Krankenpflege und die Diakoniestation (Sozialstation)

Die Arbeit der Gemeindeschwestern wurde auf Grund Nachwuchsmangels durch pflegerisches Personal weitergeführt, das nicht mit den Diakonissenhäusern verbunden war. 1979 ging Schwester Anna Zehn in den Ruhestand, ihr folgte 1982 als letzte Gemeindeschwester Emma Förster in das Feierabendhaus nach Neuendettelsau. Die staatliche Neuordnung der häuslichen Pflegegesetzgebung erweiterte den Kreis der Anspruchsberechtigten über die Vereinsmitglieder hinaus. Das hatte zur Folge, dass der Evangelische Verein für Krankenpflege zu einem reinen Förderverein für die Diakoniestation / Sozialstation wurde. Schließlich wurde der Verein mit seinen Mitgliedern, Rechten und Pflichten vom Diakonischen Werk Kitzingen übernommen. Die Station in Kitzingen arbeitet heute in einem engen Verbund mit den Diakoniestationen in Markt Einersheim und Castell zusammen. Der Bedarf an häuslicher Pflege ist weiterhin hoch. Das pflegerische und menschliche Engagement der Schwestern wird von den Patienten gerne angenommen.

b) Die Arbeit in Senioren- und Pflegeheimen

Im Jahr 1964 beschloss man, das Altersheim der evangelischen Pfründe im Gustav-Adolf-Platz 6 aufzulösen und das Dekanat zusammen mit dem Pfarramt dort einzurichten. Die Bewohner des Altersheims wurden 1967 in einer Erweiterung des Pflegeheims in der Kanzler-Stürzel-Straße untergebracht. Dieses Haus wurde 1987 noch einmal erweitert, so dass bis zu 100 Personen im Alten- und Pflegebereich dort Wohnung finden konnten. 2013 entsprach das Haus nicht mehr den Bestimmungen des Pflegewohnqualitätsgesetzes. Eine Renovierung war nicht möglich, so entschloss man sich, in der Sickershäuser Straße einen Neubau mit 60 Plätzen zu errichten. Das Haus wurde am 10. Juli 2015 von Dekan Kern und Regionalbischöfin Bornowski eingeweiht und erhielt den Namen "Mühlenpark".

Das Haus Mainblick – Altbau (von Osten)

Das Haus Mainblick mit Anbau (von Westen)

Frida von Soden-Haus
bis 2015 als Alten- und Pflegeheim genutzt

Seniorenhaus Mühlenpark, 2015 eröffnet

Nachdem die Stadt Kitzingen dem Diakonischen Werk 1973 die Wildhagen-Villa samt Grundstück für ein altersgerechtes Wohnen zur Verfügung gestellt hatte, begann man 1978 mit der Errichtung des **Seniorenheimes Mainblick**, das die alte Wildhagen-Villa und einen Neubau umfasste. Es wurde 1980 fertig gestellt und in Betrieb genommen. Ein Jahr später hat man in der Wildhagen-Villa noch eine Begegnungsstätte eröffnet. Beide Häuser werden gut geführt und erfreuen sich regen Zuspruchs.

c) Weitere Arbeitsfelder

Gemeinsam mit der kath. Caritas betreibt das Diakonische Werk eine **Erziehungs- und Beratungsstelle für Kinder, Jugendliche und Erwachsene** im Auftrag des Landkreises Kitzingen. Hier werden Menschen mit Problemen in familiären Beziehungen, Entwicklungsstörungen u. ä. beraten und betreut. In **der Kirchlichen Allgemeinen Sozialarbeit (KASA)** bekommen Menschen in schwierigen sozialen Situationen Unterstützung. Beide Institutionen werden gut angenommen und in ihrer Arbeit in der Bevölkerung sehr geschätzt. Weitere ökumenische Beratungsstellen ergänzen die Arbeit.

B) Kindergartenarbeit

Die Arbeit mit Kindern im vorschulischen Alter geschah bis 1972 im Rahmen der Gruppen und Vereine der Inneren Mission. Nach der Gründung des Diakonischen Werkes hat dieses die Verwaltung übernommen, ehe die Trägerschaft dieser Einrichtungen 1977 wieder in die Hände der Kirchengemeinde zurückgelegt wurde. Sie ist heute ein konstitutiver Bestandteil der kirchengemeindlichen Arbeit.

Die Kindergartenarbeit war bis zum Jahre 1970 auf zwei Stätten konzentriert: auf den Kindergarten Schreibersgasse in der öffentlich-rechtlichen Stiftung „Evangelischer Kindergarten" und auf den Kindergarten in der Flugplatzstraße.

Stiftungskindergarten in der Schreibersgasse

Der Kindergarten in der Schreibersgasse war in dem Haus der früheren Haushaltungsschule untergebracht, die eine ursprüngliche Stiftung aus dem 19. Jahrhundert war und das Ziel hatte, jungen Mädchen eine Ausbildung zu ermöglichen. 1972 wurde die Haushaltungsschule mangels Bewerberinnen geschlossen und das gesamte

Areal zu einem Kindergarten nach den damals gültigen Bestimmungen umgebaut. Heute bietet diese Einrichtung Platz für 100 Kinder, die in den Bereichen Kindergarten, Vorschule und Schulkindbetreuung in den ersten Jahren versorgt werden. In einem Teil des Gebäudekomplexes brachte man die Sing- und Musikschule unter, die ab 1990 nicht mehr vom evangelischen Dekanat, sondern von der Stadt Kitzingen betrieben wurde.

Mit dem Kindergarten Flugplatzstraße war ursprünglich ein Kinderheim verbunden. Anfang der siebziger Jahre gab man die Arbeit im Kinderheim auf. Das Gebäude stellte sich aber für eine reine Kindergartenarbeit als zu unpraktisch dar. So beschloss man, auf dem hinteren Teil des Geländes des zweiten Pfarrhauses in der Schwarzacher Straße einen neuen Kindergarten zu errichten. 1973 wurde dort ein zweigruppiger Kindergarten in Betrieb genommen. Steigende Kinderzahlen und eine erhöhte Nachfrage machten es notwendig, 1990 den Kindergarten um eine Gruppe zu erweitern. Die Fläche war aber insgesamt recht klein und man rechnete mit weiter steigenden Kinderzahlen. So beschloss die Stadt Kitzingen, 1998 in der Gartenstraße auf einem größeren Grundstück ein Gebäude zu errichten, dessen Betrieb in der Trägerschaft der evangelischen Kirchengemeinde verblieb. Heute hat dieses „Haus für Kinder St. Michael" weit über 100 Plätze für Kinder vom Krabbelalter bis ins Schulkindalter.

Kindergarten St. Michael, Etwashausen

Die Entwicklung des Stadtteils Muldenweggebiet machte es notwendig, dass dort auch ein Kindergarten entstehen sollte. Nach einigen Verhandlungen mit der Stadt Kitzingen übertrug man der Kirchengemeinde die Trägerschaft dieses Kindergartens in der Alemannenstraße, der 1988 von Dekan Schmerl eingeweiht wurde. Schon zwei Jahre später erweiterte man ihn um eine dritte Kindergartengruppe. Später kamen noch ein Mittagstisch und die Schulkindbetreuung dazu. Die Einrichtung dort hat sich zu einer Art Stadtteilzentrum entwickelt, in dem die Kindergartenfeste als Stadtteilfeste gefeiert werden.

Kindergarten Alemannenstraße

Der Betrieb dieser drei Einrichtungen bildet heute einen Schwerpunkt der Kinder- und Familienarbeit der Stadtkirchengemeinde. Sie sieht darin die Chance, mit jungen Familien ins Gespräch zu kommen und christliche Werte zu vermitteln. Insgesamt werden dadurch Familien von fast 300 Kindern erreicht.

C) Erhalt und Gestaltung des Bauwerks der Stadtkirche

Erhalt und Gestaltung der Stadtkirche nahmen in den letzten Jahrzehnten einen großen Anteil in der Arbeit der Kirchengemeinde ein. Als größte evangelische Kirche Unterfrankens beansprucht das Bauwerk viel Aufmerksamkeit und Pflege und die Aufbringung erheblicher finanzieller Mittel. Die Kirchengemeinde und ihre Mitglieder waren dazu stets mit großem Herzen und großzügiger Spendenbereitschaft engagiert. Auch die Stadt und der Landkreis Kitzingen haben mit vielerlei Zuschüssen zum Erhalt dieser Kirche beigetragen, ebenso die Bayerische Landeskirche und das Landesamt für Denkmalschutz. Ihnen allen sei vor der Beschreibung der einzelnen Maßnahmen herzlich Dank gesagt.

Schäden in der Stuckdecke waren der Anlass zu einer großen inneren Renovierung der Kirche Mitte bis Ende der siebziger Jahre. Man war sich einig, die Schäden nicht nur auszubessern, sondern eine gründliche Innenrenovierung durchzuführen. Unter Beratung des Landesamtes für Denkmalschutz wurde die Stuckdecke repariert. Die Südempore wurde abgebaut und unter der Nordempore angebracht. Die Kanzel rückte man ein Stück weit näher zur Gemeinde hin. In die Mitte des asymmetrischen Gevierts der vorderen Sitzbänke positionierte man den Taufstein. So konnte auch bei kleineren Taufgemeinden ein Gemeinschaftsgefühl im Gottesdienst entstehen. Bei der Farbgebung entschied man sich, die ursprünglichen barocken Farbgebungen wieder zu verwenden. Renovierungen an der Eingangsfassade und am Turm komplettierten die Maßnahme. Am 16. Oktober 1977 wurde die Kirche nach anderthalbjähriger Bauzeit wieder eingeweiht.

1982 wurden drei große Holzfiguren wiederentdeckt, die vermutlich von einem barocken Hochaltar aus der ersten Hälfte des 18. Jahrhunderts stammen. Man nimmt an, dass sie als allegorische Gestalten Glaube, Liebe und Hoffnung darstellen. Die Figuren wurden von Bildhauer Klaus Rother restauriert und in den Nischen der Chorapsis aufgestellt. Einen größeren Teil der Kosten trug der Evang. Frauenbund.

An der Grenze zwischen Langhaus und Chor wurde 1989 ein Voraltar aufgestellt, um eine größere Nähe zwischen den Pfarrern und Pfarrerinnen und der Gemeinde zu ermöglichen. Um den Blick auf den Hauptaltar nicht zu verstellen, wurde er als einfache Eichenholzbrücke mit Messingeinlagen an den Stirnseiten gestaltet. Auf dem Altartisch befinden sich ein Kreuz mit einem Bergkristall und zwei niedrige Messingleuchter.

Sie, wie auch der gesamte Voraltar, sind nach den Entwürfen von Harald Knobling entstanden. Er schuf auch 1999 den bronzenen Osterleuchter in passender Weise dazu. Er integrierte die Kitzinger Geschichte in die gesamte Menschheitsgeschichte. Ein Band umschlingt den Leuchter mit den Worten von Dietrich Bonhoeffer:

LASS NACH SO VIEL IRREGEHEN UNS DES TAGES ANBRUCH SEHEN
LASS SOWEIT DIE AUGEN SCHAUEN DEINEM WORT UNS WEGE BAUEN.

2001 wurde im vorderen Bereich der unteren Empore eine neue Chor- und Übungsorgel aufgestellt. An den Platz der früheren Übungsorgel wurde die Statue des guten Hirten angebracht und darunter ein dreigliedriger Kerzenständer für Gedenkkerzen. Die Gestaltung des neuen Orgelprospekts wie auch des Kerzenständers kam ebenfalls von Harald Knobling, so dass diese Teile der Innengestaltung „aus einem Guss" erfolgten.

Innenraum der Stadtkirche 2017

Grabsteine französischer Ursulinen, die unter dem Chor begraben liegen, wurden in der rechten Treppen - Vorhalle an der Wand befestigt. Die rechte Abteilung der Vorhalle gestaltete man als Meditations- und Kommunikationsraum mit einer Bildfolge über die zehn Gebote von der Künstlerin Liselotte von Crailsheim und einem Leuchter von Barbara Alfen.

Schäden an der Decke des Chorraumes auf der Höhe des Kirchturms veranlassten die Kirchengemeinde, Decke und Dach des Chorraums zu sanieren und die Gewandung des Kirchturms über Zuganker an den Chormauern neu zu befestigen. Die schadhaften Teile des Dachstuhls in den Bereichen des ersten und zweiten Chorjoches wurden ausgewechselt. Da die Schiefereindeckung des Chordaches in die Jahre gekommen war, erneuerte man sie vollständig. Abschließend wurde der Chorraum komplett neu gestrichen und wieder mit den ursprünglichen Farben versehen.

Vorhalle der Kirche mit Werken von Liselotte von Crailsheim und Barbara Alfen

Schließlich wurden Abnutzungsschäden auch an der Dacheindeckung der Kirchturmhaube gefunden, die eine Sanierung notwendig machten. So wurde der Turm eingerüstet, Turmkugel und Wetterengel eingeholt und renoviert, Dachsparren erneuert, Schäden am Putz ausgebessert und eine neue Schieferdeckung angebracht. Im September 2015 konnte man den Turmengel in wiederhergestellter Pracht weit über die Stadt blicken sehen.

Die letzte Maßnahme galt der Überholung der Glocken. Der Klöppel der Vaterunser-Glocke war durch die Beanspruchung schadhaft geworden, ebenso ein Klöppel einer anderen Glocke. Dazu wurden die Antriebsmotoren überholt. Fast ein Vierteljahr schwieg während dieser Renovierung die Vaterunser-Glocke. Als sie am 14. Juni 2017 wieder zum Abendgebet einlud, waren viele Kitzinger erleichtert, dass sie ihr heimisches Geläut wieder vernehmen konnten.

Turmhaube mit Engel, 2015 neu eingedeckt

D) Das gottesdienstliche Leben

Die sich im Gottesdienst versammelnde Gemeinde ist weiterhin ein Zentrum kirchlichen Lebens geblieben. Dennoch machten die gesellschaftlichen Veränderungen auch vor dem Interesse am Gottesdienst und seiner Akzeptanz nicht halt. Bereits in den siebziger Jahren wurde die Gesellschaft mobiler. Das Freizeitverhalten änderte sich. Die früher gängige Gestaltung des Sonntags mit Kirchgang, Sonntagsbraten und nachmittäglichem Familientreffen wurde von dem Interesse nach Erlebnissen, Events und Abwechslung abgelöst. So beklagte schon Dekan Wehrmann bei seinem Abschied 1987 den Rückgang der Gottesdienstbesucher auf ca. 25.000 pro Jahr, eine Zahl, die bis heute in etwa hat gehalten werden können, allerdings mit dem Eingehen auf die veränderten Bedingungen und einer Differenzierung des Gottesdienstangebots.

Die leichte Öffnung des traditionellen Angebots mit gelegentlichen Familiengottesdiensten gab es schon in den achtziger Jahren. Zusätzlich zu Früh-, Haupt- und Kindergottesdienst gab es nun im Seniorenheim Mainblick am Sonntagmorgen einen Gottesdienst, der über die Heimbewohner hinaus auch die Gemeindeglieder in der Südstadt erreichen sollte.

Dazu kamen Wochen-Gottesdienste im Altenheim Sankt Elisabeth und im Frieda-von-Soden-Haus. Am Donnerstagabend wurde ein Gottesdienst im Kreiskrankenhaus eingeführt. Der Gottesdienst am Sonntagnachmittag in St. Michael in Etwashausen, ursprünglich gedacht für die Marktfrauen, die am Sonntagvormittag noch auf den Markt nach Würzburg fuhren, reduzierte sich mit dem Ende der Märkte.

Die enge Verbindung zur Kirchenmusik zeigen die zur Tradition gewordenen Kantatengottesdienste, die von der Paul-Eber-Kantorei mit großer Sorgfalt vorbereitet und durchgeführt werden. Dieser Herausforderung haben sich alle Kantoren gestellt und man kann diese Gottesdienste neben den Konzerten als kirchenmusikalische Höhepunkte im Jahreskreis bezeichnen.

Eine besondere Tradition bildeten die deutsch-amerikanischen Gottesdienste, die ab 1982 zweimal jährlich stattfanden. Auf Anregung der amerikanischen Militärpfarrer organisierte man zweisprachige Gottesdienste, die abwechselnd in der Stadtkirche und in einer der Kirchen in den amerikanischen Wohngebieten abgehalten wurden. Von deutscher Seite wurde Pfarrer Ahrens damit betraut, die Verbindung zur amerikanischen Militärgemeinde zu halten. Die Gottesdienste boten die Möglichkeit, die Verständigung zwischen den Kitzingern und der damals sehr großen Zahl von Amerikanern in der Stadt zu verbessern. (Es waren damals bis zu 17.000 Amerikaner in und um Kitzingen stationiert.) Die Gottesdienste boten auch Anlass zu weiteren gemeinsamen Veranstaltungen, die von beiden Seiten gerne auf- und angenommen wurden. Diese Tradition blieb lebendig und endete erst 2006 mit dem Abzug der Amerikaner aus Kitzingen. Die amerikanischen Wohnsiedlungen und ihre Kirchen wurden aufgegeben. Es gelang dem damaligen Bürgermeister Böhm und Pfarrer Ahrens, kurz vor Schließung der Wohnsiedlungen noch die deutsch-amerikanische Freiheitsglocke aus der Kirche der Larson-Kaserne als Schenkung von der amerikanischen Militärgemeinde für die Stadt Kitzingen zu erhalten. Sie ist heute Bestandteil des Stadtmuseums in Kitzingen und erinnert an eine gute gemeinsame Zeit.

Einen neuen Impuls brachte Dekan Schmerl mit der Bereitschaft ein, zu besonderen Gelegenheiten auch die katholischen Geschwister zu ökumenischen Gottesdiensten einzuladen und zu Wort kommen zu lassen. Bei der Gedenkfeier zur Reformation

1989 predigte erstmals Dr. Hillenbrand, der Regens des kath. Priesterseminars Würzburg, über das Thema „Luther als Zeuge des gemeinsamen Glaubens". Nach und nach wurden diese Gottesdienste zu einem stetigen Bestandteil des gottesdienstlichen Lebens, die auch die ökumenische Zusammenarbeit förderten. 1990 fand zur Deutschen Einheit ein ökumenischer Gottesdienst statt, in dem Bürgermeister und Stadträte sich durch Lesungen beteiligten. Auch der erste Gottesdienst im neuen Jahrtausend wurde ökumenisch gefeiert. Einen ganz besonderen ökumenischen Gottesdienst feierte man zum 500. Reformationsjubiläum auf der Alten Mainbrücke. Die Idee kam von Dekan Kern, in der Anlehnung an die Vorrede zur Paul-Eber-Bibel die Brücke zum gottesdienstlichen Thema zu machen. Viele hundert Gläubige versammelten sich auf der Brücke, um gemeinsam zu feiern.

1. Ökum. Gottesdienst auf der Alten Mainbrücke 2017

Ab 1997 findet der Gottesdienst am Pfingstmontag im Weinberg statt, zunächst auf dem Eselsberg, später in Sulzfeld - dort seit einigen Jahren ebenfalls in ökumenischer Gemeinschaft.

Seit 1991 gibt es die Feier zur Osternacht, die in der Bergkirche zu Hohenfeld gehalten wird und einen festen Kreis von Besuchern aus ganz Kitzingen erreicht.

Dem veränderten Interesse am Kindergottesdienst wurde 1992 von Pfarrer Ahrens Rechnung getragen. Junge Familien schickten ihre Kinder nicht mehr alleine in den Gottesdienst um 11.00 Uhr, sondern wollten gerne zusammen an diesem Gottesdienst teilnehmen. Das System der englischen „Sunday School", in dem die Verkündigung in altersentsprechenden Gruppen geschieht, wurde um die Gruppe der Erwachsenen erweitert. Deren Unterweisung übernimmt der jeweilige Gottesdienstleiter, die anderen Gruppen werden durch Mitglieder des Gottesdienstteams betreut. Bis heute hat sich diese Form erhalten und erfreut sich weiter stetiger Beliebtheit.

Im Nachgang zur Gartenschau 2011 behielt man die damals begonnenen Ökumenischen Andachten auf dem Gelände nahe dem Bleichwasen bei, die heute in den Sommermonaten unter dem Stichwort „Fünf nach Fünf" einen regen Zuspruch finden.

Gottesdienste für die Zielgruppen Motorradfahrer, Karnevalsgesellschaft und Kleinkindfamilien komplettieren das reiche und vielfältige Angebot an die Gemeinde.

E) Die Kirchenmusik in der Stadtkirche

Die Kirchenmusik in der Stadtkirche wird von drei Säulen getragen: von der Chorarbeit mit den Sängerinnen und Sängern in der Kantorei, später auch in weiteren Chören, vom Posaunenchor und vom Orgelspiel. Diese drei Säulen zu pflegen ist die Aufgabe des jeweiligen Stadtkantors, der in neuerer Zeit auch die Position des Dekanatskantors innehat.

1967 übernahm das Amt **Klaus Uwe Ludwig** von Walter Opp, der nach zehnjähriger Tätigkeit nach Regensburg wechselte. Ludwig veranstaltete größere und kleinere Konzerte in reicher Vielfalt. Das musikalische Engagement von Kantorei und Posaunenchor erstreckte sich über die Stadtkirche weit hinaus. 1973 wechselte Ludwig auf die Stelle seines Vorgängers Opp nach Regensburg.

Mit **Christel Hüttner** wurde erstmals eine Frau auf diese Stelle berufen. Sie führte die von Ludwig begonnene Öffnung musikalischer Veranstaltungen weiter. Ein Schwerpunkt ihrer Arbeit war die Aufführung großer konzertanter Werke. Sie machten die Paul-Eber-Kantorei über den Kitzinger Raum weit hinaus bekannt. Neben den sog. „Klassikern" wagten sich Leiterin und Kantorei an besondere Aufführungen wie zum Beispiel „König David" von A. Honegger, „Stabat Mater" von A. Dvorak und Verdis „Requiem". Über die viele Jahre von ihr geleitete Sing- und Musikschule sorgte sie mit einem Kinder- und einem Jugendchor für Nachwuchs in der Kantorei.

Auf Hüttners Anregung hin wurde 2001 die kleine in die Jahre gekommene Übungsorgel durch ein größeres Instrument ersetzt. Es sollte vom Volumen her in der Lage sein, den gottesdienstlichen Raum der Stadtkirche zu füllen. Als neuer Standort wurde eine Verlängerung der unteren Empore zum Chorraum hin bestimmt. Die Gestaltung des Orgelprospekts übernahm Harald Knobling. Gebaut wurde das Instrument von der Firma Mann, Segnitz.

Die Arbeit im Posaunenchor trug bei der Gestaltung vieler Gottesdienste gute Früchte. Seine Mitglieder zeichnen sich durch langjähriges Engagement aus. Besondere Beachtung findet er bei Standkonzerten im Marktplatz oder bei der Begrüßung des neuen Jahres an Silvester um Mitternacht vom Kirchturm herab. 2007, nach dem 100-jährigen Jubiläum des Posaunenchores, trat Christel Hüttner nach 37-jähriger Tätigkeit an der Stadtkirche in den Ruhestand.

Ihre Aufgabe übernahm **Carl Friedrich Meyer**, der zuvor Dekanatskantor in Forchheim gewesen war. Er erweiterte die Arbeit auf Projekte mit Gruppen und Chören über den Bereich der Kirchengemeinde hinaus. Konzertreihen und die Kitzinger Kirchenmusikwochen wurden eingeführt. Die Verbindung zur Kirchenmusik der katholischen Kirchengemeinde brachte 2009 einen ersten „ökumenischen Orgelspaziergang" hervor. Seit 2011 wird das jährliche Kirchenmusikprogramm der beiden evangelischen und katholischen Kirchengemeinden in einem gemeinsamen Programmheft herausgegeben. Konzerte bekannter Chöre wie z.B. der „Windsbacher" oder "viva voce" komplettieren das Programm. Die Ausbildung neuer Organisten nahm einen breiten Raum ein, da mehrere lange bewährte Kräfte in den Ruhestand gingen. Darüber hinaus pflegte Meyer die Chorarbeit intensiv. Neben dem Jugendchor ergänzte der neu gegründete Seniorenchor „In Takt" das kirchenmusikalische Leben.

2011 kam mit „Druschba", geleitet von Helene Bausenwein, ein weiterer Chor mit russlanddeutschen Sängerinnen hinzu. 2014 wechselte Meyer nach Ansbach.

Sein Nachfolger wurde **Martin Blaufelder**, vormals Dekanatskantor in Uffenheim. Er setzte die von Meyer begonnene Arbeit fort und intensivierte noch einmal die ökumenische Zusammenarbeit mit dem katholischen Regionalkantor. Unter seiner Leitung wurde im Chorraum eine dritte, kleine Chororgel aufgestellt. Sie war das Vermächtnis von **Hans-Jürgen Klein**, der über lange Jahre zweiter Organist an der Stadtkirche war.

F) Gemeindearbeit und kirchliche Zentren

Im Bereich der Stadtkirche war man sich Mitte der sechziger Jahre bewusst, dass man neue gemeindliche Räume schaffen müsse. Der Gemeinderaum am Gustav-Adolf-Platz 6 war zu klein geworden. Außerdem sollten dort schließlich Dekanat und Pfarramt untergebracht werden, weil man sich von den Gebäuden in der Luitpoldstraße trennen wollte. Man begann mit der Planung und Fertigstellung eines Gemein-

Chorraum der Stadtkirche 2017 mit Chororgel

dezentrums in Etwashausen. Dort konnte auch die Wohnung des zweiten Pfarrers untergebracht werden. 1967 wurde dieses Zentrum in der Schwarzacher Straße eingeweiht. Ihm wurde der Name „St. Michael" gegeben, in der Erinnerung an den Namen der ersten evangelischen Kirche in Kitzingen, die in Etwashausen gestanden hatte. Ebenfalls Mitte der sechziger Jahre beendete ein bayrisches Volksbegehren das konfessionell gebundene Schulsystem der allgemeinbildenden Schulen. Dies bedeutete das Ende der Evangelischen Schule, die in den Räumen des Klosters an der Stadtkirche untergebracht war. Sie wurde aufgelöst und die Räume standen leer. Man beschloss, den an die Stadtkirche angrenzenden Flügel des Klosters als Gemeindehaus zu nutzen und die beiden anderen Flügel an die Stadt Kitzingen zu übereignen, die dort die Wirtschaftsschule unterbrachte. Dieses Gemeindehaus bekam bei der Einweihung 1968 den Namen „Paul-Eber-Haus" zur Erinnerung an den aus Kitzingen stammenden Reformator. So hatte man innerhalb von zwei Jahren zwei Gemeindehäuser und Zentren kirchlicher Arbeit erhalten. Die zentrale Lage des Paul-Eber-Hauses neben der Kirche ließ den Schwerpunkt der Arbeit der Kirchengemeinde in dieses Haus wandern, zumal dort die besseren Parkmöglichkeiten vorhanden waren. Die Räume in St. Michael blieben vornehmlich Aktivitäten in Etwashausen vorbehalten.

Mitte der 60er Jahre setzte ein Umbruch kirchlicher Arbeit ein. Anlass war unter Anderem eine neue Kirchenverfassung unserer Landeskirche. Durch sie wurde die Arbeit der einzelnen Vereine und Organisationen zunehmend in die Kirchengemeinden als Körperschaften öffentlichen Rechts integriert. Einige Vereine behielten jedoch ihre Eigenständigkeit in der Arbeit und Organisationsform bis heute. Die Bündelung

Evang. Gemeindeheim – Gustav-Adolf-Platz 6
Saal nach dem Umbau 1959

Ehem. Ursulinenkloster, später Evang. Schule neben der Stadtkirche, heute „Paul-Eber-Haus"

von Kräften und der sinnvolle Einsatz personeller und finanzieller Ressourcen brachte später viele Aufgaben, die ursprünglich in den Kirchengemeinden erledigt wurden, auf die Ebene der Dekanatsbezirke und anderer überörtlicher Arbeitsgemeinschaften. Dieser Trend hält bis heute an.

Eine weitreichende Veränderung ergab sich im Freizeit- und Sozialverhalten der Bürger und Kirchenmitglieder. Die finanziellen Möglichkeiten wurden größer. Die Mobilität erhöhte sich mit der zunehmenden Vielfalt und Breite der Angebote. Regelmäßige wöchentliche Treffen in Gruppen, Kreisen und Vereinen wurden durch den Besuch besonderer einzelner Veranstaltungen und Events abgelöst. Dieser Trend machte auch vor den Gottesdienst-Besucherzahlen nicht halt. Die Zahl derer, die regelmäßig sonntäglich kommen, wird geringer. Demgegenüber nehmen die Besucherzahlen zu besonderen Gottesdiensten immer noch zu.

In der Seniorenarbeit hat sich die Tradition regelmäßiger Treffen noch am weitesten erhalten. In der Innenstadt schlossen sich drei Vereinigungen zu einem Feierabendkreis zusammen, der über 30 Jahre lang von Babette Penka geleitet wurde. Neben den monatlichen Treffen zu aktuellen Themen und geselligem Austausch werden auch regelmäßig Ausflüge unternommen. Ein ähnliches Programm hat der Feierabendkreis Sankt Michael. Er wurde von Jakobine Tochtermann 1968 gegründet. Ihre

Nachfolger waren Anna Pfnausch, Friedrich und Johanna Pfister und sind heute Gerhard und Elsbeth Schwab.

In der Erwachsenenarbeit waren die strukturellen Veränderungen deutlicher zu bemerken. Der Evangelische Frauenbund existiert bis heute noch als eigener eingetragener Verein weiter fort und bietet ein eigenes reiches Programm an Informationen, Bildungsveranstaltungen und Ausflügen. Vorsitz und Leitung eines engagierten Teams hatten Lotte Wehrmann (1971-1987), Dr. Pauline Schmerl (1988-1997), Ilse König (1997-2015) und Astrid Glos (seit 2015).

Neben dem Frauenbund gibt es den Frauentreff, eine Gruppe, die sich regelmäßig zu aktuellen Fragen, Ausflügen und Theaterfahrten trifft. In langer Tradition stehen auch Bibelabende und Gesprächsrunden zu Themen des Glaubens.

Die Arbeit des Evangelischen Gemeindevereins bzw. der Evangelischen Gemeindeaktion wie auch die Aktivitäten der Frauen- und Elternarbeit wurden in das Programm der evangelischen Erwachsenenbildung integriert und dort fortgeführt. Heute firmiert diese Arbeit im „Erwachsenenbildungswerk Main-Steigerwald" und umfasst die Aktivitäten der Dekanate Kitzingen, Castell und Markt Einersheim und ihrer über 50 Kirchengemeinden und Organisationen. Lange Zeit existierte auch ein Literaturkreis, der sich zu Themen aus der aktuellen Literaturdiskussion traf. Im November 2011 wurden zum 500. Geburtstag Paul Ebers die Paul-Eber-Tage durchgeführt. Dort gelangte ein speziell für diesen Anlass von Thomas Klischke geschriebenes Musical über Paul Eber unter Leitung von C.F. Meyer zur Aufführung. Schauspieler waren größtenteils Mitglieder der Kirchengemeinde.

Immer mehr Bedeutung bekam das Thema Kunst und Kultur in der Stadtkirche. Ausstellungen von verschiedenen Künstlern und zu unterschiedlichen Themen wurden zunehmend gefragt und angeboten. Einige Beispiele sind: „Luther und die Kunst in Bayern", „Visionen zwischen Himmel und Erde", „Schicksalswege der Deutschen in Russland", „Objekte zum Thema Licht", „fromm-politisch-unbequem - Frauen in der Kirche" und „Toleranz im Comic".

Seit 1998 gibt es ein Gemeindefest in der Stadtkirche, zunächst jeweils Anfang September, später wegen der besseren Witterung im Juli. Seit 2013 wird dieses Gemeindefest zusammen mit der katholischen St.-Johannes-Gemeinde ökumenisch gefeiert, und zwar im jährlichen Wechsel vor dem katholischen Dekanatszentrum oder im Hof von Wirtschaftsschule und Paul-Eber-Haus.

Die Jugendarbeit war und ist am stärksten von den gesellschaftlichen Veränderungen geprägt. Am längsten hat sich der Kreis der Kindergottesdiensthelferinnen und -helfer erhalten, der sich seit den sechziger Jahren immer noch wöchentlich trifft.

Sein Aufgabengebiet hat sich über die Vorbereitung der sonntäglichen Kinder- und Familiengottesdienste hinaus erweitert. Die Jugendlichen bilden auch das Leitungsteam der jährlich stattfindenden Stadtranderholung, die von der Kirchengemeinde für das ganze Dekanat durchgeführt wird. Bei vielen weiteren Gemeindeaktionen sind sie bereitwillige Helfer. Besondere Höhepunkte für diese Gruppe waren die Aufführung biblischer Szenen beim Schwanbergtag und den unterfränkischen Kirchentagen vor bis zu 2000 Kindern. Aus dieser Gruppe sind auch einige Theologie Studierende und Religionspädagogen hervorgegangen. Kinderbibelwochen und -tage werden zum Teil ökumenisch durchgeführt. Ein wichtiger Bestandteil ist die Arbeit mit Alleinerziehenden und ihren Kindern geworden. Sie umfasst regelmäßige Treffen, Ausflüge und Freizeiten. Ferienfreizeiten für Kinder und Jugendliche gibt es unter dem Dach des Freizeitenwerks im Dekanat, bei dem die Gemeindejugend aktiv mitarbeitet.

September 2017

Uwe Bernd Ahrens, Pfarrer

Bronzeleuchter (Osterleuchter) von Dr. Harald Knobling
angefertigt zum 300jährigen Weihejubiläum der Kirche 1999

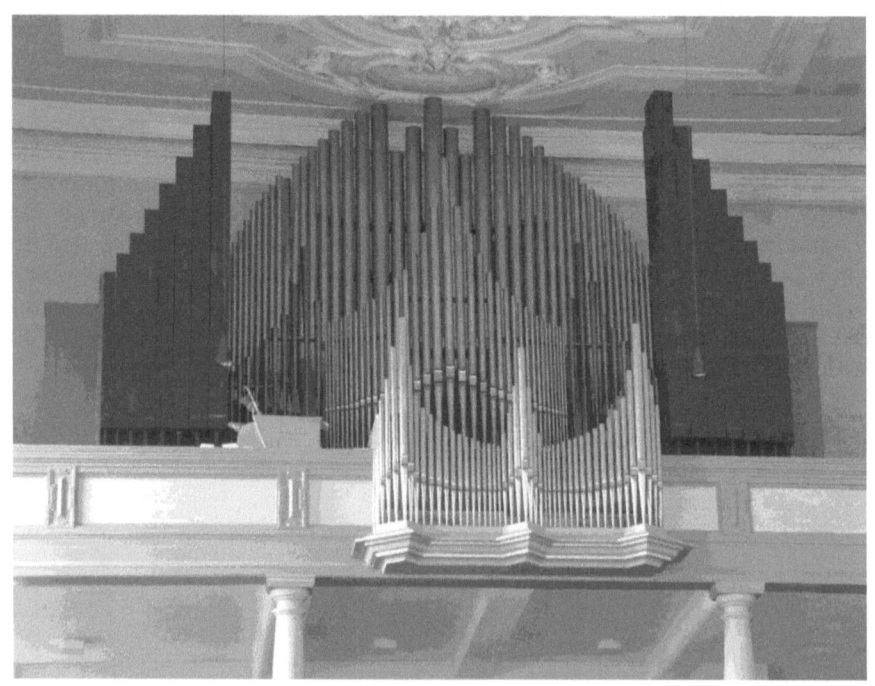

Orgel, Fa. Steinmeyer 1950-58

Chororgel
Fa. Mann

Entwurf
H. Knobling
1998

TEIL VII

Anhang mit Fortschreibung

49. Kapitel
Die Reihe der I. Pfarrer der Evangelischen Gemeinde

Die seit August 1522 bestehende junge evangelische Gemeinde Kitzingen wurde in den ersten drei Jahren von dem Prediger Christoph Hofmann von Ansbach und dem Pfarrverweser Johann Schenk von Sinau geleitet. Während der markgräflichen Herrschaft, in der Zeit von 1522-1629, wirkten an der Evangelischen Gemeinde dahier insgesamt 13 Pfarrer, angefangen mit Magister Meglin bis zu Pfarrer Codomann.

Während der schwedisch-brandenburgischen Zeit von 1631-1634 wirkten dahier an der Evangelischen Gemeinde als 14. Pfarrer Magister Nikolaus Polich aus Schweinfurt bis 1633 und dann bis 1635 der obenerwähnte, inzwischen aus Ansbach wieder zurückgekehrte Solomon Codomann. Während der fürstbischöflichen Zeit von 1650-1803 gab es insgesamt elf Pfarrer in der Evangelischen Gemeinde Kitzingen, angefangen mit Johannes Clajus als 15. Pfarrer von 1650-1657 bis zum 25. Pfarrer Paul Kanut Ebermeyer (1795-1808), der später Konsistorialrat in Würzburg wurde. So wurde die Evangelische Gemeinde Kitzingen in dem Zeitraum von knapp 300 Jahren (1522-1808) von insgesamt 25 evangelisch-lutherischen Pfarrern geistlich geführt.

Mit dem Jahr 1808 beginnt die bis in die jüngste Gegenwart reichende Kette der Pfarrer der Evangelischen Gemeinde Kitzingen im bayerischen Staat, die ab 1830 die Bezeichnung „erster Pfarrer" führten.

26. Pfarrer war *Johann Friedrich Schöner,* geboren als Pfarrerssohn im Jahr 1760 in Rügheim bei Haßfurt. Besuch des Gymnasiums Schweinfurt und Theologiestudium auf der Universität Jena. Vorher Pfarrer in Euerbach bei Schweinfurt. Er wirkte hier von 1808 bis zu seinem Tod im Jahre 1836. Sein Name bleibt für immer mit dem Erwerb und der Einweihung der Stadtkirche im Jahr 1817 verbunden.

27. Pfarrer war *Dr. phil. August Christian Kaiser,* geboren als Pfarrerssohn im Jahr 1804 in Ansbach. Besuch des dortigen Gymnasiums und Theologiestudium auf den Universitäten Leipzig und Erlangen. Er wirkte zuerst als II. Pfarrer dahier und nach dem Tode Pfarrer Schöner seit 1837 als I. Pfarrer, starb aber schon im Jahr 1839.

28. Pfarrer war *Friedrich Wilhelm Wirth,* geboren als Pfarrerssohn in Eichigt im sächsischen Vogtland. Besuch des Gymnasiums Hof und Bayreuth, und Theologie-

studium auf den Universitäten Jena und Erlangen. Er wirkte zuerst als II. Pfarrer dahier und nach dem Tode Dr. Kaisers seit 1840 als I. Pfarrer. 1854 wurde er III. Pfarrer in Bayreuth.

29. Pfarrer war Johann Gottlieb Zitzmann, geboren 1819 in Regensburg. Besuch des dortigen Gymnasiums und Theologiestudium auf den Universitäten Erlangen, Berlin und Bonn. Er kam als Vikar von Bamberg nach Kitzingen. Zuerst II. Pfarrer dahier und nach dem Wegzug von Pfarrer Wirth seit 1854 I. Pfarrer. 1874 kam Pfarrer Zitzmann als Stadtpfarrer nach Aschaffenburg.

30. Pfarrer war *Georg Andreas Hermann,* geboren 1839 in Öttingen im Ries. Besuch des Gymnasiums Augsburg und Theologiestudium auf der Universität Erlangen. Vorher Pfarrer in Gärtenroth bei Kulmbach. Er wirkte dahier von 1875 bis 1880, in welchem Jahr er auf eigenes Ansuchen von seinem Amt entbunden wurde.

31. Pfarrer war *August Helm,* geboren 1846 in Lieh im Großherzogtum Hessen. Besuch des Gymnasiums Gießen und Theologiestudium auf der Universität Gießen. Vorher Pfarrer in Billingshausen bei Würzburg. Er wirkte dahier von 1880 bis 1888, in welchem Jahr er als Superintendent nach Arnstein in Thüringen kam. Er bewährte sich als tüchtiger, kluger und gewandter Geistlicher, der sich nicht scheute, in seelsorgerischer Verantwortung von der Kanzel offenbare Missstände im Gemeindeleben mit Erfolg zu bekämpfen.

32. Pfarrer war *Johann Friedrich Boeckh,* geboren 1859 zu Königsmoos bei Neuburg/Donau. Besuch des Gymnasiums Regensburg und Theologiestudium auf den Universitäten Erlangen und Tübingen. Vorher Pfarrer in Fessenheim bei Nördlingen. Er wirkte dahier von 1888 bis 1893, in welchem Jahr er sich als Pfarrer nach Tauberzell bei Rothenburg versetzen ließ. 1897 kam er nach Schwabach und war dort zunächst II. und dann I. Pfarrer. 1911 kam er als Dekan und Kirchenrat nach Nürnberg - St. Leonhard. 1921 wurde er Oberkirchenrat beim Landeskirchenrat in München, wo er 1930 als Doktor der Theologie starb. Sein Name bleibt für immer mit der Gründung des „Evangelischen Arbeitervereins" und des „Evangelischen Vereins für Krankenpflege" verbunden. Bewundernswert war seine Arbeitsleistung in den fünf Jahren seines hiesigen Wirkens.

33. Pfarrer war *Gottfried Müller,* geboren als Pfarrerssohn in Fürnried bei Sulzbach in der Oberpfalz. Besuch des Gymnasiums Nürnberg und Theologiestudium auf der Universität Erlangen. Vorher Pfarrer in Arzberg bei Marktredwitz in Oberfranken. Er wirkte dahier von 1893 bis zu seiner Ruhestandsversetzung im Jahr 1921. Als Kirchenrat starb er im Jahr 1922 an den Folgen eines Verkehrsunfalles in seinem Ruhesitz München. Pfarrer Müller wurde im Jahr 1893 der erste Dekan des Kitzinger Kirchenbezirkes. 27 Jahre lang wirkte Dekan und Kirchenrat Müller als treuer Seelsor-

ger, Prediger, Religionslehrer und großer Freund der Armen segensreich in der Kitzinger Gemeinde.

34. Pfarrer war *Otto Braun,* geboren 1880 in Gülchsheim bei Uffenheim. Besuch des Gymnasiums Ansbach und Theologiestudium auf den Universitäten Erlangen und Leipzig. Vorher II. Pfarrer in Nördlingen im Ries. Er wirkte dahier von 1921 bis zu seiner Ruhestandsversetzung im April 1950, also nahezu 29 Jahre als I. Pfarrer, Dekan und Kirchenrat. Segensreich wirkte er dahier als Prediger, Religionslehrer und Vorstand des „Evangelischen Arbeitervereins". Sein Name bleibt für immer mit der Gründung des Jugendheims, der Evangelischen Pfründe, dem Bau des Kinderheims in Etwashausen und mit der Wiederherstellung der zerstörten Stadtkirche verbunden. Er verbringt seinen Ruhestand in Kitzingen.

35. Pfarrer ist nunmehr *Fritz Joachim Bauer,* geboren 1903 als Pfarrerssohn in Wintersberg in Lothringen. Besuch des Gymnasiums Straßburg und Nürnberg und Theologiestudium auf den Universitäten Erlangen und Tübingen. Vorher II. Pfarrer in Kempten. Er wirkt in der hiesigen Gemeinde seit 1950 als I. Pfarrer, Dekan und Kirchenrat. Seine Amtseinführung erfolgte am 21. Mai 1950 durch Kreisdekan und Oberkirchenrat Koch von Ansbach. Das erste Jahrzehnt seines Wirkens dahier war von dem Ausbau des kirchlichen Gemeindezentrums in der Siedlung, dem Abschluss der Wiederherstellung der Stadtkirche samt Orgel- und Glockenbeschaffung, dem Bau des Altersheimes und dem Umbau des Jugendheimes zu einem Gemeindesaal voll ausgefüllt.

Ergänzung: Die I. Pfarrer der Stadtkirche seit 1965

35. *Dekan Bauer* trat zum 1.10 1970 in den Ruhestand.

36. Pfarrer war *Alfred Wehrmann,* geb. 1921 in Micheln, 1954 Pfarrer in Marl (Westfalen), 1963 Pfarrer in Oberröslau, 1970 - 1988 1. Pfarrer und Dekan in Kitzingen, 1988 Ruhestand in Reichenbach (Vogtland), wo er 2013 verstarb. In der Stadtkirche förderte er die Kirchenmusik und organisierte im Pfarramt die Verwaltung neu. Er gründete das Diakonische Werk Kitzingen, es entstanden das Seniorenheim Mainblick und weitere diakonische Aufgabenbereiche.

37. Pfarrer war *Christoph Schmerl,* geb. 1940 in Rüdenhausen, 1967 Pfarrer in München - Evangeliumskirche, 1975 Pfarrer in München - Auferstehungskirche, ab 1988 1. Pfarrer und Dekan in Kitzingen. Er verbreitete die Basis der Gemeindearbeit durch Kirche und Kunst, Ausstellungen und Erwachsenenbildung. Er gab den Anstoß zur Innenrenovierung der Stadtkirche mit Aufstellung des Voraltars und der künstlerischen Gestaltung des Chorraumes und des Eingangsbereichs. Er vergrößerte das

gottesdienstliche Angebot und setzte erste ökumenische Impulse. 2003 ging er in den Ruhestand nach Weimar.

38. Pfarrer ist *Hanspeter Kern*, geb. 1953 in Geiselwind, 1983 Pfarrer in Regnitzlosau, stellv. Senior, seit 2004 1. Pfarrer und Dekan in Kitzingen. Er führte die Renovierungen von Chordach und Turm, der Turmhaube und der Glockenanlage durch. In der Diakonie sorgte er für die Bündelung der Arbeitsfelder und für den Neubau des Seniorenheims Mühlenpark. Weiterer Ausbau der ökumenischen Beziehungen und Förderung des gemeindlichen Zusammenhalts.

50. Kapitel
Die Reihe der II. Pfarrer der Evangelischen Gemeinde seit 1832

In der Brandenburgischen Zeit waren neben dem Stadtpfarrer noch drei Kapläne und ein Klosterpfarrer tätig, etwa 30 Jahre lang auch ein eigener Geistlicher für Etwashausen. Nach Wiedereinrichtung der evangelischen Pfarrei im Jahr 1650 trat neben den Pfarrer ein „Ständiger Adjunkt". Häufig sind die Inhaber dieser Stelle dann in die Pfarrstelle aufgerückt. Durch Königliches Dekret vom 11. Dezember 1830 wurde die Errichtung einer II. evangelischen Pfarrstelle in Kitzingen genehmigt. Mit diesem Jahr beginnt die Reihe der II. Pfarrer der evangelischen Gemeinde:

Erster war der seit 1826 hier amtierende „ständige Adjunkt" Vikar Dr. phil. *August Christian Kaiser*, früher Vikar in München. Von 1832 bis 1837 wirkte er als II. Pfarrer dahier und nach dem Tode des I. Pfarrers Schöner weiterhin als 1. Pfarrer.

2. Pfarrer war *Friedrich Wilhelm Wirth*. Vorher Pfarrer in Buttenheim bei Bamberg. Er wirkte dahier von 1837 bis 1839 als II. Pfarrer und nach dem Tode des I. Pfarrers Dr. Kaiser als I. Pfarrer.

3. Pfarrer war *Dr. Friedrich Karl Fürst*, geboren als Pfarrerssohn in Wettelsheim bei Treuchtlingen. Besuch des Gymnasiums Ansbach und Theologiestudium auf den Universitäten Erlangen und Halle. 1841 wurde er II. Pfarrer dahier. Infolge langjähriger Krankheit konnte er sein Amt nur mit Beihilfe von Privatvikaren bis 1851 versehen, in welchem Jahr er als Pfarrer nach Altheim bei Neustadt/Aisch versetzt wurde.

4. Pfarrer war *Johann Gottlieb Zitzmann*. Er wirkte dahier als II. Pfarrer von 1852 bis 1854 und nach dem Wegzug von Pfarrer Wirth nach Bayreuth weiterhin als I. Pfarrer.

5. Pfarrer war *Christoph Paul Müller*, geboren 1823 in Schweinfurt. Besuch des dortigen Gymnasiums und Theologiestudium auf den Universitäten Erlangen, Berlin und Bonn, gleichzeitig mit Pfarrer Zitzmann. Vorher Vikar in Straubing. Er wirkte von 1855 bis 1859 als II. Pfarrer dahier, in welchem Jahr er nach Schweinfurt versetzt wurde.

6. Pfarrer war *Karl Christoph Held*, geboren 1824 in Bayreuth. Besuch des dortigen Gymnasiums und Theologiestudium auf den Universitäten Erlangen und Halle. Vorher Pfarrer in Bronn bei Pegnitz in Oberfranken. Er wirkte dahier als II. Pfarrer von 1859 bis 1870, in welchem Jahr er als I. Pfarrer und Dekan nach Hof versetzt wurde.

7. Pfarrer war *Ferdinand Heinrich Illing* aus Hersbruck. Er wirkte dahier als II. Pfarrer von 1870 bis 1873, in welchem Jahr er die Pfarrstelle in Vach bei Fürth übernahm.

8. Pfarrer war *Friedrich Ludwig Schuster*, geboren 1843 in Nürnberg. Besuch des dortigen Gymnasiums und Theologiestudium auf den Universitäten Erlangen und Leipzig. Vorher Vikar in Nürnberg. Er wirkte als II. Pfarrer dahier von 1874 bis 1879, in welchem Jahr er starb. „Als ernst gesinnter und treuer Seelsorger stand er bei seiner Gemeinde in großem Ansehen."

9. Pfarrer war *Georg Friedrich Pöschel*, als Pfarrerssohn 1833 in Löpsingen im Ries geboren. Besuch des Gymnasiums Augsburg und Theologiestudium auf den Universitäten Erlangen und Leipzig. Vorher Stadtvikar in München. Er wirkte dahier als II. Pfarrer von 1880 bis 1889, in welchem Jahr er als II. Pfarrer nach Kempten versetzt wurde.

10. Pfarrer war *Johann Georg Mebs*, geboren 1860 in Windsheim. Besuch des Gymnasiums Augsburg. Theologiestudium auf der Universität Erlangen und Philosophiestudium auf der Universität München. Vorher Vikar in Fürth. Er wirkte als II. Pfarrer dahier von 1890 bis zu seiner Ruhestandsversetzung im Jahr 1928. Als volksnahe Persönlichkeit diente er mit großer Treue seiner Gemeinde. Er starb im Jahr 1935 und liegt auf dem hiesigen Friedhof begraben.

11. Pfarrer war *Hermann Schlier*, geboren 1900 in Hersbruck. Besuch des Gymnasiums Nürnberg und Theologiestudium auf den Universitäten Heidelberg und Berlin. Vorher Vikar in Landsberg. Er wirkte dahier als II. Pfarrer von 1929 bis 1937, in welchem Jahr er nach Augsburg versetzt wurde. In der Zeit des Kirchenkampfes bewährte er sich als vorbildlicher Diener des Evangeliums und nahm sich besonders der zerstreuten evangelischen Familien in der Siedlung an.

12. Pfarrer war *Heinrich Bezzel*, geboren 1907 in Wald bei Gunzenhausen. Besuch des Gymnasiums Augsburg und der Universitäten Erlangen, Kiel und Tübingen. Vorher Pfarrer in Wetzhausen bei Hofheim. Er wirkte als II. Pfarrer von 1938 bis 1952. 1943 wurde er als Offizier zum Kriegsdienst einberufen und kam erst nach vierjähriger russischer Gefangenschaft wieder auf seine Pfarrstelle zurück. 1952 wurde er als I. Pfarrer an die Dreieinigkeitskirche in Nürnberg und 1961 als Dekan nach Ansbach versetzt. Er war ein guter Prediger und Jugendpfarrer und arbeitete mit großem Eifer an den evangelischen Glaubensgenossen der Siedlung. Durch seine Standhaftigkeit in der Zeit des Kirchenkampfes zeigte sich Bezzel seiner Gemeinde als tröstendes Vorbild.

13. Pfarrer ist nunmehr *Ludwig Beckmann*, geboren 1897 in Berlin. Besuch des Gymnasiums Berlin - Spandau und Theologiestudium auf der Universität Berlin. Vorher Pfarrer an der Pauluskirche in Breslau. Nach der Austreibung der Deutschen aus Schlesien wurde er 1948 Pfarrer in Buttenheim bei Bamberg. 1952 kam er als II. Pfarrer nach Kitzingen. Seine Amtseinführung erfolgte am 5. Oktober 1952 in der Stadtkirche.

Ergänzung: Die II. Pfarrer der Stadtkirche seit 1965

13. *Pfarrer Beckmann* trat Ende 1966 in den Ruhestand und starb 1973 in Kitzingen.

14. Pfarrer war *Johannes Opp*, geb. 1936 in Regensburg, 1963 Inspektor des Predigerseminars Bayreuth, ab 1967 2. Pfarrer in Kitzingen bis 1971, als er eine Stelle im Katechetischen Amt in Heilsbronn übernahm.

15. Pfarrer war *Wolfgang Schwandner*, geb. 1944 in Nürnberg, 1972 Pfarrer in Spiegelau, ab 19973 2. Pfarrer in Kitzingen bis 1980. Dann übernahm er eine Stelle als Pfarrer bei der Inneren Mission München.

16. Pfarrer ist *Uwe Bernd Ahrens*, geb. 1953 in Bamberg, 1979 Pfarrer in Klingenberg, seit Juli 1981 2. Pfarrer an der Stadtkirche.

Die Errichtung der III. Pfarrstelle im Jahr 1954

Infolge der seit 1945 in dem neuen Stadtteil am Goldberg stark wachsenden evangelischen Bevölkerung wurde die Errichtung einer III. Pfarrstelle dringend nötig. Sie wurde durch Beschluss des Evang.-Luth. Landeskirchenrates vom 9. November 1953 im Jahr 1954 errichtet.

Die Reihe der III. Pfarrer eröffnet *Pfarrer Wilhelm Zahn*, geboren 1914 in Thumsenreuth bei Weiden in der Oberpfalz. Besuch des Gymnasiums Weiden und Hof, der Theol. Hochschule Bethel und der Universitäten Erlangen und Tübingen. Vorher II. Pfarrer in Bad Berneck. Seit 1954 wirkt er als III. Pfarrer in der Siedlung und an der 1957 erbauten Friedenskirche. Seine Amtseinführung erfolgte am 12. September 1954 in der Stadtkirche. Unterstützt werden die drei Geistlichen in der Erteilung des Religionsunterrichtes an der Städtischen Berufsschule Kitzingen durch den hauptamtlichen Religionslehrer geistlichen Standes Erwin Herbert Potschka, geboren 1906 in Schlossberg in Ostpreußen. Besuch des Gymnasiums Tilsit und Theologiestudium auf den Universitäten Königsberg, Marburg und Tübingen. Vorher Pfarrer in Kuckerneese in Ostpreußen. Von 1939 bis 1945 diente er als Offizier in der Wehrmacht und kam nach Austreibung der Deutschen aus Ostpreußen 1946 nach Kitzingen.

So stehen im Predigtamt und Seelsorgedienst der evangelischen Kirchengemeinde Kitzingen seit ihrer Gründung im Jahr 1522 35 Erste Pfarrer, 13 Zweite Pfarrer und 1 Dritter Pfarrer. An Stelle der im Reformationszeitalter zur Tradition gewordenen theologischen Ausbildungsstätten Wittenberg und Leipzig überwiegen jetzt an erster Stelle Erlangen und Tübingen. Der Geburtsort der Kitzinger Geistlichen liegt seit der Zugehörigkeit des evangelischen Kirchenwesens zu Bayern seit dem Jahr 1814 fast durchwegs auf nordbayerischen Boden, mit Ausnahme von fünf Pfarrern, deren Geburtsland Berlin, Hessen, Lothringen, Sachsen und Ostpreußen ist.

Ergänzung: Die III. Pfarrer der Stadtkirche seit 1965

1964 wird die dritte Pfarrstelle in die eigenständige Pfarrei Kitzingen - Friedenskirche umgewandelt. Damit verliert die Stadtkirche zunächst die dritte Pfarrstelle.

Im Rahmen der Gebietsreform Anfang der siebziger Jahre kommt das Dorf Hohenfeld als Ortsteil zu Kitzingen. Die dortige Pfarrstelle wird als dritte Pfarrstelle der Stadtkirche zugeordnet mit dem zusätzlichen Auftrag der Leitung der Kirchengemeinde Hohenfeld.

2. Pfarrer dieser dritten Stelle war *Lothar Soldan*, geb. 1921 in Pöcking, 1960 Pfarrer in Parsberg, 1965 Pfarrer in Oberkotzau, ab 1973 an der Stadtkirche bis zu seinem Ruhestand 1985. Er verstarb im März 2016 in Kitzingen und wurde dort beerdigt.

3. Pfarrer war *Friedrich (Friedemann) Stark*, geb. 1935 in Regensburg, 1964 Pfarrer in Selb, ab 1985 an der Stadtkirche bis zu seinem Ruhestand 1998.

4. Pfarrer ist *Thilo Koch,* geb. 1965 in Nürnberg, ab 1996 Pfarrvikariat Kitzingen, ab 1999 als dritter Pfarrer an der Stadtkirche.

51. Kapitel
Verzeichnis der Mitarbeiter im Dienst an der evangelischen Gemeinde seit 1900

1) Folgende Vikare wirkten als *Privatvikare* zur Unterstützung des I. Pfarrers:

Vikar *Wilhelm Matthes* im Jahr 1921. Später Pfarrer in Neuses am Berg. Er starb im Jahr 1954.

Vikar *Otto Dietz* im Jahr 1923. Jetzt Dekan und Kirchenrat an St. Stephan in Bamberg.

Vikar *Karl Schneidt* von 1923 bis 1926. Später Pfarrer in Lindau i. B. Er stürzte 1952 in den Tiroler Bergen tödlich ab.

Vikar *Hans Reuthner* von 1929 bis 1930. Starb 1957 als Pfarrer in Immeldorf bei Windsbach.

Vikar *Friedrich Henzler* von 1926 bis 1929. Jetzt Pfarrer in Eltersdorf bei Erlangen.

2) Seit April 1931 wurde auf die Bitte des hiesigen Kirchenvorstandes an die Landessynode der Landeskirche die Privatvikarstelle in eine Stadtvikarstelle umgewandelt, damit der auf 6000 Gemeindeglieder angewachsenen Gemeinde eine dritte geistliche Kraft zur Verfügung stehe.

Es sind die Stadtvikare:

Stadtvikar *Heinrich Lindner* von 1930 bis 1933, später Pfarrer in Höllrich bei Gemünden. Er fiel im zweiten Weltkrieg.

Stadtvikar *Adolf Müller* von 1933 bis 1936, jetzt Pfarrer in Strößendorf bei Michelau in Oberfranken.

Stadtvikar *Hermann Weickmann* von 1937 bis 1938, jetzt Pfarrer in Gerolfingen bei Wassertrüdingen im Ries.

Stadtvikar *Peter Pfalzer* von 1938 bis 1939. Jetzt Pfarrer in Betzenstein bei Pegnitz in Oberfranken.

Stadtvikar *Hans Münder* im Jahr 1939. Jetzt Pfarrer an St. Johannis in Regensburg.

Stadtvikar *Hans Straub* von 1940 bis 1941. Jetzt Pfarrer in Rittersbach bei Roth.

Pfarramtsverweser *Konrad Nagel,* Flüchtling aus Schlesien, wurde als Aushilfe in den Jahren 1947 und 1948 verwendet.

Vikarin *Gertrud Lange* von 1947 bis 1949. Jetzt Pfarrvikarin in Heilsbronn bei Ansbach.

Stadtvikar *Peter Krusche* von 1949 bis 1950. Er wurde Landesjugendpfarrer in Nürnberg und wirkt jetzt als Dekan in Coburg.

Stadtvikar *Rudolf Kahle* von 1950 bis 1954, jetzt Pfarrer in Obernburg bei Aschaffenburg.

Stadtvikar *Joachim Otto* vom 1.3.1953 bis 1.9.1954 als 2. Stadtvikar (diese Stelle wurde dann in die III. Pfarrstelle umgewandelt) und vom 1.12.1954 - 1.9.1956 als 1.Stadtvikar, jetzt Religionslehrer und Studienrat in Nürnberg.

Stadtvikar *Martin Schuster* von 1956 bis 1959, jetzt Pfarrer in Rügland bei Ansbach.

Stadtvikar *Hans-Jürgen Jander* von 1959 bis 1962. Früher am Predigerseminar in Bayreuth und an den Neuendettelsauer Pflegeanstalten tätig. Jetzt Pfarrer in Neustädtlein am Forst bei Bayreuth.

Pfarrer *Friedrich Schneider* als Stadtvikar seit 1. Dezember 1962, vorher Pastor einer deutschen Gemeinde in Brasilien.

Fortsetzung der Liste der Vikare

Vikar *Christoph Kosmala* 1964 - 1967
Vikar *Jürgen Rosenow* 1967 - 1970
Vikar *Dieter Hautsch* 1971 - 1974

Mit der Examensreform in den achziger Jahren wurden die Vikariate aufgespalten in Lehrvikariate (reine Ausbildungsstellen) und sog. Pfarrer z.A Stellen, die dem Arbeitsbereich der früheren Vikariate eher entsprachen.

Lehrvikariate:

Birgit Winkler 1991 - 1994
Gereon Vogel 1994 - 1996
Steffen Lübke 1996 - 1999
Silvia Jühne 1999 - 2001
Anita Müller 2001 - 2004

Inhaber der Pfarrer z.A. Stellen :

Pfarrerin z. A. *Doris Bromberger* 1988 - 1993. Sie war gleichzeitig die erste Frau als Pfarrerin an der Stadtkirche.
Pfarrerin z. A. *Helga Wutzler* 1993 - 1996
Pfarrer z.A. *Thilo Koch*   1996 - 1999
Pfarrerz. A. Dr. Frank Zimmer 1999 - 2004

Im Zuge der Landesstellenplanung wurde danach die Pfarrer z.A. - Stelle dem Dekanatsbezirk Kitzingen zugeordnet. Inhaber dieser Stellen bekamen u.a. einen Dienstauftrag im Bereich der Stadtkirche:

Pfarrer *Martin Oeters*   2004 - 2006
Pfarrer *Günther Wagner* 2006 - 2008
Pfarrerin *Sabine Ost*   2008 - 2011
Pfarrer *Helmut Oppelt* seit 2011

3) Folgende **Stadtkirchner** standen im Dienst an der Stadtkirche:

Von 1859 bis 1904 Georg Schüßler, gelernter Instrumentenmacher, von Gersfeld in der Rhön.

Von 1904 bis 1916 Theodor Seyerlein, gelernter Säckler, von hier.

Von 1916 bis 1920 Johann Straub, städtischer Schuldiener dahier.

Von 1920 bis 1952 Karl Rottler, gelernter Schneider, von hier.

Seit Advent 1952 versieht jetzt Friedrich Kallfaß mit seiner Gattin das Amt des Stadt-kirchners.

Stadtkirchner (Fortsetzung):

Friedrich Kallfass und Ehefrau 1952 - 1968
Karl und Helene Schamann 1969 - 1996
Karl - Heinz und Ute Schilling 1997 - 2016
Monika Mahlmeister und Michael Scherpf ab 2017

Ehrenamtlich:

Martin Schamberger seit 1998

4) Die Kirchenpfleger für das Kirchenstiftungsvermögen:

Sebastian Strohmenger von 1894 bis 1906, Andreas Langguth von 1906 bis 1912, Bernhard Alt von 1906 bis 1918, Michael Bernreuther von 1918 bis 1931, Hans Uhl von 1931 bis 1951. Er übte als Stadtrat und verantwortungsvoller Christ eine vielseitige Wirksamkeit im Leben der Gemeinde, im Kirchenvorstand, Gemeindeverein und Pfründenverein aus. Sein Nachfolger im Kirchenpflegeramt ist seit 1951 sein Sohn gleichen Namens.

Kirchenpfleger

Hans Uhl 1951 - 1982
Karl Will 1982 - 1987
Willi Müller 1987 - 1992
Berhard Kahnt ab 1992

5) Organisten und Stadtkantoren:

Ursprünglich war das Kantor- und Organistenamt mit dem Schuldienst der obersten Knaben- oder Mädchenklassen verbunden. Erst seit dem Jahr 1876 gibt es ein selbständiges Organisten- und Kantorenamt. Von 1876 bis 1904 wirkte *Albert Weeber,* gebürtig aus Nürtingen in Württemberg, als Stadtkantor und Organist. Von 1904 bis 1906 folgte *Georg Geißelseder* aus Rothenburg und von 1906 bis 1918 *Christian Jahreis* aus Rehau in Oberfranken. Er starb an einer Kriegsverletzung im Lazarett in Lüttich.

Seit März 1919 verwaltete Musiklehrer *Joseph Koch* aus Nürnberg das Amt des Stadtkantors und Organisten bis zu seinem Tod im Juli 1950. Im November 1950 wurde *Friedrich Städtler* aus Feuchtwangen sein Nachfolger im Organisten- und Stadtkantorenamt. Seit dessen Versetzung 1957 an die Dreieinigkeitskirche in Nürnberg wirkt nunmehr *Walter Opp* aus Marktredwitz in Oberfranken als Kantor und Organist an der Stadtkirche. Vor seiner Berufung nach Kitzingen war er als Dozent an der Kirchenmusikschule in Bayreuth und als Organist an der dortigen Christuskirche tätig.

Organisten und Stadtkantoren bis 2017: siehe 48. Kapitel E) Kirchenmusik

Gemeindediakone

Frank Beyes 1999 - 2002
Walter Schmelz, verh. Weiß 2002 - 2010
Holger Dubowy, verh. Dubowy- Schleyer, ab 2010

52. Kapitel
Zeittafel der wichtigsten Ereignisse in der Geschichte der Evangelischen Kirchengemeinde Kitzingen

Zu Teil I: *Die Stadt Kitzingen in der vorreformatorischen Zeit*

688   Märtyrertod der drei Frankenapostel

745   Stiftung des Reichsklosters der adeligen Benediktinerinnen

1227   Aufenthalt der heiligen Elisabeth im Kitzinger Kloster

1344   Gründung der Spitalstiftung durch die Brüder Teufel und den Nürnberger Stadtschultheißen Konrad Groß, den Begründer des Heilig-Geist-Spitals in Nürnberg,

1443   *Verpfändung der Stadt durch den Bischof von Würzburg an den Markgrafen Albrecht Achilles von Ansbach unter dem Vorbehalt der „ewigen Wiedereinlösung"* bis 1629

1474   Vollendung der St. Marienkirche in Etwashausen

1484   Erster Brand des Frauenklosters

1487   Vollendung der St. Johanniskirche

Zu Teil II: *Der Anbruch des „Evangelischen Jahrhunderts" in Kitzingen*

1522   *Erster reformatorischer Gottesdienst am 10. August in der St. Johanniskirche - Geburtstag der „Evangelisch-Lutherischen Gemeinde Kitzingen" -* Magister Christoph Hofmann erster evangelischer Prediger der Gemeinde

1525   Der Bauernkrieg führt zum zweiten Klosterbrand - Magister Meglin Erster Pfarrer der evangelischen Gemeinde Kitzingen

1533   *Einführung der Nürnberg-Brandenburgischen Kirchenordnung in den evangelischen Gottesdienst der Stadt*

1535   M. Schmalzing wird zum Vollender der Reformation in der Stadt Kitzingen

1544   Säkularisierung des Frauenklosters der Benediktinerinnen und seine Umwandlung in ein protestantisches Damenstift

1569   *Todesjahr des Kitzinger Stadtkindes und Landesbischofs von Kursachsen, Paul Eber*

1598   *Stiftung des Reumann-Weyer'schen Ehepaares, des ersten Wohltäters der Evangelischen Gemeinde Kitzingen*

Zu Teil III: Von *der Wiedereinlösung der Stadt im Jahr 1629 bis zum „Gnadenvertrag" vom Jahr 1650*

1629   *Wiedereinlösung der Stadt durch den Fürstbischof Philipp Adolf von Ehrenberg - Austreibung der evangelischen Familien aus der Stadt Vernichtung des evangelischen Kirchen- und Schulwesens*

1631   Wiederherstellung des evangelischen Bekenntnisstandes in der Stadt
        Kitzingen durch den Schwedenkönig Gustav Adolf
1633/34 Die Stadt Kitzingen unter brandenburgischer Herrschaft
1635   Die Wiederaufrichtung der katholischen Glaubensherrschaft in der Stadt Kit-
        zingen - Völlige Auflösung des evangelischen Glaubens- und Besitzstandes
1647   Gewährung der freien evangelischen Religionsausübung außerhalb
        der Stadt durch Fürstbischof von Schönborn
1648   Der „Westfälische Friede" beraubt die evangelische Gemeinde ihres
        gesamten kirchlichen Besitzes und aller Stiftungen vom Normaljahr 1624

Zu Teil IV: *Zeit der erbitterten Religionsstreitigkeiten zwischen der evangeli schen Gemeinde und der fürstbischöflichen Regierung in Würzburg*

1650   Der „Gnadenvertrag" gewährt der evangelischen Gemeinde Freiheit der
        evangelischen Religionsausübung in der Stadt
1684   Vergleich des Fürstbischofs von Würzburg mit Markgraf Johann Friedrich von
        Ansbach, die Ausübung der evangelischen Religion in Kitzingen betreffend
1687   Das *Geschlecht der „Sander"* wird Vorkämpfer für die Rechte der
        Evangelischen Gemeinde
1722   *Bau eines evangelischen Pfarr- und Schulhauses in der Stadt*
1752   Abfassung des „Tübinger Rechtsgutachtens" bezüglich der Rechtsund Besitz-
        verhältnisse der Protestanten im Normaljahr 1624
1754   *Bau der evangelischen St. Michaelskirche in Etwashausen - Stiftung des
        Christoph Busch'schen Ehepaares, des zweiten Wohltäters der Evan-
        gelischen Gemeinde*
1805   *Erster Religionsvergleich* mit Kurfürst Maximilian von Bayern
1808   *Zweiter Religionsvergleich mit dem Großherzog von Toskana*
1814   *Anschluss der evangelischen Gemeinde Kitzingen an die evangelische
        Kirche Bayerns*
1817   *Erwerb der ehemaligen Klosterkirche als „Stadtkirche" - Weihefeier am 19.
        Oktober 1817 - Stiftung des Weinhändlers Karl Hornschuch, des dritten
        Wohltäters der evangelischen Gemeinde*
1818   *Die Evangelische Gemeinde im Besitz der bürgerlichen und konfessionellen
        Gleichberechtigung mit den katholischen Mitbürgern.*

Zu Teil V: *Friedlicher Aufstieg der Evang. Gemeinde und Ausbau ihrer Einrich- tungen im Königreich und Freistaat Bayern im 19. und 20. Jahrhundert*

1832   *Errichtung einer II. Pfarrstelle*
1835   *Erwerb des Protestantischen Schulhauses im ehemaligen Frauenkloster*
1859   *Stiftung des Bierbrauers Thomas Ehemann, des vierten Wohltäters der
        Evangelischen Gemeinde*

1883	Frl. Babetta Schleicher bedenkt die evangelische Gemeinde mit vielen Stiftungen, *die fünfte Wohltäterin der evangelischen Gemeinde*
1860	*Neuordnung des kirchlichen Lebens in der Gemeinde*
	Gründung der Kleinkinderbewahranstalt (ab 1872 in der Schreibersgasse)
1878	*Gründung des „Evangelischen Kirchenchors"*
1889	*Gründung des „Evangelischen Vereins für Krankenpflege" und des „Evangelischen Arbeitervereins"*
1896	*Gründung der „Industrie- und Haushaltungsschule" dank der vielen Stiftungen der Familie derer von Deuster, der sechsten Wohltäter der Evang. Gemeinde*
1907	*Gründung des „Posaunenchors" Kitzingen*
1912	*Stiftung der „Hedwigsglocke" (Ehepaar Theodor und Hedwig von Deuster)*
1922	*Einrichtung der „Evang. Pfründe" im Pfründeheim (Gustav-Adolf-Platz 6)*
1930	*Bau des Kinderheims in Etwashausen mit dem zweiten Kindergarten der Gemeinde*
1933	*Aussendung des Kitzinger Missionars Hans Maurer nach Neu-Guinea*
1942	Beschlagnahme von vier Glocken der Stadtkirche für Kriegszwecke
1945	*Schwere Zerstörung der Stadtkirche am 23. Februar - Die Evangelische Gemeinde beklagt durch den Bombenangriff im zweiten Weltkrieg 216 Kriegsopfer und 239 Todesopfer*
1947	*Heimholung von drei Glocken der Stadtkirche aus Hamburg*
1950	*Wiedereinweihung der Stadtkirche am 2. April*
1954	*Einweihung des 3. Kindergartens in der Siedlung - Errichtung einer III. Pfarrstelle dortselbst*
1957	*Weihe der zweiten evangelischen Kirche in der Siedlung – Einweihung des paritätischen Altersheimes in der Kanzler-Stürtzel-Straße*
1958	*Weihe des neuen Orgelwerkes in der Stadtkirche*
1959	*Einweihung des Gemeindesaales im Jugendheim Gustav-Adolf-Platz 6*
1962	*Weihe der „Vater-unser-Glocke" als Nachfolgerin der „Hedwigsglocke"*
1964	*Die Pfründe wird Dekanatsbüro und Pfarramt (Gustav-Adolf-Platz 6)*
1967	*Einweihung des neuen Gemeindezentrums in der Schwarzacher Straße*
1968	*Die ehem. Evang. Schule wird das neue Gemeindehaus (Paul-Eber-Haus)*
1975	*Kindergarten in der Schwarzacher Straße entsteht*
1980	*Fertigstellung des Seniorenheimes „Mainblick" (ehem. Wildhagen-Villa)*
1988	*Kindergarten in der Alemannenstraße wird eingeweiht*
1990	*Die kirchl. Sing- und Musikschule geht in die Trägerschaft der Stadt über*
1998	Beginn der Neugestaltung des Chorraumes der Stadtkirche
1998	*Einbau der Chororgel*
1998	*Neubau und Umzug des Kindergartens St. Michael in die Gartenstraße*
2011	*Sanierung des Daches der Stadtkirche und des Chorraumes*
2015	*Neubau des Diakonie-Seniorenhauses Mühlenpark*
2015	*Turmsanierung und Neueindeckung*

Quellen –Verzeichnis

1) Allgemeine Quellen:
Bachmann/Pfrenzinger: Geschichte der Stadt Kitzingen von der Entstehung bis Ende des 30jährigen Krieges. 1929

Bernbeck: Kitzinger Chronik von der Gründung des Klosters Kitzingen bis zum Jahr 1565

Buchwald: Dr. Paul Eber, der Freund, Mitarbeiter und Nachfolger der Reformatoren. 1897

Buchwald: Geschichte der Evangelischen Gemeinde zu Kitzingen. 1898

Schmitt: Chronik der Stadt Kitzingen 1873

Sixt: Dr. Paul Eber, ein Stück mittelalterlichen Lebens in den Jahren 1532 bis 1569. 1843

Wirth: Bartholomäus Dietwar. Das Leben eines evangelischen Pfarrers im früheren markgräflichen Amt Kitzingen. 1592 -1670

Familiengeschichte des Kaufmannsgeschlechts der Sander im 17., 18. und 19. Jahrhundert (Privatdruck)

Medicus: Geschichte der Evangelischen Kirche im Königreich Bayern, Erlangen. 1863.

2) Juristische Quellen:
Topographia Codomanni Kitzingae de anno 1628.

Akta in Sachen Würtzburg contra Brandenburg in spezie: Die Fürstlich Brandenburgisch-Onoltzbachische Vormundschaft und Ablösung der Pfandschaft Kitzingen betreffend. 1629

Responsorium juris der Juristenfakultät zu Tübingen de anno 1751, das Religionswesen der Stadt Kitzingen betreffend.

Samhaber: Darstellung der Gerechtsamen des Fürstlichen Hochstifts Würzburg auf die Stadt Kitzingen und das Kloster daselbst. 1798

3) Urkunden zur Geschichte der evangelischen Gemeinde aus dem Kirchlichen Archiv des Dekanats Kitzingen:
Rezeß in Sachen der Religion zu Kitzingen zwischen dem Fürstbischof von Würzburg und dem Markgrafen von Brandenburg-Onoltzbach. 1684

Gnadenbrief des Fürstbischofs Johann Philipp von Würzburg. 1650 Stiftungsbrief der Reumann'schen Stiftung vom Jahr 1598.

Stiftungsbrief der Busch'schen Stiftung vom Jahr 1754.

Stiftungsbrief der Hornschuch'schen Stiftung vom Jahr 1830.

Zwei Vergleiche des Kurfürsten von Bayern und des Großherzogs von Toskana mit der Evangelischen Gemeinde. 1805 und 1808

Vertrag zwischen der Kgl. Landesdirektion Würzburg und der Prot. Gemeinde Kitzingen über einen Kirchentausch. 1817

Dazu die überaus zahlreichen Aktenbände der letzten Jahrhunderte aus dem Kirchlichen Archiv des Dekanats Kitzingen.

4) Quellen zur Ergänzung 2017

Chronik der Evangelischen Gemeinde Kitzingen, Dr. Richard Herz, 1963, Kitzingen

Pfarrbeschreibung der Kirchengemeinde Kitzingen-Stadtkirche - 31.12.1987 durch Dekan Fritz Joachim Bauer und Dekan Alfred Wehrmann

Gemeindechronik Stadtkirche 1988 - 2002 durch Dekan Christoph Schmerl

Kirchenführer der Stadtkirche Kitzingen von Dr. Harald Knobling

Archiv des Evangelischen Gemeindebotens Kitzingen

Eigene Unterlagen

Bildnachweis:

Beckmann: 42b, 87, 77, 107, 113, 141, 144b, 146, 180, 181
Buchwald: 43
Hentzschel: 152, 166
Kohlbauer: 144a
Meyer: 156
Schilling: 104
Stadtarchiv: 158
Starz: 112, 118, 142, 159, 160, 161
Thulin: 42
Völker: 45
Wolfarth: 35, 68, 114, 148, 153, 154
unbekannt: 155
Klischee Röschlau-Nürnberg: 35, 45, 77, 104, 107, 113, 114, 118, 141, 142, 144, 146, 148, 153, 154, 155, 156, 159, 160, 161, 166, 180, 181
Kern: 146b,165 a+b, 167, 168, 169, 170, 172, 173, 174, 179, 183, 184a+b,
Streit: 176